Barbara und Hans Otzen

Die schönsten Klöster und Stifte im Rheinland

Barbara und Hans Otzen

Die schönsten
Klöster und
Stifte
im Rheinland

45 Ausflugstipps mit 2 Klöstern in Holland

J.P. BACHEM VERLAG

Rückumschlag (von links nach rechts): Abteikirche Maria Laach, Kloster Arnstein, Kreuzgangreste der ehemaligen Abteikirche St. Margareta in Düsseldorf-Gerresheim
Titelbild: Gotischer Kreuzgang der Abtei Rommersdorf
Hintere Innenklappe: Die Heilige Stiege in der Kreuzbergkirche in Bonn

Quellennachweis:
Klosterführer Rheinland: herausgegeben vom Rheinischen Verein für Denkmalpflege und Landschaftsschutz e. V.,
Jahrbuch 2003, Köln 2003
Hiltrud Kier und Marianne Gechter (Hrsg.): Frauenklöster im Rheinland und in Westfalen, Verlag Schnell und Steiner, Regensburg 2004
Gerald Drews: Der große Klosterführer, Augsburg 1998

Bildnachweis: Hans Otzen

Bibliografische Information Der Deutschen Bibliothek
Die Deutsche Bibliothek verzeichnet diese Publikation in der Deutschen Nationalbibliografie; detaillierte bibliografische Daten sind im Internet über http://dnb.ddb.de abrufbar.

1. Auflage 2007
© J. P. Bachem Verlag, Köln 2007
Redaktion und Lektorat: Frauke Severit, Köln
Einbandgestaltung und Layout: Barbara Meisner, Düsseldorf
Reproduktionen: Reprowerkstatt Wargalla GmbH, Köln
Druck: Grafisches Centrum Cuno, Calbe
Printed in Germany
ISBN 978-3-7616-2044-1

www.bachem.de

Inhalt

Klöster im Bergischen Land

Klöster im Vorgebirge und am Rhein

Klöster an der Sieg, im Westerwald und im Siebengebirge

Klöster in der Eifel

Vorwort

Die vielen Klöster und Stifte rund um das rheinische Köln sind einen Ausflug wert – aus der großen Zahl dieser Anlagen wurden über 40 unter dem Gesichtspunkt ausgewählt, ohne Probleme und ohne allzu große Anfahrt erreichbar zu sein. Bei der Auswahl spielte es aber keine Rolle, ob diese Klöster und Stifte noch als solche betrieben werden oder etwa nunmehr als Pfarrkirchen ihren Gemeinden zur Verfügung stehen. Insgesamt wurden so berühmte Klöster wie Maria Laach, Knechtsteden oder Brauweiler, das etwas weiter entfernte Marienstatt bei Hachenburg, das landschaftlich so reizvoll gelegene Marienthal im Ahrtal, weniger bekannte wie Marienthal oder Ehrenstein im Westerwald und die zwei großartigen Klosterkirchen im holländischen Limburg in diesem Buch versammelt.

Damit sich Besucher für einen Ausflug zu den Klöstern und Stiften vorbereiten können, sind die erforderlichen Angaben zu Adressen, Öffnungszeiten, Klostergastronomie etc. verzeichnet. Dazu gibt es Hinweise, was die Klöster sonst noch bieten, wie etwa eine Buchhandlung, eine Gärtnerei oder einen Klostershop, in dem oft hausgemachte Leckereien – so z. B. Klosterlikör – zu finden sind. Aufgeführt wird, ob man in den Klöstern übernachten kann, ob man in den Klosterkirchen Konzerte hören kann und vieles andere mehr. Darüber hinaus werden spezielle Attraktionen erwähnt, die im Zusammenhang mit den Klöstern stehen, wie etwa Jahrmärkte, oder auch besonders Sehenswertes um die Klöster herum. Dazu zählen interessante Museen, schöne Restaurants, Weinanbau in der Region oder besondere Freizeitgestaltungsmöglichkeiten.

So sind nicht nur die rheinischen Klöster und Stifte selbst von kulturhistorischem Wert, sondern sie bieten weit mehr für einen schönen Ausflug dorthin.

Viel Freude bei der Lektüre und beim späteren Klosterbesuch wünschen Ihnen,
Barbara und Hans Otzen

Links:
Abteikirche
Rommersdorf

Einleitung

Das Bedürfnis einzelner Menschen, sich enthaltsam und welt-abgewandt ganz in den Dienst des Glaubens zu stellen, hat im Christentum eine lange Tradition. Die ersten Klöster entwickelten sich im 4. Jahrhundert aus Einsiedlerkolonien in Ägypten und Palästina – der Begriff „Mönch" leitet sich dann auch aus dem kirchenlateinischen Wort monachus (= Einsiedler) ab. Als erstes Kloster in Deutschland gilt die 529 gegründete Abtei St. Maximin in Trier. Der Vordenker für monastisches Zusammenleben war Benedikt von Nursia, dessen Klosterregel als regula benedicti über Jahrhunderte die Klosterentwicklung im Abendland prägte – die wichtigste darunter: ora et labora (= „bete und arbeite"). Schon daraus lässt sich erkennen, dass Klöster im Mittelalter nicht nur Stätten des geistig-religiösen Lebens waren, sondern auch Wirtschaftsbetriebe zum Unterhalt ihrer Einrichtungen, darüber hinaus aber auch Zentren des Wissens und der Lehre. Hier wurde verloren gegangenes Wissen aus der Antike neu aufgearbeitet, hier wurde der Erkenntnisschatz der Welt in Bibliotheken dokumentiert.

Das Einhalten der strengen Klosterregeln stellte sich als ein ernstes und dauerhaftes Problem dar – wirtschaftliche und politische Verweltlichung der Klöster führte aber auch immer wieder zu Reformbewegungen, die nachhaltigste davon ist die von Cluny an der Wende des 11. zum 12. Jahrhundert ausgehende Cluniazensische Reform der Zisterzienser. Wenig später gründet Norbert von Xanten, der von den Ideen der Zisterzienser tief beeindruckt war, ebenfalls eine neue Klosterbewegung, nämlich die der Prämonstratenser als Gemeinschaft von Priestern mit Ordensgelübde. Aber im Unterschied zu Mönchsorden verbanden die Prämonstratenser das Mönchsleben mit der pfarramtlichen Seelsorge.

Im Hochmittelalter folgte dann die Gründung von Bettelorden wie die der Franziskaner, Dominikaner, Karmeliter und Augustiner – sie alle haben Spuren im Rheinland hinterlassen. Gegen Ende des Mittelalters brach eine neue Phase der Verweltlichung der religiösen Gemeinschaften an, vor allem weil Klös-

Links:
Fresken in der
romanischen
Bonner Hele-
nenkapelle

ter auch zunehmend der Versorgung nicht erbberechtigter Nachgeborener des Adels dienten, speziell zur Unterbringung nicht zu verheiratender adliger Töchter in Frauenklöstern und -stiften.

Als die Reformation in Deutschland immer weiter um sich griff, war auch monastisches Leben davon betroffen – im Rheinland gab es nachhaltige Bestrebungen, sich vom katholischen Glauben zu lösen. Ihr Hauptvertreter war Gebhard Truchsess von Waldburg, Kurfürst und Erzbischof von Köln. Die päpstliche Bestätigung seiner Wahl erhielt er am 29. März 1580, am 19. Dezember 1582 sagte er sich öffentlich von der katholischen Kirche los und heiratete die protestantische Agnes von Mansfeld, Stiftsdame des Klosters Gerresheim. Daraufhin wurde er am 1. April 1583 von Papst Gregor XIII. exkommuniziert und abgesetzt. Das Domkapitel wählte am 23. Mai 1583 Ernst von Bayern zum Erzbischof von Köln. Dadurch kam es zum sogenannten Truchsessischen Krieg. Als bayerisch-spanische Truppen am 7. Dezember 1583 die Godesburg als wichtigsten Stützpunkt Gebhards stürmten, floh er nach Westfalen, von wo aus er den Krieg weiterführte. Erst 1589 gab Gebhard den Kampf auf – bis dahin war viel zerstört worden, aber das Rheinland war wieder katholisch.

Im Klosterhof der St. Margaretakirche in Düsseldorf-Gerresheim

Im Deutschen Reich gärte es weiter – die Auseinandersetzungen im Lande gipfelten im Dreißigjährigen Krieg, der als Krieg der Religionen geführt wurde, letztlich ging es dabei aber um die Vorherrschaft in Europa. In dieser Zeit und vor allem nach diesem verheerenden Krieg, dem viele Menschen zum Opfer fielen und der große Zerstörungen besonders auch an Kirchen- und Klosterbauten hinterließ, trat die katholische Kirche mit der Gegenreformation den Weg der Zurückdrängung des Protestantismus an. Damit brach das Zeitalter des Barocks an – barock ist nämlich weit mehr als „nur" eine Stilrichtung der Kunst, es

ist eine neue Lebenskultur, die das wieder belebte katholische Selbstbewusstsein zum Ausdruck brachte. Neue Orden entstanden, treibende Kraft des Neuaufbruchs waren die Jesuiten, jene schon 1534 von einem Freundeskreis um Ignatius von Loyola gegründete „Gesellschaft Jesu". Die traditionellen Orden erlebten neuen Aufschwung. Sichtbar wurde diese Entwicklung in einer barocken „Bauwut", der wir sowohl prächtige Klosteranlagen als auch die Umgestaltung vorhandener Kirchenbauten verdanken.

Die Ruine der Klosterkirche Marienthal an der Ahr

Als im Jahre 1794 französische Revolutionstruppen zum Rhein vordrangen, beendete dies das mittelalterliche Kirchenordnungssystem auf linksrheinischem Territorium – diese Gebiete wurden Frankreich angegliedert. Per Dekret vom 9. Juni 1802 wurden die Stifte, Klöster, Orden und geistigen Korporationen links des Rheins aufgehoben, ihr Besitz säkularisiert. Durch diese Verschiebung der französischen Ostgrenze mussten deutsche Staaten ihre linksrheinischen Gebiete abgeben. Als Entschädigung dafür wurden ihnen im Reichsdeputationshauptschluss von 1803 die kirchlichen Reichsstände, also vor allem Klöster und deren Besitzungen, zugeschlagen. Die enteigneten Klöster wurden teilweise als Staatsgebäude übernommen, überwiegend aber meistbietend an Unternehmer „auf Abbruch" versteigert; der Erlös floss der Staatskasse zu. Wertvolle Kunstgegenstände gingen auf diese Weise verloren oder wurden verstreut oder durch unsachgemäße Behandlung zerstört. Der Landbesitz fiel an den Staat und wurde, so weit es ging, verkauft. Auf diese Weise wechselten etwa 40% des rheinischen Bodens ihren Eigentümer. Häufig unter dem Druck der Gläubigen konnten aber viele Klosterkirchen vor der Zerstörung gerettet werden, weil sie – zu Pfarrkirchen umgewandelt – in den Dienst der Pfarrgemeinde gestellt wurden.

Der Untergang der napoleonischen Ära bedeutete auch das endgültigen Ende des Kurfürstentums Köln – das Rheinland fiel an Preußen. Im Jahre 1821 wurde das Erzbistum Köln als kirchliche Institution wieder errichtet. Ihr erster rein kirchlicher Bischof war Ferdinand August Graf Spiegel, der die alte Dekanatsstruktur der Pfarreien im Rheinland wieder einführte. Das Ordensleben stand aber auf dem Nullpunkt; die Klöster blieben aufgelöst, ihre Krankenhäuser, Altersheime oder Schulen geschlossen. Doch auf diese Lähmung der Kräfte folgte sehr schnell ein neuer Aufschwung des Ordenslebens. Viele der aufgelösten Orden formierten sich neu, erwarben Klostergut zurück, und es gründeten sich wiederum neue Orden, die sich karitativer, schulischer oder auch missionarischer Arbeit widmeten. Eine Unterbrechung der Entwicklung stellte der Kulturkampf dar, den Reichskanzler Bismarck in den 70er Jahren des 19. Jahrhunderts mit der katholischen Kirche vor dem Hinter-

Blick auf den Chor des Altenberger Doms

Blick in den Chor der Apollinaris- kirche in Remagen

grund des 1870 verkündeten sogenannten päpstlichen Unfehlbarkeitsdogmas mit dem Ziel der schärferen Abgrenzung von Kirche und Staat ausfocht. Dies brachte die Orden in Bedrängnis, sodass einzelne ihrer Mitglieder – wie die Nonnen von Nonnenwerth – es vorzogen, Deutschland zeitweilig zu verlassen.

Besonders litten die Orden in der Zeit des Nationalsozialismus. Anfänglich wurde ihre Arbeit erschwert, zum Ende hin wurden sie verboten, viele ihrer Mitglieder zur Wehrmacht eingezogen, gerade im Westen manche ihrer Bauten als Lazarett genutzt. Dazu richtete das alliierte Bombardement großen Schaden an den Ordensbauten an. Kaum ein Kloster blieb vom Zweiten Weltkrieg verschont. Aber längst ist alles wieder aufgebaut, die meisten Klosterbauten zeigen sich heute in bestem Renovierungszustand und sehen besser aus als jemals zuvor. Doch neue Probleme tun sich auf – die Orden leiden unter Nachwuchsmangel. Erste Klöster mussten bereits geschlossen werden wie beispielsweise das Apolliniskloster in Remagen. Doch ohne Klöster geht es nicht: Neben ihrer eigentlichen Funktion betreiben sie nach wie vor Gymnasien, Fachschulen, Krankenhäuser, Altenheime – und helfen den Menschen in mancher Not.

Klöster in
Köln und Bonn

Bonn

1 Kreuzbergkirche

Anfahrt

PKW: Von der Bonner Innenstadt über die Meckenheimer Allee, die Clemens-August-Straße und die Ippendorfer Allee bergan – oben angekommen dem Wegweiser scharf rechts in die Zufahrt zur Kreuzbergkirche folgen. Parkplätze sind vorhanden.

ÖPNV: Von Bonn Hbf mit den Buslinien 624 und 625 bis zur Haltestelle „Melbbad" (dort aufwärts über den Kreuzbergweg zur Kreuzbergkirche)
www.vrsinfo.de

Das glanzvolle barocke Bauensemble von Bonn wird durch die Kreuzbergkirche in der Blickachse zwischen Residenz und Poppelsdorfer Schloss einerseits und dem nicht mehr existenten Jagdschloss Röttgen andererseits gekrönt. Von ihrem exponierten Standort oberhalb Bonns hat man eine weite Aussicht in das Rheintal bis nach Köln – die Baumeister der Kirche haben dies wohl bedacht. Zuvor stand hier eine kleine gotische Kapelle, die sich zu einer immer häufiger aufgesuchten Wallfahrtsstätte entwickelte – die Verehrung galt und gilt bis heute dem Leiden Christi und der schmerzreichen Muttergottes. Heute führen mehrere von Bildstöcken gesäumte Wallfahrtswege zur Kreuzbergkirche, so an den Sieben-Schmerzen-Stationen aus dem Jahre 1664 und an den Sieben Fußfällen aus dem Jahre 1864 vorbei.

Anstelle der im Dreißigjährigen Krieg verfallenen Kapelle ließ Kurfürst Ferdinand eine neue Kirche errichten, die schon 1628 geweiht werden konnte. Zur Betreuung kamen Bettelmönche des Servitenordens, denen der Kurfürst das kleine Klostergebäude am Westturm errichtete. Vermutlich wurde um diese Zeit das Gnadenbild der schmerzensreichen Muttergottes, eine kleine holzgeschnitzte Pietà, in der Kirche aufgestellt. Als größte Sehenswürdigkeit der Kreuzbergkirche stiftete Kurfürst Clemens August 1746 die Heilige Stiege, die 1751 fertiggestellt wurde, wie das schmiedeeiserne Tor zum Treppenhaus ausweist. In der napoleonischen Ära mussten die Serviten die Kreuzbergkirche verlassen, die Gebäude wurden zur Gastwirt-

Links: Das Bauensemble der Kreuzbergkirche oberhalb von Bonn

Die Heilige Stiege

Die Heilige Stiege ist ein dem Chor der Kirche vorgelagerter Treppenbau, geschaffen von Balthasar Neumann – dem berühmtesten Barockarchitekten seiner Zeit. Als Vorbild diente dem Kölner Kurfürsten die Scala Sancta in Rom. Sie verkörpert die Sehnsucht des Menschen, dem Himmel nahe zu sein – dieser Sehnsucht wollte er mit der architektonischen Ergänzung zur Kreuzbergkirche Ausdruck verleihen. Die dreigeschossige, dreiachsige Fassade des Treppenbaus trägt einen vorspringenden Balkon im ersten Stock und eine von einem Doppelkreuz gekrönte Laterne über dem Schweifdach, das dem Haus des Pilatus sinnbildlich nachempfunden sein soll. Die plastischen Figuren auf dem Balkon stellen die Ecce-Homo-Gruppe dar – „Ecce Homo" ist der Ausruf des Pilatus nach der Vulgata, der im 4. Jahrhundert erfolgten Übersetzung der Bibel aus dem Hebräischen, mit dem Pilatus den gegeißelten und dornengekrönten Jesus dem Volke vorstellte. Am Dachansatz oberhalb des Balkons zeigt eine aufgesetzte Uhr eben jenen Zeitpunkt an, zu dem Pilatus vor das Volk trat. Im Inneren der Heiligen Stiege führt eine dreiteilige Treppe aus buntem Marmor in das obere Stockwerk hinauf, von der die Pilger nur die mittlere auf Knien zur kleinen Kapelle mit einem Kreuzaltar benutzen durften. Die fantastischen Fresken im Inneren des Stiegenbaus stammen von Adam Schöpf und scheinen das Gewölbe der Stiege zum Himmel hin zu öffnen.

Die Heilige Stiege

schaft umfunktioniert. Später im 19. Jahrhundert pachteten Jesuiten das Anwesen; ab 1889 betreuten Franziskaner die Wallfahrtsstätte. Die Beschädigungen aus dem Zweiten Weltkrieg sind längst behoben. Seit 1969 dient das Anwesen der Kreuzbergkirche auf Initiative der internationalen Schönstattbewegung als kirchliche Fortbildungsstätte.

Die Kreuzbergkirche bietet sich dem Besucher als weiß verputzter Barockbau dar. Beim Betreten fällt der Blick durch das kreuzgratgewölbte Langhaus auf den prächtigen Baldachin-

Die Helenastatue vor dem Altar der Kreuzbergkirche

hochaltar mit der Statue der halb knienden heiligen Helena, die zu dem von ihr gehaltenen Kreuz emporblickt. Der Altar selbst ist aus farbigem Mamor mit Christus im Tabernakel als Doppelmensa ausgebildet. Rechts und links tragen Doppelsäulen den Baldachin. Über den Seitendurchgängen erheben sich die weißen Statuen des heiligen Philippus Benitius und der heiligen Juliana Falconieri, dem ersten Generaloberst der Serviten bzw. der Gründerin der Servitinnen. Durch ein Oratoriumsfenster im Altaraufbau wird für den Kurfürsten der Blick von der Heiligen Stiege auf die Gemeinde in der Kirche freigegeben. Die Stuckmarmorkanzel in der Kirche ist ein Meisterwerk des Rokokos. Die Empore der rückwärtigen Kirchenwand wird ganz von der Orgel eingenommen, deren wunderbarer Klang die Kirche bei den vielen Orgelkonzerten im Jahr erfüllt. Es handelt sich um das älteste erhaltene Bonner Barockorgelgehäuse. Die Fresken in der Kreuzbergkirche und in der Krypta mit dem Heiligen Grab sind längst erneuert. Auch die Außenfassade der Heiligen Stiege und die des Kirchengebäudes erhielten einen neuen Anstrich.

In der Krypta unter dem Stiegenbau befindet sich am Kopfende das mit einem schmiedeeiserner Gitter versehene Heilige Grab. Stuckarbeiten von Melchior Schwan stellen in einer mit Grot-

Die Orgel der Kreuzberg-kirche tenwerk versehenen Nische die Figuren des Grabes Christus und seiner Wächter dar. Die Ausmalung erfolgte durch Adam Schöpf, Scheinarchitekturen und Scheinfensteröffnungen darstellend. Aufgemalte Mauerrisse sollen der Krypta den Anschein einer Grotte vermitteln.

Kirchen Info

Kreuzbergkirche: Stationsweg 21, 53127 Bonn, Tel.: (0228) 28 99 90
Fax: (0228) 28 99 9-49 www.kreuzberg-bonn.de
Gottesdienste: Heilige Messen Sa 17 Uhr, So 11.15 Uhr
Öffnungszeiten: im Sommer täglich 9–18 Uhr, im Winter bis 17 Uhr,
Kirchenführungen nach Vereinbarung, Besichtigung der Heiligen Stiege
täglich 9–17 Uhr
Orgelkonzerte: internationale Sommerkonzerte auf der Orgel in der
Kreuzbergkirche, Programm unter: www.kreuzberg-bonn.de

Zentrum für internationale Bildung und Kulturaustausch:
Stationsweg 21, 53127 Bonn, Tel.: (0228) 28 99 90, Fax: (0228) 28 99 9-49
www.kreuzberg-bonn.de

Bonn

2 Münsterkirche St. Martin –
ehemalige Stiftskirche St. Cassius und St. Florentius

Anfahrt

PKW: Die Kirche liegt im Stadtzentrum am Münsterplatz 5 Min. Fußweg vom Hauptbahnhof entfernt. Es gibt keine Parkplätze in der Nähe; empfohlen wird die Münstertiefgarage, zu erreichen über Bornheimer Straße/Am Alten Friedhof, am Stadthaus vorbei in die Budapester Straße.

Helenenkapelle: Am Hof 31–34 zwischen Münsterplatz und Universität

ÖPNV: Haltestelle „Universität/Markt" der Stadtbahnlinien 16, 18, 63 und 68
www.vrsinfo.de

Der Kreuzgang des Bonner Münsters

Der Ausgangspunkt der Bonner Münsterkirche liegt in einer Totenkultstätte vor den Toren des Römerlagers castra bonnensia. Hier versammelten sich frühe Christen in einer cella memoriae, um die Märtyrer Cassius und Florentius – die heutigen Stadtpatrone von Bonn – aus der Zeit der römischen Christenverfolgung zu verehren. Im frühen Mittelalter wurde über den Grabgelegen dieser Märtyrer und der cella memoriae eine Saalkirche von immerhin fast 14 Metern Breite und 9 Metern Länge gebaut, die Ende des 7. Jahrhunderts als basilica ss. Cassii et Florentii in Quellen auftaucht. Im Laufe der Zeit nahm die Heiligenverehrung weiter zu, sodass spätestens seit Anfang des 9. Jahrhunderts hier eine Gemeinschaft von Klerikern nach klös-

Die Märtyrer-gruft unter-halb des Bonner Münsters

terlichen Regeln lebte. Es war also ein Kloster entstanden (lat. = monasterium), woher das Bonner Münster seine heutige Bezeichnung ableitet. Das Kloster wurde übrigens im Laufe des 12. Jahrhunderts in ein Kanonikerstift um-gewandelt.

Der Neubau des Bonner Münsters begann im 11. Jahrhundert. Diese unter Erzbischof Anno zwischen 1056 und 1075 gebaute Kirche bil-det den Kern der heutigen dreischiffigen dop-pelchörigen Münsterbasilika. Ihre Mittelachse wurde an den Märtyrergräbern der Heiligen Cassius und Flo-rentius ausgerichtet, die sich in einer tonnengewölbten Gruft unter dem Westteil der Chorkrypta befinden.

Unter Stiftsprobst Gerhard von Are wurde ab 1140 mit dem Ausbau und der Erweiterung des Münsters begonnen. Im Zuge dieser Arbeiten verlängerte man den Ostchor sowie die Ost-krypta um ein Joch mit angesetzten Flankentürmen und fügte eine neue Rundapsis an. Auch wurden in dieser Zeit die Stifts-gebäude und der Kreuzgang erstellt. Die Weihe erfolgte im Sommer 1153. Im Jahr 1166 ließ der neue Kölner Erzbischof Rainald van Dassel die Märtyrerreliquien auf den Hochaltar er-heben. Die Aufstockung und Einwölbung des Langchores er-

In der Krypta des Bonner Münsters

Die wuchtige Chorapsis des Bonner Münsters

folgte nach 1200. Neubau von Vierung und Kreuzschiff mit Querkonchen folgten im frühen 13. Jahrhundert, danach die Verbreiterung der Seitenschiffe sowie die Neuanlage des Westchores unter Verzicht auf die Westkrypta. Letztendlich wurden bis in die 40er Jahre des 13. Jahrhunderts das Hauptportal zum Münsterplatz fertiggestellt sowie die Aufstockung der Türme und die Anbringung ihrer Faltdächer abgeschlossen. Damit hatte das Münster seine heutige Form erhalten. Im Mittelalter war das Bonner Münster im Übrigen auch Schauplatz zweier deutscher Königskrönungen, so 1314 der Krönung Friedrichs des Schönen und 1346 der Krönung Karls IV.

Die kriegerischen Ereignisse des ausgehenden Mittelalters verschonten auch die Münsterkirche nicht. Im Truchsessischen Krieg (1583–1589) wurde das Münster geplündert, der Rest der Innenausstattung fiel im Jahre 1590 einem Brand durch Blitzeinschlag zum Opfer. Von der Beschießung der Stadt durch französische Truppen 1689 wurde vor allem die Bausubstanz betroffen. Seither ist die Vierung mit einem Spitzhelm versehen, und die Osttürme tragen gotisierende Knickhelme. Die achtseitigen Aufsätze auf den westlichen Türmen stammen übrigens erst aus dem späten 19. Jahrhundert.

Im Zuge der Säkularisierung wurde das Münster zur Pfarrkirche erhoben und dient seither unter zusätzlicher Übernahme des Patronats von St. Martin – denn die alte Bonner Martins-Pfarrkirche war baufällig geworden – dem Gottesdienst der Bonner Bevölkerung. Schwere Schäden erlitt das Münster im Zweiten Weltkrieg: So zerstörte ein Bombentreffer das nördliche Querschiff. Langwierige Renovierungsarbeiten der Nachkriegszeit lassen heute das Münster aber wieder in seinem alten Glanz erstrahlen.

Helenenkapelle

In unmittelbarer Verbindung zum Bonner Münster findet man die Helenen-kapelle im zweiten Stock eines Tuffsteinhauses aus der Mitte des 12. Jahr-hunderts. Diese ehemalige Kapelle, heute unter der Anschrift „Am Hof 31–34" durch einen separaten Eingang zu erreichen, lag als Privatkapelle der geistlichen Würdenträger des Stiftes im Immunitätsbereich des Cas-siusstiftes. Es ist davon auszugehen, dass Gerhard von Are selbst Erbauer und erster Nutzer der Kapelle war – denn er hatte den Helenakult in Bonn eingeführt und die Reliquien der Heiligen für das Münster beschafft. Man erreicht den 3,50 Meter mal 3,50 Meter großen Andachtsraum über Trep-penstufen. Sein Boden ist mit Tonplatten belegt, die noch aus der Entste-hungszeit stammen. Am Chorbogen sind Reste figürlicher Malerei zu er-kennen. Das Innere der Kapelle wird durch drei niedrige Rundbogenfens-ter erhellt. Bogenöffnungen führten in die Wohnung des Geistlichen. Heute befindet sich der Zugang an der Südseite.

In der Helenen-kapelle

Seit der Barockzeit konnte sich das Bonner Münster eine neue, wertvolle Innenausstat-tung zulegen. Der Blick des eintretenden Be-suchers richtet sich sofort auf den Hochaltar im Chor, einem neoromanischen Werk aus dem Jahre 1863. Im Chor steht auch ein 1619 in Tuff und Marmor errichtetes fünfstöckiges Sakra-mentshaus, das durch seine Plastiken und sei-nen Schmuck auf niederländischen Einfluss zurückzuführen ist. Auf der Stirnseite des Chor-bogens sind noch Wandmalereien aus dem 13. Jahrhundert erhalten. Ansonsten entstammen die Wandmalereien im Chorbereich, in die teil-weise Reste alter Fresken mit einbezogen wurden, den 90er Jahren des 19. Jahrhunderts. Im nördlichen Querschiff steht der 1699 gestiftete marmorne Allerseelenaltar mit einer ver-goldeten, holzgeschnitzten Madonna aus dem 13. Jahrhundert in der Mittelnische. Im südlichen Querschiff weist der Sakra-mentsaltar mit marmornem Aufsatz ein Relief der Taufe Christi aus dem Jahr 1608 auf. Im Langhaus steht an den Vierungs-pfeilern im Süden der Geburt-Christi-Altar aus dem Jahr 1622

Blick in das Langhaus auf den Chor des Bonner Münsters

dem Dreikönigsaltar aus dem Jahr 1733 im Norden gegenüber. Die in den Jahren zwischen 1750 und 1760 entstandene künstlerisch wertvolle Rokoko-Kanzel im Langhaus mit der Darstellung von Moses und Aaron im Schalldeckel und des Lammes Gottes im Kanzelkorb stammt aus der alten Bonner Remigiuskirche. Bemerkenswert sind vor allem auch die geschnitzten Wangen des Kirchengestühls im Langhaus, die zum größeren Teil um 1700 entstanden.

Im ersten Joch des nördlichen Seitenschiffes befindet sich der romanische Taufstein aus dem 12. Jahrhundert, der noch aus der alten Martinskirche stammt. Im glei-

Ein Seitenaltar im Bonner Münster

chen Seitenjoch fand auch der Dreifaltigkeitsaltar aus dem Jahr 1704 mit Abbildungen der drei Stiftspatrone Cassius, Florentius und Mallusius sowie einer Darstellung der Stadt Bonn Platz. Im Bereich des ersten Hauptschiffjoches fällt dem Betrachter noch die überlebensgroße Statue der heiligen Helena auf. Mit herabfallendem Haar kniet die Kaiserin auf einem Kissen und betrachtet das Kreuz Christi, dessen Wiederauffindung ihr zugeschrieben wird – der Verehrung der Mutter Kaiser Konstantins als Heilige kommt im Rheinland besondere Bedeutung zu.

Vermutlich entstand die Statue um 1610 aus der Hand des Barockbildhauers Georg Petel.

Im Zuge des Ausbaus und der Erweiterung des Münsters durch Stiftspropst Gerhard von Are wurden auch die heutigen Stiftsgebäude anstelle der älteren an das Münster angebaut. Es entstand ein zweigeschossiges Geviert, dessen vierter, nördlicher Bogengang der Erweiterung des südlichen Seitenschiffes der Kirche weichen musste. Das Erdgeschoss wird vom umlaufenden Kreuzgang, einem einmaligen Kunstwerk der rheinischen Hochromanik eingenommen, in den zwei romanische Portale aus dem Westjoch des Seitenschiffes und aus der Südwand des Querhauses hineinführen. Am Boden und an den Wänden des Kreuzgangs sind Grabplatten aus vielen Jahrhunderten angebracht – die ältesten davon aus der Zeit Karls des Großen –, die Säulen sind mit Würfel-, Schild- und Kelchkapitellen versehen, die mit Seilband, Rosetten, Arkanthus und Palmetten

Kapitell der Kreuzgangsäulen des Bonner Münsters

verziert sind. Am östlichen Kreuzgang schließt sich der ehemalige Kapitelsaal an, der nach dem Tod Gerhards von Are durch Anfügung einer Ostapsis in die Cyriakus-Kapelle, seine Grabkapelle, umgewidmet wurde.

Münster Info

Münsterkirche: Münsterplatz, 53111 Bonn www.bonner-muenster.de
Pfarrbüro: Gerhard-von-Are-Straße 6, Tel.: (0228) 985 88-0, Fax: (0228)
985 88-15 pfarrbuero@bonner-muenster.de
Gottesdienste: Vorabendmesse Sa 18 Uhr in St. Remigius, Heilige Messe
So 8 Uhr in der Krypta, Hochamt So 10 Uhr, weitere Messen So 12 Uhr,
18.30 Uhr, Mo–Sa 9 Uhr in der Krypta, Mo–Fr 18 Uhr in der Vierung,
„After-Job-Messe" Mi 21 Uhr im Hochchor, Mittagsgebet Mo–Sa 12.15 Uhr
im Hochchor
Öffnungszeiten: täglich 7–19 Uhr, Kreuzgang 9–17 Uhr, die Gruft unter der
Krypta ist nur während der Oktav des Stadtpatronenfestes (10. Oktober)
zugänglich.
Führungen: Nur durch autorisierte Führer nach Absprache: Bonner Münster-
stiftung, Gästedienst, Gerhard-von-Are-Straße 5, 53111 Bonn, Mo–Fr 10–12
Uhr, Do auch 16–19 Uhr, Tel.: (0228) 985 88 10, Fax: (0228) 985 88 15
gaestedienst@bonner-muenster.de
Geistliche Kirchenführungen finden durch den Münsterpfarrer zu beson-
deren Gelegenheiten statt, Termininformation durch das Pfarrbüro. (s. o.)
Konzerte: regelmäßig, Programm unter: www.bonner-muenster.de
Bonn Information, Abt. BonnTouren, Windeckstraße 1 (am Münsterplatz),
53111 Bonn, Tel.: (0228) 77 50 00, Fax: (0228) 77 50 77
bonninformation@bonn.de
Münsterladen: Gerhard-von-Are-Straße 1, 53111 Bonn, Tel.: (0228) 280 88 99,
Fax: (0228) 280 90 78 www.muensterladen.de
Dies ist ein Projekt der Citypastoral, um neue Orte kirchlicher Präsenz zu
gestalten – „eine Tür in die Kirche". Der Laden bietet Gespräche und eine
gehobene Auswahl an spiritueller Literatur, Musik und Geschenken für
christliche Feste.

Gastronomie

Aktuell-Nachrichtentreff: Gerhard-von-Are-Straße 8, 53111 Bonn,
Tel.: (0228) 56 30 77, Fax: (0228) 369 47 04 www.akuell-nt.de
Öffnungszeiten: Mo–Fr 11–1 Uhr, Sa 10–1 Uhr, So Ruhetag
Das Kneipenrestaurant mit Bistro-Küche liegt unmittelbar hinter dem
Münster, auf das man von der Terrasse im ersten Stock einen schönen
Blick hat.

Bonn-Schwarzrheindorf

3 Doppelkirche St. Maria und St. Clemens

Anfahrt

PKW: A 59 bis zum Dreieck Bonn-Beuel, dort auf die A 565 in Richtung Koblenz bis Abfahrt Bonn Beuel-Nord, dann in Richtung Beuel in die Niederkasseler Straße einbiegen. Nach gut 1 km (erste Querstraße) rechts in die Stiftsstraße, die unmittelbar auf die Dixstraße zuführt. Im Umfeld der Doppelkirche sind Parkplätze vorhanden.

ÖPNV: Von Bonn Hbf mit den Buslinien 550 und 640 bis zur Haltestelle „Schwarzrheindorf Kirche" www.vrsinfo.de

Blick auf die leicht erhöht stehende Doppelkirche von Schwarz- rheindorf

In karolingischer Zeit befand sich an der Bonn gegenüberliegenden Rheinseite im Bereich der früheren Siegmündung an leicht erhöhtem Standort ein befestigtes Hofgut, das in den Besitz der Grafen von Wied gelangte und von diesen zur Burg ausgebaut wurde. An der Burg errichtete der Kölner Erzbischof Arnold von Wied eine prächtige Hauskapelle – bis heute eine der schönsten romanischen Kirchen im Rheinland. Der Bau war als Familienstiftung eingerichtet worden, die Doppelkirche sollte als Wied'sche Haus- und Bestattungskirche fungieren. Am 24. April 1151 wurde sie in Anwesenheit von viel Prominenz, darunter König Konrad III., geweiht.

Noch vor seinem Tod 1156 hatte Arnold von Wied seiner Schwester Hedwig die Kirche überlassen. Sie richtete in Burg und Kirche ein Benediktinerinnenkloster ein, dem sie dann auch – einschließlich einer Mönchsgemeinschaft – vorstand. Dafür ließ sie das Kirchenschiff um zwei Joche nach Westen verlängern, um Platz für eine Nonnenempore zu schaffen. Gleichzeitig ließ sie den Vierungsturm aufstocken.

Oben: Barockes Grabkreuz am Kircheneingang

Unten: Blick auf Chor und Zwerggalerie der Doppelkirche

Im Laufe der folgenden Jahrhunderte veränderte sich das Klosterleben in Schwarzrheindorf. Die Klostereinnahmen dienten zunehmend der Versorgung der Insassen, die sich nunmehr nur noch aus adeligen Kreisen rekrutierten – so war das Kloster zum Ende des Mittelalters faktisch in ein freiadeliges Stift umgewandelt. Die weitere Entwicklung brachte nicht nur gute Tage für Stift und Kirche. Im 16. und 17. Jahrhundert erlitt die Doppelkirche tief greifende Kriegsschäden, die allerdings unter Kurfürst Clemens August zwischen 1742 und 1752 ausgebessert wurden. Er ließ dabei – dem barocken Zeitgeschmack entsprechend – die romanischen Wandmalereien beider Kirchenetagen übertünchen.

Der mächtige Vierungsturm der Doppelkirche

Im Zuge der Säkularisation erfolgte 1803 die Auflösung des Stifts: Burg und Klostergebäude wurden abgerissen und die Kirche der Pfarre überwiesen. Erst Mitte des 19. Jahrhunderts entdeckte man die mittelalterlichen Wandmalereien wieder, die heute restauriert in neuem Glanz erstrahlen. Nach dem Zweiten Weltkrieg erhielt die Kirche einen neuen Außenputz in historischer Farbfassung, die das äußere Erscheinungsbild der Doppelkirche prägt.

Architektonisches Vorbild der Schwarzrheindorfer Doppelkirche ist der Typus der doppelgeschossigen Pfalzkapelle, wie sie der Aachener Dom am prägnantesten repräsentiert. Der untere Kirchenraum war dem gemeinen Volk zugänglich, der obere Raum dem Grafen oder gar dem König oder Kaiser vorbehalten, wenn dieser zu Besuch weilte. Durch eine achteckige Sichtöffnung im Vierungsgewölbe konnten Graf, König oder Kaiser am Gottesdienst der Unterkirche teilhaben.

Im kreuzförmigen Grundriss der Kirche wird die Tradition frühchristlicher Grabbauten deutlich, der architektonische Grundcharakter als Vierkonchenanlage weist auf byzantinische Vorbilder hin – immerhin hatte Graf Arnold an zwei Kreuzzügen teilgenommen. Die Zweiteilung der Kirche in einen Unter- und einen Oberbau wird auch im Außenaufbau deutlich. Während das Untergeschoss weitgehend schmucklos gehalten ist, wird das Obergeschoss durch eine umlaufende Zwerggalerie und mit Lisenen, Rundbögen, Nischen-, Vierpass- und Lilienfeldern verziert. Der gewölbte Außenbogengang mit seinen wechselnden einfachen und doppelten Säulen war übrigens durch eine schräge Brücke mit der einstigen gräflich Wied'schen Burg verbunden. Über der Vierung erhebt sich der aufgestockte Vierungsturm mit seinem spitzen Helm.

Es ist aber nicht nur die Architektur, sondern es sind vielmehr die Malereien im Inneren, die die Doppelkirche so wertvoll machen. Den Bildern der fünf Kreuzgratgewölbe der Unterkirche, die wahrscheinlich schon bei der Einweihung im Jahre 1151 fertiggestellt waren, liegen Textmotive des alttestamentarischen Propheten Ezechiel zugrunde, denen die neutestamentarische Erfüllung in der christlichen Kirche gegenübergestellt wird. Bei den Weissagungen Ezechiels handelt es sich um die Zerstörung Jerusalems, die Vernichtung und Verbannung des Volkes Israel und den Wiederaufbau des Neuen Jerusalem. Die Wandmalereien in der Oberkirche entstanden zeitgleich mit dem kirchlichen Erweiterungsbau mit der Nonnenempore ab 1173. In der Apsis wird Christus als Weltenrichter dargestellt, zu seinen Füßen flankiert von den beiden Kirchenstiftern Graf Arnold in Bischofstracht und seiner Schwester Hedwig als Äbtissin. Ihnen zur Seite stehen vier Heilige, Johannes der Täufer sowie Petrus, Stephanus und Laurentius, die schon als Patrone der Altäre der Unterkirche auftauchen. An den Chorseitenwänden werden Motive aus dem Leben von Maria und Johannes, im Chorgewölbe des Himmlischen Jerusalem mit dem um das apokalyptische Lamm gruppierten Scharen der Auserwählten aufgegriffen – hier findet sich dann auch unter anderem ein gedanklicher Bezug zu den Malereien der Unterkirche.

Fresko „Erscheinung des Herrn" im Chor der Doppelkirche

Oben: Fresko „Zeichen der Rettung – Quelle des Heils" in der Doppelkirche

Rechts: Barocke Muttergottes Statue in der Doppelkirche

Neben den großartigen Wandmalereien ist von der Innenausstattung der Doppelkirche Schwarzrheindorf wenig verblieben. Wertvollstes Einzelstück ist eine hölzerne Madonnenfigur aus dem frühen 17. Jahrhundert. Die üppig verzierte Orgel in der Oberkirche wurde 1728 für die Franziskanerkirche in Koblenz gebaut und gelangte nach vielen Umwegen 1936 nach Schwarzrheindorf.

Kirchen Info

Doppelkirche St. Maria und St. Clemens: Dixstraße 41, 53225 Bonn, Tel.: (0228) 46 16 09, Fax: (0228) 410 33 16

Gottesdienste: Fr 18.30 Uhr, Sa 17 Uhr, So 10 Uhr

Öffnungszeiten: Unterkirche: Di–Fr 9–18.30 Uhr, So 11–18.30 Uhr

Oberkirche: Nur Sa/So außerhalb der Gottesdienste, in den Wintermonaten wird die Kirche bei Anbruch der Dunkelheit geschlossen.

Führungen: für angemeldete Gruppen beim Pfarramt (s. o.) oder über das Katholische Bildungswerk Bonn, Tel.: (0228) 228 04-50

Bonn-Vilich
4 Stiftskirche St. Peter

Anfahrt

PKW: A 59 bis zum Dreieck Bonn-Beuel, dort auf die A 565 in Richtung Koblenz bis Abfahrt Bonn Beuel-Nord, dann in Richtung Beuel in die Niederkasseler Straße einbiegen. Nach gut 1 km (erste Querstraße) links die Stiftsstraße, wo sich an der ersten Biegung die Stiftskirche befindet. Im Umfeld sind Parkplätze vorhanden.

ÖPNV: Haltestelle „Vilich Kloster" der Stadtbahnlinien 66 und 67 (dann einen kurzen Fußweg über die Gartenstraße und Adelheidisstraße zur Stiftskirche) www.vrsinfo.de

Im heutigen Beueler Vorort Vilich erhebt sich an exponiertem Standort auf einer Anhöhe an der Sieg nahe ihrer Mündung in den Rhein weithin sichtbar der weiß getünchte, mit barocker Haube und doppeltem Laternenaufbau bekrönte Turm der Vilicher Kirche. Hier stand schon am Ende des 8. Jahrhunderts eine kleine, rechteckige Eigenkirche eines Gutsherren, die noch vor der Mitte des 10. Jahrhunderts um einen Ostanbau ergänzt wurde. Und hier stifteten um das Jahr 978 Megingoz und Gerberga, Angehörige eines örtlichen Adelsgeschlechts,

Die Stiftskirche St. Peter im heutigen Bonner Ortsteil Vilich

nach dem Tod ihres Sohnes dessen Erbteil für den Bau eines Frauenklosters. Ihre Tochter Adelheid übersiedelte aus dem Kölner St.-Ursula-Stift in das neue Vilicher Kloster und wurde mit Zustimmung Kaiser Otto II. zu seiner Äbtissin ernannt. Unter ihrer Leitung entwickelte sich das Kloster zu einem geistlichen und kulturellen Zentrum in der Region.

Als Adelheid im Jahre 1015 verstarb, eilte ihr bereits der Ruf der Heiligkeit voraus. Sie wurde nach ihrem Tod 1015 in Vilich beigesetzt. Krankenheilungen an ihrem Grab zogen immer mehr

Pützchens Markt

Um das „Quellwunder von Pützchen" rankt sich eine Legende. Danach soll vor über tausend Jahren große Dürre im Rheinland geherrscht haben. Anlässlich einer Bittprozession um den so dringend benötigten Regen kniete die Äbtissin Adelheid des benachbarten Stifts Vilich auf freiem Felde nieder und flehte, gestützt auf ihren Äbtissinnenstab, um göttlichen Beistand. An jener Stelle, wo ihr Stab im Erdboden versunken war, entsprang eine Quelle. Ihr heilendes Wasser wurde im Volksmund „Brönnsches Wasser" genannt. Wissenschaftliche Untersuchungen haben ergeben, dass das „Brönnsche Wasser" alaunhaltig ist, also durchaus Augenleiden zu lindern vermag. So zog der Brunnen immer mehr Pilger der Adelheidiswallfahrt an – Pützchens Markt, erstmals 1367 urkundlich erwähnt, war geboren.

Auf Pützchens Markt ging es schon bald hoch her. So kam der religiöse Charakter der Wallfahrt immer mehr abhanden, und das Markttreiben endete meist in Trinkgelagen. Deshalb verlegte man die Wallfahrt um acht Tage vor. Seither wird alljährlich am zweiten Sonntag im September Pützchens Markt gefeiert.

Hilfsbedürftige an. So entwickelte sich Vilich zu einem viel besuchten Wallfahrtsort. Die erste Klosterkirche konnte schon bald den anwachsenden Pilgerstrom nicht mehr aufnehmen. An der Stelle von Adelheids Grab wurde bis 1056 ein erheblich größerer Neubau errichtet, der bis Ende des 13. Jahrhunderts noch eine großartige, neue gotische Choranlage erhielt. Auch wenn das Kloster wohlhabend geworden war, überstieg dieser Chorbau seine Mittel, sodass das Kloster noch Ende des 13. Jahrhunderts in ein adeliges Stift unter der Oberaufsicht des Kölner Erzbistums umgewandelt wurde.

Die historischen Ereignisse der folgenden Jahrhunderte verschonen auch den Vilicher Stiftskomplex nicht. Im Truchsessischen Krieg um Bonn wurde das Langhaus der Stiftskirche 1583 aus strategischen Gründen abgerissen. Dem Wiederaufbau bereitete ein Brand im Jahre 1632 ein jähes Ende. Doch bis 1641 waren die Stiftsgebäude wieder hergestellt und die Kirche in der heutigen Form neu entstanden. Die Stiftskirche, die nach dem Abriss der alten Ortskirche im Jahre 1765 schon teilweise

Blick auf die Stiftsgebäude in Vilich

der Vilicher Kirchengemeinde zur Verfügung gestanden hatte, übernahm nach der Säkularisation gänzlich die Funktion der Vilicher Pfarrkirche. Die ehemaligen Stiftsgebäude wurden verpachtet: Das alte Pastorat aus dem 13. Jahrhundert, das man im 18. Jahrhundert umgebaut hatte, diente nunmehr als Pfarrhaus. Später wurden die Stiftsgebäude als Pensionat und Hospital genutzt, bis Cellitinnen aus Köln mit den Mitteln einer Schenkung hier Einzug halten konnten. Seit der erforderlichen Ausbesserung der Bombenschäden aus dem Jahr 1944 dienen die historischen Gebäude als Altenheim, das von den Ordensfrauen geführt wird. Im Jahre 1978 konnte dann die Tausendjahrfeier der Klostergründung festlich begangen werden. Dazu bestätigte Papst Paul VI. die Verehrung der heiligen Adelheid – ein würdiger Augenblick für Vilich.

Den Kern der heutigen Vilicher Pfarrkirche St. Peter bildet die am Ende der ersten Hälfte des 11. Jahrhunderts entstandene ottonische Wallfahrtskirche der heiligen Adelheid, eine dreischiffige Pfeilerbasilika mit Querschiff, an das sich eine halbrunde Apsis anschloss. Zwischen 1208 und 1222 wurde die Adelheidiskapelle an das südliche Seitenschiff angebaut, um die Reliquien der Heiligen in einem Schrein aufzubewahren – genau dort, wo einst in dem an dieses Seitenschiff angrenzenden Kreuzgang ihre Grabstelle gelegen hatte. Der Mauerdurchbruch zum Seitenschiff wird von zwei Rundbögen getragen. Die Säulen der beiden Kreuzgewölbe der Kapelle weisen wunderschöne Knospenkapitelle auf, Meisterleistungen der Stein-

metze, die offensichtlich am Bonner Münster gearbeitet haben. Der aufwändige einjochige Hochchor mit Fünf-Achtel-Abschluss, für den der vormalige romanische Chor samt der darunterliegenden Krypta aufgegeben wurde, entstand in den Jahren 1270 bis 1280 durch Handwerker der Kölner Dombauhütte. Zwei kleinere Seitenchöre flankieren den Hauptchor, die jeweils auch mit fünf Achteln abschließen. Das Maßwerk der schlanken, hohen Fenster der Chöre schließt mit Rundfenstern ab. Die Kapitelle der Chorsäulen sind mit gotischem Laubwerk verziert. In der Nachgotik wurde dann zwischen 1590 und 1595 das Querschiff erneuert. Kurz vor 1700 wurde abschließend noch der Turm der Stiftskirche errichtet – das heutige Wahrzeichen von Vilich.

Die gute Zeit des Vilicher Stifts war jedoch jäh zu Ende, als nach dem Brand von 1632 eine geistliche Kommission den Schrein der Heiligen öffnete und feststellte, dass ihre Gebeine nicht mehr enthalten waren. Damit war die Vilicher Stiftskirche als Wallfahrtsziel uninteressant geworden. Hierin ist auch der Grund zu sehen, warum das nach den Wirren des Dreißigjährigen Krieges reparaturbedürftige Kirchenschiff nicht mehr in seiner ganzen Länge erneuert wurde, sondern nur noch über zwei Joche. Die vierkantigen Pfeiler des romanischen Vorgängerbaus tragen das auf die Raumhöhe von Querhaus und Chor angehobene, verkürzte Langhaus. Dadurch wird der optische Eindruck des architektonisch und künstlerisch wertvollen Chores erweitert.

Der Verlust der Adelheidisreliquien führte die Wallfahrer zunehmend zum nahe gelegenen Pützchen (pütz = Brunnen) – zu jener Quelle, die Adelheid anlässlich einer großen Dürre entdeckt haben soll, und der heilende Wirkung zugeschrieben wurde. Händler nutzten die Gelegenheit und boten den Pilgern ihre Waren feil, Gaukler unterhielten ihr Publikum. So entstand Pützchens Markt, der heute der größte Jahrmarkt im Rheinland ist.

Kirchen Info

Stiftskirche St. Peter: Schillerstr. 20, 53225 Bonn-Vilich, Tel.: (02 28) 46 61 08, (Dekanat Bonn-Beuel)

Gottesdienste: So 9.30 Uhr St. Maria Königin (Müldorf), 11 Uhr

Öffnungszeiten: tagsüber Di-So (außerhalb des Gottesdienstes)

Führungen: durch das Katholische Bildungswerk Bonn,
Tel.: (02 28) 228 04 50

Wallfahrt: Die Adelheidisoktav beginnt mit der Brunnenweihe im Rahmen der Vorabendmesse zum letzten Sonntag im August. Sie endet am ersten Sonntag im September, dem Sonntag vor Pützchens Markt. Zum Abschluss der Oktav findet mit Anbruch der Dämmerung eine feierliche Lichterprozession mit den Reliquien der heiligen Adelheid um den Adelheidisplatz, dessen Zentrum das nunmehr seit eintausend Jahren sprudelnde Pützchen ist, statt. Am Sonntag von Pützchens Markt wird dann die Heilige Messe im Festzelt auf den Marktwiesen als Reminiszenz an die Ursprünge dieses Jahrmarktes gefeiert.

Seniorenhaus St. Adelheidis-Sift: Adelheidisstraße 10, 53225 Bonn-Vilich, Tel.: (0228) 40 38-3, Fax: (0228) 40 38-409 www.sh-st-adelheidisstift.de

Köln
5 St. Gereon

Anfahrt

PKW: Die Gereonskirche liegt an der Gereonsstraße, der Verbindungsstraße vom Kölner Hbf zum Kaiser-Wilhelm-Ring (An den Dominikanern, Unter Sachsenhausen, Gereonsstraße, Christophstraße). Parkplätze findet man, von der Zeughausstraße kommend, in die Mohrenstraße einbiegend auf der linken Seite zwischen Hausnummer 17 und 19.

ÖPNV: Mit den U-Bahnlinien 12, 15, 16 und 18 bis Haltestelle „Christophstraße" (von hier die Christophstraße in Richtung Hbf bis zur Gereonskirche gehen) www.kvb-koeln.de

Die großartige Chorpartie von St. Gereon in Köln

Das bedeutendste Stift im Rheinland ist das Kölner St. Gereonsstift – es konnte sich an Größe durchaus mit den Domstiften im Reich messen und war nach dem Kölner Domstift auch das vornehmste Stift in der Stadt. Faszinierend ist die Geschichte des Stifts wie gleichermaßen die Baugeschichte seiner Kirche. Dass die Ursprünge des Stifts bis in die Römerzeit zurückreichen, ist für das Rheinland keinesfalls außergewöhnlich, besonders ist allerdings die Tatsache, dass der Kern der Gereonskirche auf römischem Mauerwerk ruht, das bis zum Unterbau des heutigen Obergaden in einer Höhe von bis zu 16 Metern erhalten ist – denn die Gereonskirche geht auf ein antikes

Mausoleum aus dem dritten Viertel des 4. Jahrhunderts zurück, einen monumentalen ovalen Kuppelbau auf einem Gräberfeld vor den Toren Kölns. Der Kuppelbau wurde später in eine Kirche umgewandelt, in der Märtyrer aus der Zeit der römischen Christenverfolgung verehrt wurden, allen voran der heilige Gereon. Seine Reliquien und die seiner Gefährten, des heiligen Gregorius Maurus und der heiligen Mauren, werden in der Kirche aufbewahrt. Im Jahr 590 wurde die Gereonskirche von Gregor von Tour bereits als Märtyrerkirche erwähnt. Im 8. Jahrhundert stand der heilige Gereon als Kirchenpatron fest, auch dürfte seit dieser Zeit eine Klerikergemeinschaft an der Kirche bestanden haben.

Kreuzigungsgruppe in der Vorhalle von St. Gereon

Seine Bedeutung erlangte das Gereonsstift unter anderem dadurch, dass seine Stiftsherren dem Hochadel entstammen mussten – gestützt auf die Annahme, dass der heilige Gereon wohl adeliger Herkunft und dass die heilige Helena, die Mutter Kaiser Konstantins, Gründerin der antiken Kirche war. Neben kirchlichen Vorrechten, die das Stift besaß, war sein Besitz an Zehntrechten, Höfen und auch Ländereien im näheren und im weiteren Umkreis bis hin zum Mittelrhein beträchtlich – bis zur Säkularisation war St. Gereon das reichste Stift weithin. Nach der Aufhebung des Stifts im Zuge der Säkularisation wurde der Gereonskirche die Funktion der ab 1806 abgerissenen Pfarrkirche St. Christoph übertragen. Bis 1820 waren die ehemaligen Stiftsgebäude abgebrochen, 1823 auch der Kreuzgang. Häuser, Höfe und Gärten der Kanoniker und weiterer Stiftszugehöriger gingen in andere Hände über, bzw. fielen der städtischen Erweiterung und Veränderung Kölns durch Wohn- und Bürobauten im 19. Jahrhundert weitgehend zum Opfer. Im Zweiten Weltkrieg wurde die Kuppel der Kirche schwer beschädigt, das Innere brannte aus; viele der noch vorhandenen Ausstattungsstücke gingen dabei verloren. Der Wiederaufbau erfolgte in den Jahren 1946 bis 1984.

Das antike Mausoleum als Vorgängerbau der Gereonskirche war ein ovaler Zentralbau mit gekuppelten hufeisenförmigen Nischen. Je vier dieser Konchen mit je einer oder drei Fensteröffnungen waren an der nördlichen und südlichen Langseite des Ovals angebracht und sind heute noch am römischen Mauerwerk bis hin zu den Fenstereinfassungen zu erkennen. Die sehr viel größere Ostapsis mit einem größeren Fenster war vermutlich zweigeschossig. Westlich war dem Bau eine breite Vorhalle beigegeben. Über der dem Untergeschoss aufgesetzten, auch Tambour genannten Wandzone von gleichem ovalen Grundriss mit Fensteröffnungen genau über den Konchen, wölbte sich eine Kuppel – diese Kuppelkonstruktion stellt eine großartige Ingenieurleistung der Antike dar, die offensichtlich alle Wirren der nachromanischen Zeit überstanden hat. Den Fußboden des Kuppelbaus schmückte ein Mosaik, dessen Reste noch in einer Nische erhalten sind.

Unter dem Kölner Erzbischof Anno II. wurde ein 1068 geweihter Langchor mit halbrunder Apsis auf einer dreischiffigen Krypta an der Ostseite des Kuppelbaus angebaut. Dieser Anbau erfuhr bis 1156 unter Erzbischof Arnold von Wied einschließ-

In der Krypta von St. Gereon

Gewölbe-
fresken in
der Krypta
von
St. Gereon

lich der Krypta eine Erweiterung um ein Joch mit neuer halbrunder Apsis; der Chor insgesamt wurde erhöht und mit zwei
seitlichen, reich gegliederten Türmen versehen. In diesem Zusammenhang erfuhren der Langchor und die ergänzte Apsis
eine neue Ausmalung, von der Reste unter der barocken Ausstattung bis heute erhalten blieben und wieder zu einer Ge-
samtdarstellung ergänzt wurden. In der Krypta wurden seither
die Sarkophage der drei Märtyrer übereinander aufgestellt. In
der Folgezeit errichtete man auf den Fundamenten des antiken Atriums die Stiftsgebäude mit Kreuzgang und Vorhalle.
Zwischen 1217 und 1227 ersetzte man die antike Ovalkuppel
durch ein überkuppeltes Dekagon, dessen Pyramiddach nunmehr eine Höhe von 35 Metern erreichte. Der Anbau der noch
romanischen Taufkapelle erfolgte bis 1245, der Anbau der gotischen Sakristei mit Maßwerkfenstern an der Südwand des
Langchores um 1315. Später erhielten die beiden Chorjoche
Rippengewölbe und große Maßwerkfenster. Mit der Vergröße-
rung der Vorhalle auf zwei kreuzrippengewölbte Joche Anfang
des 15. Jahrhunderts waren die baulichen Maßnahmen an der
Gereonskirche weitgehend abgeschlossen. Wenn auch heute
von den Stiftsgebäuden fast nichts mehr erhalten ist, kommt
die Architektur der Gereonskirche umso stärker zum Tragen –
geprägt vom Gegensatz zwischen der Ostpartie mit der Zwei-
turmfassade und dem mächtigen Dekagon über dem ovalen
Zentralbau.

Links:
Taufbecken
in der Tauf-
kapelle von
St. Gereon

Rechts:
Blick in das
Gewölbe des
Oktogons
von St. Ge-
reon auf
römischen
Mauern

Der Besucher betritt die Gereonskirche durch die Vorhalle. Hier steht eine Grablegungsgruppe aus Sandstein aus dem 15. Jahrhundert, die im 19. Jahrhundert aus Linz erworben wurde. In der eigens errichteten seitlichen Kapelle der Vorhalle wurde die von J. A. Reiss 1897 geschaffene Pietà aufgestellt. Dann öffnet sich das in vier Zonen aufgebaute Dekagon unter seiner rot ausgemalten Kuppel. Auf die Konchenzone folgt die Emporenzone, darüber eine Fächerfensterfolge und dann eine Lichtzone mit hohen Lanzettfenstern, die schon gotische Bauformen zeigt. An der Südseite des Chorbogens ist die sogenannte Mondsichelmadonna befestigt, eine um 1430 entstandene Holzskulptur aus der nicht mehr vorhandenen Kirche Maria ad Gradus östlich des Doms. Eine Alabasterfigur der heiligen Helena, dem Bildhauer Jeremias Geisselbrunn zugeschrieben, heute an der zweiten nördlichen Konche von Osten aufgestellt, war die einst bekrönende Figur des 1635 errichteten Hochaltars. In der aufwändig ausgemalten, südlich an das Dekagon angebauten Taufkapelle mit achtteiligem Rippengewölbe auf unregelmäßigem Grundriss findet man in den Wandnischen gut erhaltene Heiligenfiguren und ein kleines, wertvolles Flügelretabel aus dem Jahr 1515. Das wertvolle geschnitzte Gestühl im Chor ist leider im Zweiten Weltkrieg verbrannt. Zu den heutigen Ausstattungsstücken des Chores zählen verschiedene Gemälde aus unterschiedlichen Quellen – das 1608 datierte Sakramentshaus im hoch gelegenen Teil sowie die 1767 aufgehängten Josephs-Tapisserien an der Langchorwand, drei Szenen aus dem Leben Josephs darstellend. In der an der südlichen Langchorwand angebauten Sakristei steht ein ebenfalls Jeremias Geisselbrunn zugeschriebenes Alabaster-

Märtyrergrab in der Confessio der Krypta von St. Gereon

kruzifix. Die Sakristeitür ist ein 1540 geschnitztes Kunstwerk, Christus als Schmerzensmann mit Maria darstellend. Die dreischiffige Hallenkrypta hat Zugänge aus den östlichen Konchen des Dekagons. Eine doppelte Arkade öffnet den Blick auf die drei übereinander gestellten Märtyrersarkophage in der Confessio der Krypta. In der Apsis der Krypta wurden Überreste romanischer Mosaike aus dem Chor verlegt. Dazu sind ebenfalls noch Reste von Wandmalereien erhalten. Das Altarretabel aus Tuffstein ist eine Arbeit aus dem Jahr 1540. Von der Krypta zweigt die Nikolauskapelle unter der Sakristei ab. In ihren Wänden sind römische und frühchristliche Grabsteine eingemauert.

Kirchen Info
Katholische Pfarrgemeinde St. Gereon: Gereonsdriesch 2–4, 50670 Köln, Tel.: (02 21) 13 49 22, Fax: (02 21) 139 03 06 www.stgereon.de
Gottesdienste: So 10 Uhr, 13 Uhr, Mi 19 Uhr, Do/Fr 18 Uhr in der Krypta,
 Vorabendmesse Sa 18 Uhr
Öffnungszeiten: Mo/Mi/Do 10–14 Uhr, 15–17 Uhr, Di/Fr 10–17 Uhr,
Sa 10–12 Uhr, 15–17 Uhr, So zwischen den Messen und 15–17 Uhr
Krypta nur Mi 15–17 Uhr, Sa 10–12 Uhr
Führungen: nach Vereinbarung mit dem Pfarrbüro (s. o.)
Veranstaltungen: Orgelkonzerte, Chorkonzerte, Festgottesdienste mit
Kirchenmusik etc., Programm unter: www.stgereon.de

Köln
⑥ St. Maria im Kapitol

Anfahrt

PKW: Der Eingang zur Kirche liegt in der Kasinostraße, von wo man durch ein Tor in den Kreuzgang gelangt, von dort führt eine Treppe hinauf in die Kirche. Ein Aufzug für Rollstuhlfahrer steht zur Verfügung, allerdings sollte man sich möglichst vorher im Pfarrbüro melden. Es gibt eine Reihe von Parkhäusern im Umfeld.

ÖPNV: Haltestelle „Heumarkt" der Straßenbahnlinien 1, 7, 8 und 9 und der Buslinien 132, 133, 250 und 260 www.kvb-koeln.de

Blick auf den Lettner von St. Maria im Kapitol in Köln

Im Südosten der Colonia Agrippina, des alten römischen Köln, senkt sich das Gelände vom Kapitolshügel zum Rhein hin ab. Hier auf dem Hügel stand seit 50 n. Chr. ein den sogenannten kapitolinischen Gottheiten Jupiter, Juno und Minerva geweihter Tempel – sowohl die damals zum Fluss herunter führende Treppe als auch Fundamentreste der Anlage konnten durch Ausgrabungen nachgewiesen werden. In den Ruinen dieser römischen Tempelanlage gründete um 690 Plektrudis, die Frau des fränkischen Hausmeiers Pippin des Mittleren, eine Marienkirche und setzte damit ein Siegeszeichen des christlichen Gottes über die Gottheiten der Römer. Plektrudis wurde in ihrer Kirche begraben. Der Kölner Erzbischof Bruno I. stiftete Ende des 10. Jahrhunderts zu der Marienkirche ein Benediktinerinnenkloster. Um 1040 begann die bedeutende Äbtissin Ida – Enkelin Kaiser Otto III. – aus dem Hause der Ezzonen mit dem Neubau der Kirche, der richtungsweisend für die salische Bauepoche werden sollte. Dieser kaiserliche Hintergrund war für die weitere Entwicklung des Klosters, dessen Lage 1189 erstmals in capitolio dokumentiert wurde, außerordentlich fördernd und machte es zu einem der wohlhabendsten im Reich. Die Bedeutung des Klosters kommt auch in der Tatsache zum Ausdruck, dass Papst Leo IX. und Erzbischof Anno II. die Kirchenweihe vornahmen. Im Übergang vom 12. zum 13. Jahrhundert wandelte sich das Kloster allmählich in ein vornehmes Damenstift um, dessen adelige Insassen dem Stift weiteren Besitz zuführten, vor allem großen Landbesitz auf linksrheinischem Gebiet bis Mönchengladbach. Die Bedeutung, die das Benediktinerinnenkloster einst hatte, wurde auf das Stift übertragen. So feierte beispielsweise der Kölner Erzbischof in der Weihnachtsnacht das erste von drei Hochämtern nicht im Dom, sondern in der Marienkirche. Im Marienstift gab es damals Pfründe für 34 adelige Kanonissen, 13 Kanoniker, davon vier Priesterkanoniker für die Gottesdienste, und über 20 Vikare. Dieser wirtschaftliche Hintergrund hielt das Stift selbst in Zeiten klösterlichen Niedergangs und nachlassender Stiftsordnung aufrecht. So wird berichtet, dass sich die Stiftsdamen anlässlich des 1505 in Köln tagenden Reichstages im Gürzenich mit Kaiser Maximilian herrlich amüsierten und bis in den Morgen tanzten ...

1802 wurde das Damenstift aufgelöst und die Marienkirche der Kölner Pfarrei Klein St. Martin übertragen. Im 19. Jahrhundert wurden verschiedene Um- und Anbauten an der Kirche vorgenommen, die im Zweiten Weltkrieg schwere Schäden erlitt. Als Folge daraus stürzte noch 1948 die Ostkonche ein. Nach ausgiebiger Methodendiskussion erfolgte der Wiederaufbau der Marienkirche als Rekonstruktion des salischen Gründungsbaus bis 1948, die Komplettierung der Innenausstattung war erst Anfang der 90er Jahre des vorigen Jahrhunderts abgeschlossen.

Die Stiftskirche St. Maria im Kapitol wurde unter teilweiser Nutzung der römischen Fundamente und unter seitlicher Erweiterung der Vorgängerkirche als dreischiffige Basilika mit Dreikonchenchor, auch als Kleeblattchor bezeichnet, nach dem Vorbild der Grabeskirche in Jerusalem errichtet – die Maße der Grundrisse stimmen überein. Die Krypta folgte dem Vorbild der des gerade fertiggestellten Speyrer Doms, geht aber wegen der schwächeren römischen Fundamentierung nicht über die Breite des Langhauses hinaus.

In der Architektur dieses Kirchenbaus kommt kaiserliches Machtbewusstsein klar zum Ausdruck. Der massiv ausgebaute dreitürmige Westbau zeigt vor allem auch mit der eingebauten Empore ähnliche Formen wie die kaiserliche Aachener Pfalzkapelle und bildet einen eindeutigen Kontrast zum Ostteil, der Dreikonchenanlage – hier steht weltlicher Machtanspruch des Westbaus dem Ostbau mit der Choranlage gegenüber. Der Westbau stürzte allerdings 1637 ein, bzw. wurde im 18. Jahrhundert weiter abgetragen und nie wieder vollständig errichtet, auch *In der Krypta* nicht im Zuge der Renovierung der Schäden durch den Zwei- *von St. Maria* ten Weltkrieg. Das Langhaus wurde im 13. Jahrhundert einge- *im Kapitol*

Die Sänger-empore der Salvator-kapelle in St. Maria im Kapitol

wölbt, nach der Kriegsrenovierung aber wieder mit einer Balkendecke versehen. Der Umgang des Trikonchos setzt sich im Übrigen in den kreuzgratgewölbten Seitenschiffen fort, so einen Prozessionsweg innerhalb der gesamten Kirche ermöglichend. Ab Mitte des 15. Jahrhunderts bis zu Beginn des 16. Jahrhunderts vergrößerte man die romanischen Fenster in den Seitenschiffen, im Umgang der Konchen und im Obergaden der Querkonchen in gotischen Formen. Für diese neuen Fenster stifteten Kanoniker an St. Maria, Patrizier und Adlige Glasmalereien. Von sechs Fenstern sind größere Teile erhalten, die man im nördlichen Seitenschiff und in der südlichen Zwickelkapelle sehen kann, denn ab Ende des 15. Jahrhunderts wurden im Osten der Kirche spätgotische Kapellen als bürgerliche Stiftungen angebaut. So ließen Johann Hardenrath und Sybilla Schlößgin die Salvatorkapelle mit der Sängerempore im Joch vor der Kapelle anbauen. Zu ihrer Stiftung zählt auch das Singmeister-Häuschen östlich der Südvorhalle. Es folgten im Norden der Anbau der Hirtz-Kapelle und der Sakristeianbau auf der Nordseite der Ostkonche. Auch entstanden die Chorschranken, und 1525 wurde der Lettner zwischen den westlichen Vierungspfeilern als erstes Bauwerk der Renaissance in Köln errichtet.

Auf das Grabgelege der heilig gesprochenen Plektrudis, das im 12. Jahrhundert auch Ziel von Wallfahrten war, weisen zwei Grabplatten hin – ihre Grabstelle in der Kirche ist heute nicht mehr bekannt. Der romanische Grabstein aus Kalksandstein

Barocker Figuren-schmuck in St. Maria im Kapitol

an der Wand des Langhauses ist eine Kölner Arbeit aus dem dritten Viertel des 12. Jahrhunderts. Die gotische Grabplatte, ebenfalls aus Kalksandstein, befindet sich an der gegenüberliegenden Langhauswand und entstand kurz vor 1300. An der Westwand des südlichen Seitenschiffes steht die sogenannte Bildertür, eines der bedeutendsten romanischen Kunstwerke Kölns. Es handelt sich um zwei Flügel des ehemaligen Nordportals, entstanden in der Mitte des 11. Jahrhunderts. Sie ist aus Eichenbohlen gefertigt, auf denen ursprünglich 26 Relieffelder (eines ist verloren gegangen) und geschnitzte Rahmenleisten aus Nussbaumholz montiert sind. An der Westwand des nördlichen Seitenschiffes ist die Figur der thronenden Madonna mit Kind angebracht – eine Kölner Arbeit, entstanden zwischen 1150 und 1250, die leider starke Witterungsspuren aufweist und an der Oberfläche stellenweise zerstört ist. Der Renaissance-Lettner, eine Stiftung von Kölner Bürgern, steht am Eingang zur Vierung. Acht Bündelpfeiler aus dunklem belgischen Granit tragen die begehbare Lettnerempore, die mit Reliefdarstellungen und Prophetenfiguren verziert ist. Vor dem Lettner steht auf einem Sockel die sogenannte Limburger Madonna, eine im 19. Jahrhundert erworbene, um 1300 gefertigte Freiburger Arbeit in restaurierter gotischer Farbfassung. Hingewiesen sei abschließend noch auf das crucifixus dolorosus, eine Nussbaum-Schnitzarbeit unbekannter Herkunft, gefertigt nach 1300. Das Kruzifix stellt das Leiden Christi in expressionistischer Weise dar. Eine spätere Übermalung dramatisierte diesen Ausdruck noch weiter.

Der Zugang zum Gebäudekomplex des Marienstifts im Südwesten der Kirche erfolgte durch das Immunitätstor, das 1330 errichtete Dreikönigspförtchen, durch dessen Vorgängerbau die Reliquien der Heiligen Drei Könige im Jahre 1164 nach Köln gebracht worden sein sollen. Die seit dem 11. Jahrhundert im Geviert angelegen Stiftsgebäude sind Mitte des 19. Jahrhunderts teilweise gotisierend ersetzt und nach dem Krieg neu gebaut worden. Ergänzt wurde die Anlage durch den Wiederaufbau des Singmeisterhäuschens auf der Ostseite der südlichen Vorhalle. Dem Westflügel gegenüber steht das Äbtissinnenhaus aus dem 18. Jahrhundert. Im Übrigen kann man Reste der ehemaligen Umfassungsmauer des römischen Kapiteltempels im östlichen Kreuzgangflügel und im Garten finden.

Kirchen Info

St. Maria im Kapitol: Kasinostraße 6, 50676 Köln, Tel.: (0221) 21 46 15, Fax: (0221) 240 34 32 www.maria-im-kapitol.de

Gottesdienste: Messe So 10.30 Uhr, Abendmesse Mo/Mi/Fr 18.30 Uhr, Krabbelgottesdienst So 9.30 Uhr in der Krypta (nicht in den Ferien), Jugendgottesdienst So 17 Uhr in der Krypta

Öffnungszeiten: täglich 10–18 Uhr

Veranstaltungen: Konzerte, Programm unter: www.maria-im-kapitol.de

Gastronomie

Brauhaus Malzmühle: Heumarkt 6, 50667 Köln, Tel.: (0221) 21 01 17, Fax: (0221) 240 88 67 www.muehlenkoelsch.de

Öffnungszeiten: Mo–Fr 10–24 Uhr, Sa/So 11–23Uhr, warme Küche 11–23 Uhr, Reservierung empfohlen. Beliebtes traditionelles Kölner Brauhaus „um die Ecke" von St. Maria im Kapitol, schenkt das hauseigene Mühlenkölsch aus. Die Kölner Spezialitätenküche bietet z. B. Ädäppelszupp, Himmel un Äd, Reppche met decke Bunne, Suurbroode, deftije Speeßbrode met jebrode Öllich oder Hämmche met suurem Kappes.

Köln
7 *St. Pantaleon*

Anfahrt

PKW: Vom Barbarossaplatz in Köln auf der Neuen Weyerstraße in Richtung Severinsbrücke fahren und nach 300 m rechts Am Weidenbach einbiegen. Von hier ist das Tor zum Gelände der Pantaleonskirche schon zu sehen. Die Parkplätze im Umfeld sind Anwohnerparkplätze, Parkhäuser sind in der weiteren Umgebung vorhanden.

ÖPNV: Mit den U-Bahnlinien 6, 15, 16, 17, 18 und 19 bis Haltestelle „Barbarossaplatz" (von hier aus die Neue Weyerstraße bis zum Tor der Pantaleonskirche gehen) **www.kvb-koeln.de**

Der mächtige Baukörper von St. Pantaleon in Köln

Die Pfarrkirche St. Pantaleon steht als Kirche der ehemaligen Benediktinerabtei St. Pantaleon inmitten ihres heute noch erhaltenen Klosterbezirks. Sie zählt zu den ältesten Kirchen Kölns, erbaut auf dem Standort einer außerhalb der römischen Stadtmauer gelegenen antiken villa surburbana aus dem 3. Jahrhundert, deren Reste sich in der Krypta der Kirche besichtigen lassen. Sie wird erstmals 866/877 als eine kleine, vom Dom abhängige Kirche mit Armenhospital erwähnt. An dieser Kirche gründete Erzbischof Bruno, der Bruder Kaisers Otto des Großen, im 10. Jahrhundert ein Benediktinerkloster, dem er die Reliquien des kleinasiatischen Märtyrers Pantaleon stiftete, einem Mediziner, der es bis zum kaiserlichen Leibarzt brachte, aber wegen des Versuchs, die Kaiserin zum Christentum zu bekehren, im Jahre 305 hingerichtet wurde. Auf Wunsch Ottos wurde Bruno übrigens noch in der alten Pantaleonskirche beigesetzt.

Zwischen 966 und 980 erfolgte der Neubau der Pantaleonskirche als einschiffiger Saalbau mit karolingischem Westwerk und kryptenartig gewölbtem Erdgeschoss sowie der Klostergebäude. Bis Ende des Jahrhunderts ließ Kaiserin Theophanu, Gemahlin von Brunos Neffen Otto II. und große Verehrerin des in ihrer oströmischen Heimat hoch geschätzten Pantaleon, das Langhaus nach Westen verlängern, mit Annexräumen im Norden und Süden versehen, eine gestelzte Ostapsis anbauen, die Krypta erweitern und ein neues Westwerk nach dem Vorbild der Essen-Werdener Kirche mit vierkantigem Mittelturm, drei kreuzförmig angeordneten Seitenflügeln und Flankentürmen in den Winkeln anlegen. Von dem Kreuzgang aus ihrer Zeit sind noch nördliche Teile erhalten. Im Jahre 991 starb Theophanu und wurde im Westwerk der Klosterkirche in Gegenwart Ottos III. beigesetzt. Die Arbeiten an der Kirche konnten Dank der großzügigen Stiftungen der Theophanu fortgesetzt werden. In der zweiten Hälfte des 12. Jahrhunderts erfolgte die Erweiterung der Pantaleonskirche zur dreischiffigen Basilika durch den Anbau von kreuzgratgewölbten Seitenschiffen an das Langhaus. Zusätzlich wurden die unteren Seitenräume des Westwerks in die Kirche einbezogen, die Flankentürme erhielten Rundgeschosse. 1180 wurden die Pantaleonskirche und ihre Klostergebäude in den staufischen Mauerring einbezogen. Zu Beginn des 13. Jahrhunderts erfolgte die Umgestaltung der Ostpartie im Zuge der Verlegung des Theophanu-Grabes. Der spätgotische Lettner zwischen Chor und Laienkirche ist ein großartiges Steinmetzmeisterwerk aus dem Jahr 1503. Zwar erhielt das Benediktinerkloster auf dem Pan-

Oben: Renaissance-Epithaph am Langhauspfeiler von St. Pantaleon

Unten: Mosaik im Eingangsbereich von St. Pantaleon

taleonsberg im Laufe der Zeit immer weniger Zuwendungen, doch reichten die Mittel für eine barocke Umgestaltung nach Plänen von Christoph Wamser aus, in deren Folge der Langhausobergaden erneuert und mit großen zweibahnigen Maßwerkfenstern versehen, ein neuer Chor in gotisierenden Formen errichtet wurde und das Langhaus wie auch der Chor mit einem durchgehenden Rautennetzgewölbe versehen wurden. Anlässlich der Übersiedlung des Erzbischofs und Kurfürsten Maximilian Heinrich von Bayern in das Pantaleonskloster erfolgte die Erneuerung der Konventsgebäude. 1757 stürzte der südliche Flankenturm des Westwerks ein. Aus Sicherheitsgründen trug man den anderen Flankenturm und die Vorhalle ab und setzte dem Mittelturm eine Haube auf.

Nach der Säkularisation diente die Pantaleonskirche als Pferdestall, wurde dann als Pfarrkirche weitergeführt und war ab 1813 preußische (evangelische) Garnisonskirche. Die Klosterbauten dienten als Bauhof des preußischen Militärs. Restaurierungen fanden bis zum Zweiten Weltkrieg statt; die Kirche war im Übrigen 1922 der katholischen Pfarre zurückgegeben worden.

Der Zweite Weltkrieg hinterließ große Schäden am gesamten Klosterkomplex. Erhalten blieben nur die Gewölbe des Chors, der Seitenschiffe und des Westwerks. Der Lettner überlebte,

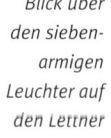

Blick über den siebenarmigen Leuchter auf den Lettner

weil er zuvor vermauert worden war. Bei der Restaurierung der Kirche richtete man sich an der ottonischen Raumarchitektur aus – dieses früheste romanische Klosterbauwerk Kölns findet seine Bedeutung unter anderem auch in der Ausrichtung an byzantinischen Architekturvorstellungen, die dabei wieder zum Tragen kommen sollten.

Wenn der heutige Besucher die Pantaleonskirche durch das Seitenportal betritt, so wird er zunächst von der Weite des Kirchenschiffes beeindruckt. Das Westwerk öffnet sich in einem großen

Reste des Kreuzgangs von St. Pantaleon

Bogen aus farblich wechselndem Gestein zum Mittelschiff hin. Der hohe Mittelraum hat im Untergeschoss zwei seitliche Kapellen, die Kapellenräume darüber öffnen sich wie Emporen. Lang erstreckt sich das Mittelschiff im Kontrast zum monumentalen Westwerk über den Lettner zum sich anschließenden Chor hin. Das spätmittelalterliche Gewölbe wurde im Rahmen der Nachkriegsrenovierung durch die ursprüngliche Kassettendecke ersetzt. Die Seitenschiffe tragen Kreuzgratgewölbe. Die Querschiffe, durch Bögen mit dem Chor jenseits des Lettners verbunden, sind als Kapellen ausgebaut. Der nördliche Petruschor weist eine eingezogene Apsis auf, zwischen dem südlichen Pauluschor und der Hauptapsis wurde die Katharinenkapelle mit zwei kleinen Nischen vereinfacht nach der Kriegzerstörung wieder aufgebaut. Dem Chor ist eine dreiseitige rippengewölbte Apsis im Zuge der Barockisierungsmaßnahmen mit gotisch nachempfundenen Maßwerkfenstern vorgesetzt worden. Die Krypta ist westlich vom Chor aus zugänglich. Im Zuge dieser Maßnahmen gab man die Krypta wegen der Absenkung des Hochchorniveaus auf, doch legte man im Zuge der Nachkriegsrenovierung die Krypta wieder frei und gestaltete sie unter Verwendung erhaltener Reste, wie etwa der staufischen Scheitelnische, neu. Der Sarkophag des Erzbischofs Bruno steht heute in der Confessio der Krypta. Aus

der Krypta kann man im Übrigen auch einen Blick auf die Fundamente der römischen Villa werfen.

Auffallendstes Ausstattungsstück der Pantaleonskirche ist der spätgotische Lettner, der auch als Orgelempore dient. Seine fünfachsige Arkadenfront ist reich mit Maßwerk verziert. In den Baldachinen über den Pfeilern stehen biblische Figuren, darüber die Muttergottes. Über dem Lettneraltar aus portugiesischem Marmor hängt ein kleines hölzenes Kruzifix aus dem späten 14. Jahrhundert. Von der barocken Ausstattung sind noch großartige Einzelstücke vorhanden, so der Hochaltar und die Kanzel aus dem Jahr 1750. Das noch in Resten vorhandene und ergänzte Chorgestühl mit reichen vegetabilen Schnitzereien stammt aus dem 14. Jahrhundert. Im Pauluschor des südlichen Querschiffes steht ein Kreuzigungstryptichon, das 1550 in den Niederlanden entstand. An der Wand des gleichen Raumes sind die früher liegenden Figuren des leider beschädigten Doppelgrabes des Grafen Friedrich von Moers angebracht – eine Sandsteinarbeit aus dem Jahr 1500. In der südlichen Kapelle des Westwerks steht ein wunderschönes zuerworbenes Vesperbild aus dem Jahr 1420, in der nördlichen Kapelle inzwischen der moderne Sarkophag der Theophanu. Letztlich verfügt die Kirche noch über eine Reihe von wertvollen Tafelgemälden, Statuen und Grabplatten. Die auf das Jahr 1000 datierten, bedeutenden ottonischen Skulpturen an der Westwerkfassade sind nur noch fragmentarisch erhalten – sie werden im Lapidarium der Westempore gezeigt. Zum Klos-

terschatz gehören die beiden reich verzierten Reliquienschreine des heiligen Maurinus und des heiligen Albinus, die seitlich des Lettners aufgestellt sind – es handelt sich um künstlerisch hoch wertvolle Kölner Arbeiten aus dem dritten Viertel des 12. Jahrhunderts.

Der Immunitätsbezirk des ursprünglichen Pantaleonsklosters ist heute noch klar zu erkennen, wenn auch die alte Bebauung weitgehend abhanden gekommen ist. Die Ummauerung, in die ein gotischer Torbogen im Zuge der Nachkriegsrestaurierung als heutiger Zugang zum Klosterareal eingearbeitet wurde, ist noch reduziert erhalten. In den 50er Jahren des vorigen Jahrhunderts wurden Neubauten in Anlehnung an die historische Bausubstanz und ihrer Grundrisse angelegt, wobei ein noch vorhandenes spätgotisches Kreuzrippengewölbe für die Durchfahrt in den Innenbereich des Areals genutzt werden konnte. Heute beherbergen diese Neubauten ein Franziskanerinnenkloster, ein Altenheim und einen Kindergarten. Vom Kreuzgang existieren noch zwei Joche des an die Kirchenwand angebauten Südflügels mit dem darüber gebauten ehemaligen Kapitelsaal. Ein ältestes, ergänztes Stück aus vier Säulen mit skulptierten Kapitellen und dahinter liegendem Durchgang ist in den Kindergartentrakt des Klosterareals eingebaut worden.

Pietà in St. Pantaleon

Kirchen Info

Katholische Kirchengemeinde St. Pantaleon: Am Pantaleonsberg 6, 50676 Köln, Tel.: (0221) 31 66 55, Fax: (0221) 31 91 30 www.pantaleon-koeln.de
Gottesdienste: Messe Mo–Sa 18.30, Gemeinschaftsmesse der Frauen Mi 8.15 Uhr, Messe Sa 8.15 Uhr, Kinder- und Familienmesse So 9.30 Uhr, Hochamt 10.30 Uhr, Messe 18.30 Uhr
Öffnungszeiten: Mo–Fr 9–18 Uhr, Sa 9–16 Uhr, So 12–18 Uhr
Führungen: nach Vereinbarung mit dem Pfarramt (s. o.)
Altenheim: Stift St. Pantaleon e. V., Am Pantaleonsberg 12, 50676 Köln, Tel.: (0221) 31 60 92
Katholische Kindertageseinrichtung St. Pantaleon: Am Pantaleonsberg 14, 50676 Köln, Tel.: (0221) 31 43 37, Fax: (0221) 3 48 93 53

Klöster am Niederrhein

Düsseldorf-Gerresheim
8 Basilika St. Margareta

Anfahrt

PKW: A 3 bis Abfahrt Mettmann, dann über die Bergische Landstraße B 7 bis zur ESSO-Tankstelle, links in die Gräulinger Straße einbiegen. Der Ausschilderung folgend hinter der zweiten Ampel links in die Keldenichstraße, dann an der T-Kreuzung rechts wieder in die Gräulinger Straße und bei der ersten Möglichkeit links abbiegen in die Gerricusstraße. Am Ende der Straße gibt es einen großen Parkplatz.

ÖPNV: Von Düsseldorf Hbf mit der Straßenbahnlinie 703 bis Gerresheim Haltestelle „Rathaus" (von hier ostwärts durch das Neusser Tor zur Kirche)
www.rheinbahn.de

Der heutige Düsseldorfer Vorort Gerresheim liegt am Rande der Rheinebene, wo diese zum Niederbergischen Land hin ansteigt. Hier an der Anhöhe war nacheiszeitlicher Löss angeweht worden, auf dem fruchtbaren Boden siedelten sich Franken an. Namensgeber des heutigen Ortes war der fränkische Grundherr Gerrich, seine Ansiedlung wurde erstmals urkundlich im Jahre 870 als Gerrichesheim erwähnt, im selben Jahr auch das von ihm gegründete Kanonissenstift am Ort. Das unter dem Patrozinium des heiligen Hippolyt stehende Stift hatte bis 1803 Bestand und erreichte seinen klerikalen und wirtschaftlichen Höhepunkt im 13. und 14. Jahrhundert insbesondere auch als Heimstatt vieler unverheirateter Damen des deutschen Hochadels. Erste Äbtissin war Gerrichs Tochter Regenbierg, die vom Vater reich mit Ländereien und der Wahrnehmung eines Zollrechtes ausgestattet war. Unter ihrer Nachfolgerin Landswind nahm das Stift weiter Aufschwung.

Mit dem Bau der heutigen Basilika an der Stelle eines staufischen Vorgängerbaus wurde unter der kunstsinnigen Äbtissin Guda von Berg Anfang des 13. Jahrhunderts begonnen. Die Altarweihe fand im Jahre 1236 statt. Die Basilika erhielt im 14. Jahrhundert die Reliquien der heiligen Margareta, die seither auch Kirchenpatronin ist. Sie diente nur den Stiftsdamen als Gotteshaus, für die Gemeinde bestand südlich eine kleine Kirche, in dem die Gebeine des seligen Gerrich aufbewahrt wur-

*Links:
Basilika
St. Margareta
in Düsseldorf-Gerresheim*

Blick in den Chor von St. Margareta

den. Im 15. Jahrhundert begann der innere und äußere Niedergang des Stifts. Gerresheim wurde landesherrliches Territorium, die Pflicht der Stiftsdamen zur Anwesenheit wurde mehr und mehr ausgehöhlt. Das 1386 durch die Grafen von Berg zur Stadt erhobene Dorf Gerresheim, das sich um das Stift herum angesiedelt hatte, verarmte ab dem 17. Jahrhundert durch den Weggang einiger adliger Stiftsdamen und durch etliche verheerende Stadtbrände. Auch wurde die kleine Stadt von Soldatenheeren des Truchsessischen Krieges und des Dreißigjährigen Krieges überfallen. Seit dieser Zeit ist auch die Heilig Blutsprozession zu St. Margareta populär. Dennoch wurde die Stadt in der Folge bedeutungslos. Ab 1790 fanden die Pfarrgottesdienste in der Stiftskirche statt, die alte Pfarrkirche musste 1892 abgerissen werden. 1810 wurde die Stiftskirche endgültig der Gemeinde übereignet. Dieser Übereignung verdankt man heute den Erhalt der Basilika St. Margareta – eines der schönsten Bauten des „niederrheinischen Übergangsstils" von der Romanik zur Gotik.

Die Basilika St. Margareta beeindruckt den Betrachter bis heute durch ihre schlichte, noch in der Romanik verhaftete Formgebung. Es ist ein dreischiffiger, kreuzrippengewölbter Bau im gebundenen System mit Querschiff, hohem achtseitigen Vierungsturm, Chorquadrat und halbrunder Apsis. Am auffälligsten ist der zweigeschossige, achteckige Turm mit dem spitzen Faltdach. Er ist mit zwei- und dreiteiligen Schallöffnungen, Rundbogenfriesen und den kleinen Dreiecksgiebeln unter dem Dach gegliedert. Der eigentliche Baukörper ist mit nur kleinen Rundbogenfriesen und Lisenen eher zurückhaltend ornamentiert. Lediglich die unterschiedlichen Fensterformen wie Rundbogen-, Rosetten- und Kleeblattfenster lockern die Außenfassade auf. Basilikal abgestuft zeigt sich die Westfassade, bei der die Fassade des Mittelschiffes ein wenig hervortritt. Nach Renovierung im letzten Viertel des vorigen Jahrhunderts erhielt die Kirche wieder ihre spätromanische Farbgebung auf weißem Verputz. Formenreich zeigt sich das Innere der Basilika. Das Hauptschiff strebt mit seinen spitzbogigen Pfeilerarkaden in die Länge und Breite und öffnet sich zu dem ausgemalten Chor. Deutlich spürt man die Absicht, sich von der Schwere und Strenge der Romanik loszusagen und sich den neuen Bauformen der Gotik zu öffnen. Die gesamte dekorative Ausmalung des Innenraumes konnte im Übrigen 1960 nach historischem Befund erneuert werden.

Beim Betreten der Basilika durch das Westportal fällt gleich rechts der spätgotische Gerricus-Sarkophag auf. Das Werk, vermutlich aus der Kölner Dombauhütte, ist mit seinen Spitzbogenblenden und Kreuzblumen aus einem einzigen Trachytblock gefertigt. An der Front des südlichen Querschiffes steht der 1871 gefertigte neugotische Hippolytusschrein mit Figurenschmuck aus Apostelreihen an den Längsseiten sowie einer Madonna mit Kind und dem heiligen Hippolyt an den Stirnseiten – die Reliquien des heiligen Hippolyt kehrten erst 1953 nach Gerresheim zurück. Dahinter, einsehbar durch ein Türgitter, befindet sich die Taufkapelle als ältester Raum der Kirche, die noch mit dem Chor des Vorgängerbaus verbunden war. Dann fällt der Blick auf die Ausmalung der Chorapsis. Die im 13. Jahrhundert entstandenen Fresken stellen den thronenden Gottvater dar. Dieser „Gerresheimer Gnadenstuhl" zählt zu den frühen deutschen Monumentalmalereien. Das über 2 Meter hohe Kruzifix über dem Altar wurde schon um 870 gefertigt und trägt noch Reste seiner ursprünglichen Bemalung. Besonders auffällig sind die weichen Züge des Antlitzes. Vom spätromanischen Hochaltar selbst ist nur noch der Unter-

Der Baukörper von St. Margareta

Blutkirmes in Gerresheim

Die älteste Erwähnung der Blutprozession zu St. Margareta findet sich in einer Urkunde aus dem Jahr 1598. Ihren Namen hat die Prozession von einer Blutreliquie, die die mit Christi Blut vermischte Erde vom Berg Golgatha enthalten soll. Sie ist in einen Bergkristall gefasst und wird in der um 1410/20 gefertigten Heilig-Blut-Monstranz des Kirchenschatzes aufbewahrt. Sie soll zur Zeit des 5. Kreuzzuges (1217–1221) aus dem Heiligen Land mitgebracht und dem Stift Gerresheim geschenkt worden sein. Die Blutprozession zum Wallfahrtsort Gerresheim hatte einst ganze Pilgerströme mobilisiert, sogar aus Holland und Belgien kamen die Menschen. Zusätzlich wurde 1725 die Blutskapelle für diese Pilgerströme errichtet. Heute wird am Tag der Prozession die Heilig-Blut-Reliquie von der St. Sebastianus-Schützenbruderschaft unter einem Baldachin mitgeführt und den Gläubigen durch einen Priester präsentiert. Während der acht Tage dauernden Festlichkeiten findet an der Gerricusstraße die Blutkirmes mit Verkaufsständen und Fahrgeschäften statt.

Blutsoktav: Festwoche mit Kirmes ab Sonntag nach Fronleichnam: So 9.30 Uhr Hochamt, 10.30 Uhr Prozession über Flachsmarkt, Bender Straße usw. zum Neusser Tor und zurück zum Flachsmarkt, 11.30 Uhr Schluss-Segen in der Basilika; Di 19 Uhr Jugendmesse in der Blutskapelle (in der Heyestraße, gebaut 1725), Mi Frauenmesse, Do 14.30 Uhr Salbung, 18 Uhr Firmung mit dem Weihbischof

Gottesdienst zur Blutkirmes

bau, eine reich gegliederte Steinmetzarbeit aus der ersten Hälfte des 13. Jahrhunderts, vorhanden. An der linken Chorwand steht das feingliedrige spätgotische Sakramentshaus, daneben ein ebenfalls spatgotischer Reliquienschrein etwa aus der Zeit um 1500. In der Vierung im Zentrum der Kirche befindet sich der Zelebrationsaltar aus rotem Travertin, angefertigt im Jahre 1992 von dem Künstler Paul Nagel. Das mit reichem Schnitzdekor versehene barocke Chorgestühl trägt das Entstehungsjahr 1707 und ist inzwischen im nördlichen Querschiffarm platziert. Die prächtige Kanzel, eine niederrheinische Meisterarbeit, entstand um 1740. Darüber hinaus verfügt die Kirche über mehrere kunstvolle Grabplatten. Eine besonders wert-

*Kreuzgang-
reste von
St. Margareta*

volle Schnitzarbeit stellt die spätgotische Muttergottesfigur am nördlichen Vierungspfeiler dar. Die schlanke Figur mit ausgeprägten Zügen ist eine Kölner Arbeit von 1480. Zum Kirchenschatz zählt vor allem ein ottonisches Reliquiar, um 1030/40 entstanden.

An der Nordseite der Basilika steht am sogenannten kleinen Hof noch ein Gebäudetrakt des alten Gerresheimer Stifts, in dem eine Seite des ursprünglichen Kreuzgangs mit unterschiedlich gestalteten Kapitellen über Doppelsäulen eingearbeitet ist. Dieser zweigeschossige Bau zählt zu den am besten erhaltenen romanischen Wohnbauten Deutschlands und dient heute als Pfarrheim. Reizvoll ist das Häuserensemble um den Gerricusplatz südlich der Basilika. Unter anderem steht hier der Quadenhof, ein ehemals wasserumwehrter dreiachsiger Backsteinbau aus dem beginnenden 15. Jahrhundert.

Basilika Info

Kirchengemeinde St. Margareta: Gerricusstraße 9, 40625 Düsseldorf-Gerresheim, Tel.: (0211) 28 93 30, Fax: (0211) 29 40 71 www.st-margareta.de
Gottesdienste: Mo–Do 9 Uhr, So 10 Uhr, 11.15 Uhr, Heilige Messe 18.15 Uhr, erste Sonntagsmesse Sa 18.15 Uhr, Rosenkranzgebet Do 12 Uhr, Eucharistische Anbetung 19 Uhr
Öffnungszeiten: tagsüber, Führungen auf Anfrage, Treffpunkt: auf dem Gerricusplatz, Dauer: ca. 1 Stunde

Altenheim Gerricusstift: Gerricusstraße 11, 40625 Düsseldorf-Gerresheim
Tel. (0211) 28 07 49-0, Fax: (0211) 28 56 10 www.gerricusstift.de

Düsseldorf-Kaiserswerth
🔳 St. Suitbertus

Anfahrt

PKW: A44 bis Abfahrt Stokkum, dort Richtung Kaiserswerth fahren. Parkplätze gibt es nur außerhalb des Ortskerns.

ÖPNV: U-Bahnlinie 79 bis Haltestelle „Klemensplatz" (von hier 5 Min. Fußweg Richtung Kaiserswerther Markt (Kaiserpfalz, Rheinufer) bis Stiftsplatz) www.rheinbahn.de

Ruine der Kaiserpfalz im heutigen Ortsteil Kaiserswerth von Düssel-dorf

Ein „Werth" bezeichnet eine Flussinsel – ein Begriff, der vor allem für die Inseln im Rhein gebräuchlich ist. Kaiserswerth nördlich von Düsseldorf war früher eine Rheininsel, bis der trennende Fleeth im 13. Jahrhundert verlandete. Diese Rheininsel erhielt der angelsächsische Missionar Suitbertus, ein Weggefährte des Friesenmissionars Willibrord, vom fränkischen Hausmeier Pippin und seiner Frau Pektrudis kurz vor der Wende zum 8. Jahrhundert als Geschenk. Hier gründete Suitbertus ein Benediktinerkloster, das wohl im 11. Jahrhundert in ein Kanonikerstift umgewandelt wurde. Südlich der Stiftsimmunität entstand ab 1050 die Kaiserpfalz, die Ende des 12. Jahrhunderts durch Friedrich Barbarossa als Rheinzollstätte zu einer gewaltigen staufischen Burg ausgebaut wurde – daher der Name „Kaiserswerth". Die Kaufmannssiedlung auf Kai-

*Die Rhein-
promenade
von Kaisers-
werth*

serswerth erhielt 1181 Stadtrechte. 1424 kam die Zollstätte angesichts der schwindenden kaiserlichen Macht in die Hände
Kurkölns. Im Spanischen Erbfolgekrieg wurde Kaiserswerth
von spanischen Truppen 1702 durch Bombardierung weitgehend zerstört, die Pfalz gesprengt. Heute zeigt sich Kaiserswerth dreiteilig von seiner besten Seite – da sind der Kaiserswerther Markt mit seinem schönen Bauensemble, die Stiftsimmunität mit der Kirche und den Kanonikerhäusern sowie
die immer noch gewaltige Pfalzruine.

In der um 700 errichteten ersten hölzernen Suitbertuskirche
wurde der Missionar 713 nach seinem Tod beerdigt. Den Kern
der heutigen Kirche bildet ein Bau aus der Zeit der Kaiser Heinrich III. und Heinrich IV., die zwischen 1050 und 1072 hierfür
ausreichend Mittel bereitstellten. Die Kirchenweihe von 1237
schließt den staufischen Bau mit dreiteiliger Choranlage und
Einwölbung von Lang- und Querhaus in Angleichung an den
Chor ab. Schon 1243 ließ der Kaiserswerther Burggraf den Turm
der Kirche aus militärischen Gründen abreißen. Sein Versprechen, ihn in Friedenszeiten wieder zu errichten, erfüllte er nicht.
Dafür erhielt die Kirche zwischen 1870 und 1877 je ein Turmpaar über den westlichen Seitenschiffjochen und am Chor.
Der Zweite Weltkrieg hinterließ dann die Kirche in Trümmern.
Der Wiederaufbau erfolgte nach Ansichten aus dem 17.
Jahrhundert ohne Türme, mit der Westfassade in basilikaler
Form und mit einem Dachreiter auf der Vierung.

Der Stiftsplatz

Reizvoll ist das Bauensemble um den Stiftsplatz – die ehemalige Stifts-immunität. Hier stehen die alten Kanonikerhäuser aus der Barockzeit, im Inneren teilweise noch mit schönen Holztreppen, originalen Türen, Kölner Decken und Bemalungsresten versehen. Das malerisch verwinkelte Haus Nr. 9/10 weist in einer Nische eine farbig gefasste Suitbertusstatue auf. Das Haus Nr. 11 gilt als Geburtshaus von Friedrich Spee, einem jesuitischen Gelehrten, Barockdichter und Kritiker der Hexenprozesse – hinter dem Durchgang sieht man auf eine zauberhafte Häuserfront des Marienstifts. Nr. 14 ist das Gimbornhaus mit Schweifgiebel. Etwas hinter den Stiftsplatzbauten versteckt steht das sogenannte Romanische Haus Nr. 14 b, im Kern um 1250 entstanden. Der Treppengiebel des zweigeschossigen Tuffsteinhauses ist mittelalterlich. Der Ostgiebel zeigt noch die alten romanischen Biforien, die jeweils von einer Bogenblende eingefasst sind. Dem Chor gegenüber stehen als herausragende Bauten das alte Beinhaus mit dem Borsentürmchen dahinter, einem alten Torturm mit barockem Helm, und gegenüber, neben der Stiftsgasse, das alte Kornhaus als Zehnthaus aus dem 16. Jahrhundert. Im 19. Jahrhundert diente es als Schule, heute hat hier das Kaiserswerther Kunstarchiv seinen Sitz.

Der Stiftsplatz in Kaiserswerth

Heute zeigt sich die Suitbertuskirche als dreischiffige Pfeilerbasilika aus Tuffsteinmaterial mit breitem Querschiff und dreiteilig gestrecktem Chor. Alle drei Kirchenteile haben heute die gleiche Firsthöhe, dabei sind das Lang- und Querhaus flach gedeckt. Die Westfassade gibt den Querschnitt des Langhauses wieder. Die Hochwände von Lang- und Querhaus tragen Rundbogenfenster, die Seitenschiffe Kleeblattfenster, die Chorfenster sind viel feingliedriger und die Fenster der Apsis hoch und spitzbogig – beispielhaft für den rheinischen Übergangsstil von der Romanik zur Gotik.

Man betritt die Kirche vom Stiftsplatz aus durch die offene Vorhalle, deren Kapitelle offensichtlich noch von einem Vorgängerbau stammen. Schlicht und weiträumig zeigen sich Langhaus und Querschiffe. Rundbogenarkaden öffnen das Langhaus zu den Seitenschiffen, wobei die Hoch- und Seitenschifffenster nicht mit den Arkadenachsen korrespondieren. Der längsrechteckige Grundriss der Vierung wurde wohl von einem Vorgängerbau übernommen. Der erhöhte Chor wird aus sechsteiligem Gewölbe beschlossen, daran schließt sich eine schmale Tonne als Zwischenjoch an und öffnet sich zur Apsis mit fünfteiligem Rippengewölbe, in dessen Kappen sich die Spitzbogenfenster einfügen. Die farbliche Fassung des Innenraumes mit weiß geputzten Wänden und ockerfarbiger bzw. rotbrauner Kantenbemalung wurde nach spätromanischem Befund vorgenommen.

Der fein gearbeitete gotische dreiteilige Sakraments- und Reliquienschrank in der Chorapsis wurde um 1500 für die damals noch im Besitz der Kirche befindlichen kostbaren Gerätschaften aufgestellt. Im Chor steht ein hölzerner Lehnstuhl aus dem 17. Jahrhundert mit reichen Schnitzereien der Spätrenaissance. Wertvollstes Ausstattungsstück ist der unter dem Apsisvorjoch befindliche Suitbertusschrein, der in einer Glasvitrine von allen Seiten einzusehen ist. Mit seiner Erstellung wurde noch Ende des 12. Jahrhunderts begonnen, fertiggestellt wurde dieses üppig verzierte Kunstwerk aus Eichenholzkern, mit Kupferplatten beschlagen und mit Heiligenfiguren und Reliefs aus dem Leben Christi verziert, erst 1331. Von der neuromanischen Ausstattung gibt es nur noch die Triumphkreuzgruppe im südlichen Querschiffarm.

Oben:
Stiftskirche
St. Suitbertus
in Kaiserswerth

Unten:
Blick in den
Chor von
St. Suitbertus

Links: Marienstatue in St. Suitbertus. Rechts: Biergarten Galerie Burghof

Nördlich der Stiftskirche standen die ab 1285 erbauten Stifts-gebäude. Auch sie wurden im Spanischen Erbfolgekrieg zer-stört, aber schon bis 1704 wieder aufgebaut. Reste davon waren bis 1980 erhalten.

Kirchen Info

St. Suitbertus: Suitbertus-Stiftsplatz 3, 40489 Düsseldorf-Kaiserswerth,
Tel.: (0211) 40 11 91, Fax: (0211) 40 43 06 www.st-suitbertus-kaiserswerth.de
Gottesdienste: Vorabendmesse Sa 18.30 Uhr, Heilige Messe So 9 Uhr, 11 Uhr
Führungen: nach Vereinbarung mit dem Pfarrbüro (s. o.)
Öffnungszeiten: tagsüber

Gastronomie

Biergarten der Galerie Burghof: Burgallee 1, 40489 Düsseldorf,
Tel.: (0211) 40 14 23, Fax: (0211) 40 17 73 www.galerie-burghot.de
Öffnungszeiten: täglich 11–1 Uhr. Der Biergarten liegt direkt neben der Kaiserpfalz unter großen Kastanien mit Blick auf den Rhein, darüber hinaus gibt es einen schönen Wintergarten.

Im Schiffchen: Kaiserswerther Markt 9, 40489 Düsseldorf-Kaiserswerth,
Tel.: (0221) 40 10 50, Fax: (0211) 40 36 67 www.im-schiffchen.com
Öffnungszeiten: Di–Sa Küche ab 19 Uhr, So/Mo Ruhetage. Ein absolutes Spitzenrestaurant am historischen Markt der alten Kaufmannssiedlung Kaiserswerth, das nur wenige Minuten Fußweg von der Stiftskirche entfernt liegt.

Dormagen
🔟 Kloster Knechtsteden

Anfahrt

PKW: A 57 in Richtung Neuss bis Abfahrt Dormagen, dort westwärts in die Provinzialstraße einbiegen, die in die Klosterstraße übergeht. 5 km hinter dem Ort Delhoven liegt rechts von der Straße das Kloster. Parkplätze sind vorhanden.

ÖPNV: Von Köln mit dem Regionalexpress RE 7 bis Dormagen, dort Buslinie 871 bis Haltestelle „Kloster Knechtsteden" www.vrr.de

Die Abtei-kirche von Knechtsteden

Oberhalb eines verlandeten Altarmes des Rheins auf halber Strecke zwischen Köln und Düsseldorf erheben sich die mächtigen Türme der ehemaligen Prämonstratenser-Abteikirche Knechtsteden inmitten einer reizvollen Landschaft aus Auwald, Feldern, Weiden und Streuobstwiesen. Das Kloster geht auf eine Stiftung des Kölner Domdechanten Hugo von Sponheim zurück. Die 1138 begonnene und in zwei Bauabschnitten bis 1181 fertiggestellte Kirche gehört in die Reihe staufischer Gewölbebasiliken mit Dreiturmgruppe, geprägt vom achteckigen Vierungsturm und den beiden Chorflankentürmen. Ihre Doppelchoranlage geht auf ihre Doppelfunktion als Stifts- und Pfarrkirche zurück. Querhaus und Ostchor wurden nach der Zerstörung während der Neußer Fehde in der zweiten Hälfte

Klosterhof

An der Zufahrt zum Kloster steht der Klosterhof Knechtsteden, eine rustikale Gaststätte mit einem wunderschönen Biergarten, der besonders gerne von Fahrradfahrern aufgesucht wird. Die rustikale Gaststätte bietet rheinische Küche und zapft spezielles Schwarzbier, dazu gibt es neben dem Biergarten eine große Pfannkuchenscheune.

Klosterhof Knechtsteden: 41540 Dormagen-Knechtsteden, Tel.: (02133) 8 07 45, Fax: (02133) 28 01 58. Öffnungszeiten: täglich ab 11 Uhr (Okt.– Ende März Di Ruhetag), Küche täglich 11.30–14 Uhr, 18–22 Uhr

Der Klosterhof der Abtei Knechtsteden – ein beliebtes Ausflugsziel

des 15. Jahrhunderts unter Verwendung des erhaltenen romanischen Mauerwerks in einfacher gotischer Architektur erneuert. Seit dem 15. Jahrhundert nahm die Wallfahrt nach Knechtsteden zur „Schmerzhaften Mutter", dem Knechtstedener Gnadenbild, zu. Das barocke Torhaus entstand ab 1705. Mit dem Einmarsch französischer Truppen wurde das Kloster 1802 aufgehoben. Danach gab es verschiedene Besitzer der Klosteranlage, ihre Gebäude verwahrlosten, und im Jahre 1869 vernichtete ein großer Brand die Anlage bis auf die Mauern.

Nach dem Brand errichtete der Spiritaner-Missionar Pater Amandus Acker in den Ruinen der Anlage das erste Missionshaus Deutschlands. Durch einen Förderverein mit Unterstützung des Kaisers konnte dann die Anlage wieder neu entstehen. Heute befindet sich hier neben der Kirche, die zur Pfarrgemeinde Straberg gehört, das Libermann-Haus, eine Tagungsstätte in der Trägerschaft der Spiritaner Missionsgesellschaft, dem ein Eine-Welt-Laden angeschlossen ist, ein Heuhotel für Jugendgruppen, ein im Rahmen eines Arbeitslosenprojektes angelegter großer Kinderspielplatz, eine nicht-öffentliche Bibliothek mit einer Ulenbergbibel aus dem frühen 17. Jahrhundert, das Norbert-Gymnasium, der Kunstverein Galerie-Werkstatt Bayer Dormagen e. V. und das Haus der Natur.

Links:
Die mächtige
Vierung der
Abteikirche
Knechtsteden

Rechts:
Gnadenbild
in der Abtei-
kirche

Traditionell war der Ostbau der Klosterkirche Knechtsteden mit Querschiff und den markanten Türmen als Stiftschor dem Kloster vorbehalten, die die ganze Breite des Mittelschiffs einnehmende Westapsis diente als Pfarrchor. In der Apsiswölbung ist das aus dem Jahr 1160 stammende Fresko von Jesus in der Mandorla, flankiert von Petrus und Paulus, angebracht. Vor ihm ist der Abteistifter abgebildet, darunter stehen die Figuren von elf Aposteln. Die farblich an dieses Wandgemälde angepasste ursprüngliche Ausmalung des Kircheninneren wurde nach vorgefundenen Resten wieder hergestellt.

Zu den wesentlichen Teilen der Innenausstattung der Abteikirche zählen ein Taufstein aus der Mitte des 12. Jahrhunderts sowie das berühmte und verehrte hölzerne Vesperbild – eine westfälische Arbeit aus dem dritten Viertel des 14. Jahrhunderts.

Kapitell der
Abteikirche

Die heutigen Klostergebäude stammen teilweise noch aus dem 17. und 18. Jahrhundert und wurden ebenfalls nach dem verheerenden Brand von 1869 erneuert. Auch der Torbau ist ursprünglich erhalten. Vom romanischen Kreuzgang an der Nordseite der Kirche sind nur einige Säulen und Kapitelle verblieben.

Im Abteihof von Knecht-steden

Kirchen Info

Missionshaus der Spiritaner: Kloster Knechtsteden, 41540 Dormagen-Knechtsteden, Tel.: (02133) 8 69-0, Fax: (02133) 8 69-105 www.spiritaner.de
Gottesdienste: Heilige Messe So/Fei 8 Uhr, 18 Uhr, Heilige Messe (Amt) 10.30 Uhr, Mo-Mi/Fr 7.30 Uhr, Heilige Messe in der Sakramentskapelle Do 18 Uhr
Öffnungszeiten: tagsüber

Expo-Knechtsteden: wechselnde Kunstausstellungen in der Basilika

Festliche Tage alter Musik: konzertante Veranstaltungen in der Klosterkirche mit besonders guter Akustik, Programm unter: www.spiritaner.de

Libermann-Haus: 41540 Dormagen-Knechtsteden, Tel.: (02133) 8 69-120, Fax: (02133) 8 69-121 www.libermann-haus.de
Tagungshaus im Innenhof des Klosters für Tagesveranstaltungen mit kompletter Verpflegung, mit Eine-Welt-Laden, der fair gehandelte Produkte aus der Dritten Welt anbietet, so z. B. Honig, Schokolade, Tee, Kaffee, afrikanische Schnitzereien, Instrumente, Wein, Schmuck, Schreibwaren.
Öffnungszeiten: Mo-Sa 12.30-13.30 Uhr, So/Fei: 11.30-16 Uhr

Heuhotel: 41540 Dormagen-Knechtsteden, Tel.: (02133) 8 69-120
Mo-Fr 13-15 Uhr, Fax: (02133) 8 69-121 libermannhaus@spiritaner.de
Gruppen in Begleitung Erwachsener
Mai-Sept., ÜF Kinder/Jugendliche 9,- Euro, Erwachsene 12,- Euro

Kunstverein Galerie-Werkstatt Bayer Dormagen e. V.: 41540 Dormagen-Knechtsteden, Büro Tel.: (02133) 53 74 64, Fax: (02133) 53 74 66.
Öffnungszeiten: 1. Mi im Monat 10-13 Uhr oder nach Vereinbarung
Ateliers mit klassischer und progressiver Malerei, Bildhauerei, Keramik, Siebdruck, Grafik, Fotokunst, Textilkunst und Silberschmiede

Norbert-Gymnasium Knechtsteden: 41540 Dormagen-Knechtsteden, Tel.: (02133) 89 64 www.norbert-gymnasium.de

Haus der Natur: Biologische Station im Rhein-Kreis Neuss e. V., Kloster Knechtsteden, 41540 Dormagen-Knechtsteden, Tel: (02133) 50 23 0, Fax: (02133) 50 23 16 www.biostation-neuss.de
Institution zur kontinuierlichen Betreuung und Entwicklung naturschutz-würdiger Gebiete (z. B. Streuobstwiesen, Biotope etc.)

Mönchengladbach

11 *Propsteikirche Münster St. Vitus*

Anfahrt

PKW: A 61 bis Abfahrt Mönchengladbach-West bzw. auf der A 52 bis Abfahrt Mönchengladbach-Nord. In beiden Fällen in Richtung „Zentrum" fahren und im Zentrum den Hinweisschildern „Abteiberg" folgen. Parkplätze gibt es in den angrenzenden Straßen.

ÖPNV: Von Mönchengladbach Hbf mit den Buslinien 003 und 008–010 bis Haltestelle „Abteiberg" www.vrr.de

Die Propsteikirche St. Vitus auf dem Abteiberg von Mönchengladbach

Am Hang des vom Gladbach umflossenen Abteiberges der heutigen Großstadt Mönchengladbach gründete im Jahre 974 der Kölner Erzbischof Gero ein Benediktinerkloster, das er dem heiligen Vitus, Stammespatron des Sachsen Gero und Patron des ottonischen Königshauses, weihte. Gero wollte mit dieser Gründung einen Vorposten gegen die Ausdehnung des kirchlichen Einflussbereiches des Bischofs von Lüttich schaffen. So weit ab von Köln gelegen, waren damit Auseinandersetzungen mit dem Lüttischer Bischof programmiert. Darüber hinaus kam es in der Geschichte des Klosters immer wieder zu wirtschaftlichen Schwierigkeiten, die einerseits zum Verkauf großer Güter und andererseits zum Zusammenschluss mit anderen Stiften und Pfarreien zwangen. Dennoch hat dieses Kloster einen weit über sein Umfeld hinaus reichenden kulturellen Einfluss gehabt, nicht zuletzt auch aufgrund seiner großen Bibliothek. Im Zuge der Säkularisation wurden mit der Auflösung des Klosters im Jahre 1802 die Bestände der Bibliothek wie auch die Kunstschätze des Klosters in alle Winde zerstreut – nur ein Teil der Bücher ist wieder aufgetaucht und befindet sich heute unter anderem in der Kölner Universitätsbibliothek.

Der noch vor dem Jahre 1000 fertiggestellte Bau der ersten Münsterkirche war ein lang gestreckter saalartiger Raum mit Chor und Vorhalle im Westen, der im 11. Jahrhundert um einen Westturm erweitert wurde. Vom ersten Folgebau um 1100 gelangten wohl nur die Krypta und der Chor zur Ausführung, doch erfolgte später eine Erweiterung um zwei Seitenschiffe und zwei Kapellenanbauten. In der dritten Bauperiode Ende des 12. Jahrhunderts entstand das mächtige Westwerk der Kirche. In der vierten Bauperiode von 1228 bis 1239 erhielt die Kirche ihre heutige Gestalt, wobei dieses Vorhaben das Kloster an den Rand des Ruins brachte. Der Bau der heutigen dreischiffigen Basilika setzte mit den Seitenschiffen ein und schritt von Westen nach Osten bis zur geplanten Vierung voran. Doch die Einwölbung des Mittelschiffes erfolgte erst im 15. Jahrhundert. Auch konnte der nach Kölner Vorbildern geplante Dreikonchenchor nicht realisiert werden. Nach einer Baupause bis 1256 entstand dann in der fünften Bauperiode eine gotische Chorhallenanlage auf den Maßen der um 1100 entstandenen Krypta, ausgeführt von der Kölner Dombauhütte. Am 28. April 1275 weihte Albertus Magnus diesen Hauptchor.

Ende des 17. bis Mitte des 18. Jahrhunderts wurden zunächst das Innere der Kirche, dann auch der Turm mit geschweifter

Das Portal der Propsteikirche

Blick in das Innere auf den Chor der Propstei- kirche St. Vitus

Haube und aufgesetzter Laterne barockisiert und die Abteigebäude neu errichtet. Nach der Säkularisation der Abtei im
Jahre 1802 drohte der Kirche der Abriss. Doch gelang die Rettung des Bauwerks durch Angliederung der Münsterkirche als
Annexkirche an die Hauptpfarre St. Mariä Himmelfahrt. Dennoch drohte der Verfall: Aber in der zweiten Hälfte des 19.
Jahrhunderts konnte mit den Mitteln eines Vereins zur Wiederherstellung des Münsters der Kölner Dombaumeister Vincenz
Statz mit der Renovierung beauftragt werden. Auf ihn geht unter anderem die Erhöhung des Turmes um ein gemauertes Geschoss mit hohem achtseitigen Helm zurück. Im Zweiten Weltkrieg wurde das Münster bis auf die Außenmauern zerstört,
doch konnte es bis in die 50er Jahre des vorigen Jahrhunderts
wieder errichtet werden. Auch ist bei einer späteren Renovie-

rung die Farbgebung des Münsters in ursprünglicher Form wieder hergestellt worden.

Beim Betreten der Münsterkirche durch das Westwerk öffnet sich dem Besucher der Blick durch das von spätromanischer Architektur geprägte dreischiffige Langhaus in den architektonische Leichtigkeit ausstrahlenden gotischen Chor. Die Glasmalereien der mittleren Chorfenster stammen noch aus der Erbauungszeit Ende des 13. Jahrhunderts. Vor allem das sogenannte Bibelfenster zählt zu den großartigen Beispielen künstlerischen Schaffens im mittelalterlichen Rheinland.

Von den Seitenschiffen aus führen zwei schmale Treppen in die fünfjochige dreischiffige Hallenkrypta mit fast quadratischen vierjochigen Querflügeln, die von Kreuzgratgewölben überspannt sind. Fenster in den Querflügeln und an der Ost-

Wappen im Tympanon der Abtei-gebäude

*Das West-
werk der
Propsteikir-
che St. Vitus*

wand des Hauptraumes belichten diesen schlichten, aber aus-
drucksstarken Raum, der an die Krypten der Abteikirche von
Brauweiler St. Maria im Kapitol in Köln erinnert.

Münster Info

Katholische Hauptpfarre Mönchengladbach: Abteistraße 37, 41061 Mönchengladbach, Tel.: (02161) 4 62 33-0, Fax: (02161) 4 62 33-100
www.hauptpfarre.de
Gottesdienste: Sa 17.30 Uhr, So 9.30 Uhr (außer 1. So im Monat), So 11.15 Uhr
Öffnungszeiten des Münsters: Di–Fr/So 10–18 Uhr, Sa 10–20 Uhr
Führungen: Anmeldung von Gruppen im Pfarrbüro (s. o.), außerdem
einmal im Monat So 12.15 Uhr (Information im Pfarrbüro)

Schatzkammer: Die Schatzkammer liegt im Arkadengang des barocken
Ostflügel des klösterlichen Doppelquadrums.
Öffnungszeiten: Di–Sa 14–18 Uhr, So 12–18 Uhr

Mönchengladbach
12 Klosterkirche Neuwerk

Anfahrt

PKW: A 61 bis Kreuz Mönchengladbach, dort die A 52 in Richtung Düsseldorf bis zur Abfahrt Mönchengladbach-Neuwerk und dann stadteinwärts fahren. Nach ca. 1 km biegt rechts die Straße Kranendonk ab, die am Ende auf die Dammer Straße führt. Hier sieht man schon die Klosterkirche. Parkplätze gibt es auf der Dammer Straße.

ÖPNV: Von Mönchengladbach Hbf mit der Buslinie 010 bis Haltestelle „Dammer Straße" www.vrr.de

Die Kloster-kirche im Ortseil Neuwerk von Mönchen-gladbach mit ihrem ein-seitigen Turm

Das von der Benediktinerabtei Gladbach im heutigen Mönchengladbacher Vorort Neuwerk gegründete Nonnenkloster wurde urkundlich erstmals im Jahre 1035 erwähnt. Um diese Zeit bestand hier ein kleiner dreischiffiger Kirchenbau mit Chor und runder Apsis am Mittelschiff. Das Kloster nahm eine erfreuliche Entwicklung, hier traten vor allem Töchter aus dem rheinischen und westfälischen Adel ein, sodass schon 25 Jahre später eine Erweiterung der Klosterkirche erforderlich wurde. Das nördliche Seitenschiff wurde Teil des Kreuzgangs, das Mittelschiff zum nördlichen Seitenschiff der erweiterten Kirche, die nun ein großzügiges neues flach gedecktes Mittelschiff mit kreuzgratgewölbtem Chorquadrat und vorgezogener Apsis erhielt, und der ein entsprechendes südliches Seitenschiff angegliedert wurde. Um 1175 wurde mit dem Bau des zweigeschossigen quadratischen Westwerks begonnen. Das vom Kirchenraum abgetrennte Untergeschoss diente dem Orden als Kapitelsaal, das Obergeschoss war wie eine Empore zum Kirchenschiff hin offen. Ende des 15. Jahrhunderts erfolgte die spätgotische Einwölbung von Langhaus, Westwerk und Chor.

Bis zur Säkularisation waren im Benediktinerinnenkloster im Übrigen zwei Geistliche tätig. Der Prior verdiente 20 Reichstaler, der Kaplan zehn Reichstaler. Die beiden Geistlichen bewohnten gemeinsam das zweistöckige Fachwerkhaus aus dem 18. Jahrhundert neben der Pforte zur Kirche außerhalb des Klostergeländes, das heute noch Priorshaus genannt wird. Inzwischen befindet sich in dem Haus ein kleines Heimatmuseum.

Im Zuge der Säkularisation gelang es, die Klosterkirche zur Pfarrkirche zu erheben. Um der Gemeinde Platz zu bieten, wurden die Wand zwischen Kapitelsaal und Langhaus sowie die Gewölbe des Kapitelsaals entfernt und neue Pfeiler unter die Säulen der Empore gesetzt.

Kreuzigungsgruppe an der Klosterkirche

Die zweigeschossige Vierflügelanlage der Klostergebäude, deren Südflügel sich an die Kirche anlehnt, geht im Kern auf das Jahr 1500 zurück. Nach der Säkularisation kamen die Klostergebäude in Privatbesitz und wurden 1876 von Therese von Wüllenweber, die 1968 als Maria von den Aposteln selig gesprochen wurde, zum Zweck der Gründung einer Ordensgemeinschaft für Frauen, die sich besonders auch der Missionsarbeit widmen sollten, gekauft. Therese von Wüllenweber übersiedelte 1888 nach Rom und gründete dort die Ordensgemeinschaft der Schwestern vom Göttlichen Heiland – der Salvatorianerinnen. Im Jahre 1960 bezog die Ordensgemeinschaft ihren Sitz in Neuwerk, übernahm das im modernen Nordflügel der Klostergebäude schon bestehende Franziskanerinnen-Krankenhaus und nutzte die Klosterkirche für ihren Schwesternkonvent – die Kirchengemeinde erhielt zwischenzeitlich ein eigenes Gotteshaus.

Die Klosterkirche Neuwerk stellt sich heute als hervorragend restauriertes, bedeutendes romanisches Bauwerk dar, das zudem auch noch über eine wertvolle Ausstattung verfügt. Dazu zählen das Triptychon im Chor, ein Flügelaltar eines Rembrandt-

Blick in das Innere der Klosterkirche Neuwerk

Pietà in der Klosterkirche

Schülers aus der Zeit um 1630, der moderne Choraltar, eine Muttergottesstatue an der rechten Langhauswand von 1500 mit teilweise ursprünglicher Bemalung, die Pietà aus der Pfarrkirchenzeit im Eingangsbereich und der barocke Altar im südlichen Seitenschiff. Bedeutend sind auch die Malereien an der Brüstung der Empore, Szenen aus dem Leben Christi darstellend, und die Rankenmalereien an der Gewölbedecke der Empore. Der Schrein unter der Nonnenempore enthält die Reliquien der seligen Therese von Wüllenweber. An der äußeren Stirnwand des südlichen Seitenschiffes ist eine Kreuzigungsgruppe in einer Bogennische aufgestellt – eine Kölner Steinmetzarbeit aus der ersten Hälfte des 16. Jahrhunderts.

Kirchen Info

Salvatorianerinnen-Kloster Neuwerk: Barbarastift, Dammer Straße 165, 41066 Mönchengladbach, Tel.: (02161) 6 68-0, Fax: (02161) 6 68-25 99
www.klosterkirche-neuwerk.de
Gottesdienste: Eucharistiefeier Sa 12 Uhr (Klosterkirche), So 9.30 Uhr (Krankenhauskapelle), Vesper So 18.30 (Klosterkirche)
Führungen: durch die Klosterkirche nach telefonischer Vereinbarung
Treffpunkt: vor der Klosterkirche, Eintritt: frei, Spenden erwünscht
Veranstaltungen: Klosterkonzerte, Liederabende, Ausstellungen, Programm unter: www.klosterkirche-neuwerk.de

Krankenhaus Neuwerk „Maria von den Aposteln" gGmbH:
Dünner Straße 214–216, 41066 Mönchengladbach, Tel.: (02161) 6 68-0, Fax: (02161) 6 68-21 20

Neuss
13 St. Quirinus Münster

Anfahrt

PKW: A 57 bis Abfahrt Neuss-Reuschenberg, dort stadteinwärts in die Bergheimer Straße einbiegen, die in die Friedrich-Zollstraße übergeht, und an der Kreuzung Oberstraße links in Richtung Innenstadtfußgängerzone. Dort gibt es Parkplätze bzw. Parkhäuser.

ÖPNV: Von Neuss Hbf mit der Straßenbahnlinie 709 bis Haltestelle „Markt"
www.vrr.de

Museum Insel Hombroich:

PKW: A 57 bis Ausfahrt Neuss-Rauschenberg, danach stadtauswärts der Ausschilderung folgen

ÖPNV: Buslinien 869 und 877 ab Neuss „Landestheater" in Richtung Grevenbroich

Das Westwerk des St. Quirinus Münsters in Neuss

Im Jahre 16 v. Chr. errichteten die Römer ein Militärlager nördlich der Mündung der Erft in den Rhein zur Absicherung ihres linksrheinischen Territoriums gegen die auf dem anderen Rheinufer ansässigen Germanen. Im 1. Jahrhundert n. Chr. bauten sie weiter östlich ein Novaesium genanntes neues Kastell. Am Kastell entwickelte sich eine römische Zivilsiedlung. Ausgangspunkt der Neusser Stiftssiedlung war – wie etwa auch in Bonn – ein Totenhaus auf dem Gräberfeld bei der Zivilsiedlung, das bis ins 4. Jahrhundert hinein Bestand hatte und auch in merowingischer Zeit noch existierte. Dieses Totenhaus wurde offensichtlich mehrfach vergrößert. Um das Jahr 800 stand hier schon eine Kapelle. Bereits um das Jahr 825 war am Standort der alten römischen Totenmemorie ein Benediktinerinnenkloster gegründet worden, das dann Ende des 12. Jahrhunderts in ein Stift umgewandelt wurde. Um 900 stand hier eine dreischiffige karolingische Basilika über einer dreischiffigen Krypta, die um 1050 bis 1100 erweitert wurde. Der Langhausbau dieser Kirche kam nicht mehr zur Ausführung. Am 30. April 1050 erhielt die Neusser Äbtissin Gepa von Papst Leo IX. in Rom die Reliquien des Märtyrers Quirinus, eines römischen Tribuns, der im 2. Jahrhundert wegen seines christlichen Glaubens gemartert und hingerichtet wurde. Seither wurde Neuss Ziel zahlreicher Pilger, die den heiligen Quirinus als Fürsprecher in leiblichen und seelischen Nöten anriefen. Im 11. Jahrhundert entwickelte sich dann die Kaufmannssiedlung am Neusser Hafen – sie unterstand der Oberhoheit des Erzbistums Köln.

Der Grundstein zum Neubau der heutigen, im Kern romanischen Quirinus-Kirche wurde 1209 gelegt. Ihr Baumeister war Wolbero, wie in einer Bauinschrift an der Wand des südlichen Seitenschiffes zu lesen ist. Der Bau orientierte sich unter anderem an den Kölner Kirchen St. Maria im Kapitol und St. Aposteln, erkennbar vor allem an den drei Konchen im Chorraum, woraus der Einfluss der romanischen Kirchen Kölns deutlich wird. Nach relativ kurzer Bauzeit war die Kirche bis 1240 als Musterbeispiel des sogenannten rheinischen Übergangsstils zur Gotik fertiggestellt. Vor allem am Westturm sind gotische Architekturformen schon deutlich zu erkennen. Bis 1741 war der fast 100 Meter hohe Westturm Wahrzeichen der Stadt

Blick in das Innere des Quirinus-Münsters

Neuss, als die Kirche durch Blitzschlag und nachfolgenden Brand schwer beschädigt wurde. Die gotischen Spitzhelme auf dem West- und dem Ostturm über der Vierung sowie einige Zwerggalerien wurden nicht wieder aufgebaut. Stattdessen erhielt der Bau die barocke Kuppel mit dem Standbild des Quirinus sowie ein flaches Pyramidendach auf dem Hauptturm. Mit der Säkularisation wurde das Quirinusstift aufgelöst, die Stiftskirche, die schon immer auch Pfarrkirche war, blieb erhalten. 1803 wurden der Kreuzgang und die Stiftsgebäude an der Nordseite abgebrochen, 1823 dann auch die Häuser vor der Westfront.

Blick durch die Altstadtgassen auf den Turm des Quirinus-Münsters

Äußerlich zeigt die Quirinuskirche reizvolle Farbkontraste durch das Baumaterial aus hellen Tuff- und schwarzen Basaltsteinen. Wuchtig wirkt der viereckige Westturm – die Westfassade mit treppenförmigen Arkadenbögen in drei Giebeln sollte zunächst mit zwei Türmen versehen werden, erhielt aber dann ihren gewaltigen Einzelturm, der erst nach Vollendung des Neubaus fertiggestellt wurde. In diesem Zusammenhang wurde der vorhandene Westbau um zwei mit Blenden und Friesen verzierte Geschosse erhöht und mit einem Giebel versehen. Darauf setzt der wuchtige, aus zwei hohen horizontal gegliederten Geschossen bestehende Turm auf.

Das Innere der Qirinuskirche ist als Emporenbasilika konzipiert; das dreijochige Langhaus wurde mit Kreuzrippengewölben eingewölbt und mit einem Mittelquerschiff versehen. Der Wandaufbau ist dreiteilig. Über den Arkaden öffnet sich die Empore, darüber befindet sich der Obergaden mit großen Fächerfenstern. Die sich an das Langhaus anschließenden drei Konchen bilden den so typischen Kleeblattchor. Die Apsiden sind

Museum Insel Hombroich

Im verwilderten Park in der Erftaue mit der Insel Hombroich verwirklichte der Düsseldorfer Sammler Karl-Heinrich Müller die Idee, seine Kunstsammlung in dezentralen Ausstellungspavillons im Dialog mit der Natur zu präsentieren. Das später noch erweiterte Gelände wurde landschaftsarchitektonisch in einen Auenpark verzaubert. In diesem Umfeld gestaltete der Bildhauer Erwin Heerich skulpturenartige Gebäude wie den Turm, den Tadeusz-Pavillon, die Schnecke und das Zwölf-Räume-Haus, in denen die Kunstsammlung mit Werken von Arp, Calder, Cézanne, Chillida, Corinth, Fautrier, Klein, Matisse, Picabia und Schwitters untergebracht ist. 1990 erwarb Müller zusätzlich das angrenzende Areal einer ehemaligen NATO-Raketenstation. Hier wird die Sammlung moderner japanischer Kunst der Langen-Foundation gezeigt.

Museum Insel Hombroich: Kapellener Straße, 41472 Neuss-Holzheim, Tel.: (02182) 20 94 www.inselhombroich.de

Öffnungszeiten: täglich 10–19 Uhr (Sommer), täglich 10–17 Uhr (Winter), geschlossen 24./25.12., 31.12. und 1.1.

Eintritt: Sa/So/Fei 15,- Euro, ermäßigt 7,- Euro, Mo–Fr 10,- Euro, ermäßigt 5,- Euro. Langen-Foundation: Öffnungszeiten: Di–So 10–18 Uhr

zweigeschossig angelegt. Die Verwendung des Spitzbogens in der Chorpartie zeigt den von der sich durchsetzenden Gotik emporstrebenden Architekturwillen des Baumeisters. Unter dem Hochaltar aus portugiesischem Marmor mit Flachreliefs, Szenen aus dem Leben Jesu darstellend, findet man die Krypta als ältesten Teil der Kirche. Der Mittelteil der fünfschiffigen Krypta stammt noch vom Vorgängerbau der Quirinuskirche aus der Zeit um 1050. Bei der Anlage des Kleeblattchors wurden dann das östliche Kryptajoch wie auch die Kryptaräume unter den Kleeblattkonchen hinzugefügt. Fußbodenreste stammen sogar noch aus dem 9. Jahrhundert.

Trotz aller Verluste besitzt die Quirinuskirche nach wie vor eine beachtenswerte Innenausstattung. Dazu zählt das zweireihige Chorgestühl mit geschnitzten Wangen aus dem 15. Jahrhundert, das inzwischen in die Querkonchen des Kleeblattchores versetzt wurde. Des Weiteren zählen ein Gabelkruzifix aus dem 14. Jahrhundert – das sogenannte Pestkreuz –, eine

etwas jüngere Muttergottesfigur, ein etwa gleich altes Vesperbild, eine Gruppe der Anna Selbdritt aus dem 16. Jahrhundert
sowie eine Standfigur des heiligen Quirinus vom Anfang des
16. Jahrhunderts dazu. Vor der östlichen Konche, ruhend auf
figürlichen Stützen des ehemaligen Hochaltares, steht der Qui-
rinusschrein von 1900 aus der Aachener Goldschmiedwerk-
statt Witte. Der Figuren- und Reliefschmuck wird ergänzt durch
Filigran- und Emailplatten und ist mit zahlreichen Edelsteinen
versehen – meist Stiftungen Neusser Bürger. Der Quirinus-
schrein von 1597 befindet sich im Neusser Clemens-Sels-Mu-
seum.

*Der
Vieringsturm
des Quirinus-
Münsters*

Münster Info

St. Quirinus: Freithof 7, 41460 Neuss (Münsterkirche), Tel.: (02131) 22 23 27,
Fax: (02131) 27 86 24. *Orgelstunde:* Sa 11.30 Uhr (zur Marktzeit)
Führungen: nach Vereinbarung mit der Tourist-Information,
Tel.: (02131) 27 32 42

Gastronomie

Herzog von Burgund: Erftstr. 88, 41460 Neuss, Tel. (02131) 2 35 52,
Fax: (02131) 27 13 01 www.tiefenbachers-herzog.de
Öffnungszeiten: Mo–Fr 12–14 Uhr, 19–22 Uhr, Sa 19–22 Uhr, So Ruhetag
In der Nähe des Münsters befindet sich dieses in einer eleganten
Jugendstilvilla gelegene Restaurant mit hoch dekorierter Küche.

Klöster zwischen Köln und Aachen

Aachen-Burtscheid

14 Abteikirche St. Johann Baptist

Anfahrt

PKW: A 4 Richtung Aachen, am Aachener Kreuz A 44 in Richtung Lüttich bis zur Abfahrt Aachen-Brand, dort auf der Trierer Straße 2 km stadteinwärts, links in die Adenaurallee, dem Straßenverlauf knapp 2,5 km folgen, rechts in die Karl-Marx-Allee, die auf die Abteikirche zuführt. Im Burtscheider Kurviertel gibt es kostenpflichtige Parkplätze.

ÖPNV: Von Aachen Hbf mit der Buslinie 14 bis Haltestelle „Hauptstraße" (die Hauptstraße führt auf den Abteiberg) www.avv.de

Weithin sichtbar erheben sich auf dem Johannesberg in Burtscheid, heute ein Aachener Vorort, zwei Kirchen, die ehemalige Abteikirche St. Johann Baptist und die Pfarrkirche St. Michael. Die Abteikirche hat eine noch ältere Geschichte als die Pfarrkirche. Um die Bedeutung der Aachener Pfalz zu unterstreichen, gründeten die Deutschen Kaiser nahebei zwei wichtige Klöster als geistlich-wissenschaftliche Bildungszentren: die Abteien von Burtscheid und Kornelimünster. Kaiser Otto III. legte im Jahre 997 den Grundstein zur Benedikinerabteikirche St. Johann. Es entstand zunächst nur eine kleine Kapelle, die aber schon bald durch eine größere romanische Kirche ersetzt wurde, von der heute noch die Zwergsäulchen am Gartenhaus unweit vom Abteitor, dem alten Zugang zur Reichsabtei, zeugen. Heinrich II. wies dem Kloster einen Immunitätsbezirk zu, der bis zur Franzosenzeit Bestand hatte. Seit 1138 war die Abtei auch reichsunmittelbar. 1220 übernahmen Zisterzienserinnen vom Aachener Salvatorberg die Abtei. Sie errichteten anstatt der romanischen Kirche ein gotisches Gotteshaus. Für die sich außerhalb der Immunität entwickelnde Ansiedlung wurde die Pfarrkirche St. Michael gebaut.

Der Zisterzienserinnenkonvent von Burtscheid verstand es durch geschicktes wirtschaftliches Verhalten dem Kloster ausreichend Einnahmen zu verschaffen. Dadurch wurde das Kloster als Unterbringungsort für Töchter aus höheren Adelskreisen inter-

Links: Blick auf Kuppel und Turm der Abteikirche St. Johann Baptist im Aachener Ortsteil Burtscheid

essant. Doch diese Adelstöchter wollten sich im Laufe der Zeit immer weniger den strengen Ordensregeln unterwerfen, sodass sich das Kloster bis zum 16. Jahrhundert allmählich in ein Damenstift umwandelte. Das Stift blieb wohlhabend, und so konnte die gotische Abteikirche zu Beginn des 18. Jahrhunderts durch eine Barockkirche ersetzt werden – ein Meisterwerk des großen Baumeisters Johann Josef Couven. 1794 flohen die Stiftsdamen vor den anrückenden Franzosen. 1802 wurde das Stift säkularisiert, Güter und Rechte fielen an den Staat. 1804 wurde die Abteikirche der Pfarre St. Michael zugewiesen. Die Abteigebäude wurden weitgehend abgerissen, Reste dienten seit 1823 als Rathaus, seit Mitte des 19. Jahrhunderts als Krankenhaus.

Couven errichtete die neue Abteikirche auf dem Grundriss des gotischen Vorgängerbaus. Es entstand ein zentraler Kuppelbau mit östlichem Chor und Halbkreisapsis sowie mit westlichem Langhaus und vorgesetztem Turmbau in weiß abgesetzter roter Ziegelbauweise mit Blausteingliederung. Domi-

Blick in das Innere der Abteikirche

*Der Gebäude-
komplex der
Abteikirche*

nierend ist die 1754 fertiggestellte monumentale Kuppel, auf quadratischem Grund achteckig ausgebildet. Die zur Stadt weisende Längsseite ist als Fassade mit Pilastergliederung ausgebildet. Langhaus- und Chordach tragen Laternen, ebenso der Westturm. Auch im Inneren dominiert der als Querschiff ausgearbeitete, stark überhöhte Kuppelbau, dem sich Chor und Langhaus mit Vorturmhalle zuordnen – vereinheitlicht durch das vorkragende, durch Gurtbögen strukturierte Umlaufgesims. Sparsam ist die Gliederung der Räumlichkeiten, sodass sich eine außerordentliche Raumwirkung ergibt.

In der Apsis steht der auf vier Säulen ruhende Berdolet-Altar – eine Lütticher Arbeit vom Ende des 18. Jahrhunderts, zunächst für den Aachener Dom gearbeitet, dann lange eingelagert und in den 70er Jahren des vorigen Jahrhunderts restauriert in der Abteikirche aufgestellt. In den Kuppelnischen stehen seit dieser Zeit im 18. Jahrhundert geschaffene niederländische Apostelfiguren. Wertvoll ist der Kirchenschatz von St. Johann Baptist. An erster Stelle zu nennen ist die byzantinische Ikone des heiligen Nikolaus (13. Jahrhundert), dann die Staurothek in der Form eines Doppelkreuzes (1230/40), die Reliquienbüste des Johann Baptist (Ende 14. Jahrhundert), die Reliquienbüste des heiligen Laurentinus und eine Turmmonstranz (1619).

Das Abteigelände war einst von einer Mauer umgeben. Von den Abteigebäuden ist kaum noch etwas erhalten, so aber noch das

Abteikirche St. Johann Baptist
Aachen-Burtscheid

Das Jonastor des Abteikomplexes

1644 errichtete Jonastor. Dieser klar gegliederte Renaissancebau war Wohntor und Abteizugang gleichermaßen. Über dem Torbogen befindet sich das Wappen der Äbtissin Henriette Reiz von Frentz. Außerdem stehen noch das alte Pfarrhaus mit Hauskapelle sowie die Küsterei. Zur Pfarre gehört auch die Burtscheider Marienkapelle in der Gregorstraße, Ecke Berdoletstraße, mit einem Gnadenbild aus dem Jahr 1644. Die jetzige Kapelle wurde 1903 im neuromanischen Stil erbaut. Der in sich geschlossene Raum eignet sich hervorragend für Gottesdienste im kleineren Kreis, so wird dort jeden Donnerstag die Abendmesse gehalten.

Der Couven-brunnen an der Abtei-kirche

Kirchen Info

Pfarrkirche St. Johann-Baptist: Abteiplatz 4, 52066 Aachen-Burtscheid, Tel.: (0241) 6 74 10, Fax: (0241) 6 74 1 www.stjohann-burtscheid.de
Gottesdienste: Sa 18.30 Uhr, So 8.15 Uhr, 10 Uhr, 11.30 Uhr, Di/Do (Marienkapelle), Fr 18.30 Uhr
Öffnungszeiten: 9–12 Uhr, 15.30–19 Uhr, Krypta nach dem Gottesdienst 1. So im Monat ab 12.30 Uhr, Abtei-Schatzkammer 1. Sa und 3. Di im Monat von 15–17 Uhr, Führung ab 15 Uhr, für Gruppen können Termine vereinbart werden (s. o.)

Aachen-Kornelimünster
15 Reichsabtei

Anfahrt

PKW: A 4 bis Autobahnkreuz Aachen, dort A 44 Richtung Lüttich bis Abfahrt „Aachen Brand", dort auf die B 258 Richtung Kornelimünster/Monschau, am Ortseingang Kornelimünster an der ersten Ampel rechts und nach 100 m unmittelbar nach der Bahnunterführung erneut rechts abbiegen – nach ca. 300 m liegt auf der linken Straßenseite das Kloster. Im Umfeld der Abtei sind Parkplätze vorhanden.

ÖPNV: Von Köln mit dem Regionalexpress RE 20 bis Aachen, Haltestelle „Rothe Erde", dann mit den Buslinien 55 oder 65 bis Kornelimünster Haltestelle „Auf der Gallich" (von hier 5 Min. Fußweg zum Kloster)

www.vrsinfo.de www.avv.de

Die Abteikirche Kornelimünster mit der vorgesetzten achteckigen Korneliuskapelle

Die Geschichte von Kornelimünster reicht bis in die Antike zurück. Hier wurde eine römische Kultstätte mit Tempel, Nebengebäuden und zweiflügeligem Portalbau aus dem 2. Jahrhundert n. Chr. freigelegt. An dieser Stelle kreuzten sich im frühen Mittelalter die bedeutenden Fernstraßen nach Köln und Trier. Diesen zentralen Standort im Tal des kleinen Flusses Inde wählte Kaiser Ludwig der Fromme im Jahr 814 aus, um mit dem Bau der Abtei Kornelimünster ein Vorbild für die Erneuerung des gesamten Klosterwesens im Fränkischen Reich zu schaffen. Er stattete die neue Abtei großzügig mit Landbesitz und mit Reliquien aus dem Schatz Karls des Großen wie etwa den sogenannten biblischen oder Salvator-Heiligtümern, bestehend aus Schürztuch, Schweißtuch und Grabtuch des Herren, aus. Als erster Abt wurde der 821 verstorbene und später heilig gesprochene Benedikt von Aniane berufen. 875 veranlasste Karl der Kahle den Tausch einer Hälfte des Grabtuches gegen die Kopfreliquie des 253 verstorbenen Märtyrerpapstes Kornelius. Die ab dem 12. Jahrhundert zunehmende Verehrung des Papstes Kornelius führte dann zur Patronats- und Namensänderung in „Kornelimünster". Heute lautet der offizielle Titel „Abtei der Heiligen Abt Benedikt von Aniane und Papst Kornelius". Nach dem Tod des Klostergründers Ludwig des Frommen im Jahr 840 konnte Kornelimünster seine anfängliche Bedeutung nicht mehr halten. Doch die Zahl der Pilger zu den Reliquienschätzen stieg weiter an und führte im weiteren Verlauf des Mittelalters zur Tradition der „Kornelioktav" und der „Heiligtumsfahrt" – diese Wallfahrten werden auch heute noch durch die Pfarrei Kornelimünster gepflegt. Die großen Pilgerscharen führten zum Ausbau der Abteikirche im 15. und 16. Jahrhundert. Der allgemeine Wohlstand des 18. Jahrhunderts ermöglichte der Abtei dann den Neubau der Abteigebäude und die Barockausstattung der Abteikirche. Seit der Säkularisation

Die barocken Abteigebäude der Reichsabtei Kornelimünster

fungiert die Abteikirche als Pfarrkirche St. Kornelius. Die Abteigebäude gingen in Staatsbesitz über und sind heute Eigentum des Landes Nordrhein-Westfalen. Sie dienen als Sitz des Bundesarchivs und werden zusätzlich für wechselnde Ausstellungen moderner Kunst genutzt.

Die fünfschiffige Abteikirche von Kornelimünster spiegelt ihre Funktion als Wallfahrtskirche wider. Nach Zerstörung des ersten Kirchenbaus durch die Wikinger etwa um 800 entstand ein ottonisch-romanischer Bau, der im Zuge einer Fehde mit den Aachener Bürgern erneut zerstört wurde. Der gotische Neubau der Abteikirche richtete sich im Grundriss des Mittelschiffes an dem ottonischen Bau aus. Ihm wurde zu Beginn des 18. Jahrhunderts die Korneliuskapelle als achteckige Barockkapelle vorgesetzt und mit der Apsis verbunden. An der Südseite schließt sich eine ostwärts mit zwei Chören endende zweischiffige Säulenhalle, die im 15. bzw. 16. Jahrhundert entstand, an. An der Nordseite befinden sich ebenfalls zwei Seitenschiffe, das innere beinhaltet eine Sängerempore, und an das verkürzte äußere sind die Sakristei und die Schatzkammer angebaut. Das lang gestreckte Mittelschiff mit dem Hauptaltar im Chor diente immer den Mönchen als Gebetsstätte, in der doppelschiffigen Halle wallfahrten die Pilger an den ausgestellten Reliquien vorbei, in den Nordschiffen präsentierte der Abt die Reliquien auserwählten Pilgern und Gönnern des Klosters zur Verehrung. In einer eigens hierfür eingerichteten Loge nahmen die Gäste Platz, um diese Reliquien durch ein Fenster in der Schatzkammer gezeigt zu bekommen.

Zu den wertvollsten Stücken der Innenausstattung der Abteikirche von Kornelimünster zählen der Hochaltar, das Rokoko-Tabernakel, geschaffen von Johann Joseph Couven, dem großen Aachener Baumeister, neben dem Tabernakel eine goti-

Hochaltar in der Abteikirche Kornelimünster

91

Kornelioktav

Die traditionelle Wallfahrt zu den Reliquien des heiligen Kornelius findet alljährlich um den Festtag des Heiligen am 16. September statt. Diese Tradition der „Kornelioktav" wurde nach der Aufhebung der Reichsabtei von der Pfarrgemeinde Kornelimünster weitergeführt und bis heute hochgehalten. Der Konvent der 1906 nach Kornelimünster zurückgekehrten Benediktiner lässt am Schlusstag der Oktav das Hochamt und die Vesper in der Abteikirche ausfallen und nimmt an den Abschlussfeiern der Oktav in der Pfarrgemeinde teil.

Mitte September findet aus Anlass der Wallfahrt ein großer Jahrmarkt auf den eng beieinander liegenden Plätzen Korneliusmarkt und Benediktusplatz statt. Die Marktfreiheit hatte Kaiser Otto II. schon 985 den Bewohnern des Ortes bestätigt. Die meisten Häuser an diesen Plätzen wurden Mitte des 17. Jahrhunderts gebaut, ihre Ursprünge gehen teilweise auf das 11. und 12. Jahrhundert zurück. Die um die beiden Plätzen liegenden Häuser besaßen für die Zeit der Kornelioktav das Recht, eine „Zapp" (zappen = zapfen) genannte Straußwirtschaft ab dem Gedenktag der Heiligen Kornelius und Cyprianus zu betreiben. Diese „Cyprianuszäpper" sorgen bis heute für das flüssige Wohl der Pilger (und Besucher); nach altem Recht muss aber der Ausschank im Gebäude stattfinden, weshalb die Getränke für die Außengastronomie aus dem Fenster oder dem Türflur gereicht wurden und werden.

Der Besuch der Kornelioktav lohnt bis heute – hier findet Mitte September ein „Historischer Jahrmarkt" mit Nostalgie-Karussells und Riesenrädern, dazu vielen Raritäten, Artisten, Gauklern und Kunsthandwerkern zu Ehren des Schutzpatrons und Namensgebers des Ortes statt.

Das Ensemble denkmalgeschützter Häuser am Korneliusplatz

sche Skulptur des heiligen Kornelius, das gotische Chorgestühl, der Annaaltar im inneren südlichen Seitenschiff sowie die Orgel.

Die Abteigebäude wurden zwischen 1721 und 1745 als fünfflügelige Barockanlage neu errichtet. Der innere Torbau stammt allerdings noch aus dem 15. Jahrhundert, 1682 entstand die mit Türmen versehene Außentoranlage. Der siebenachsige Mitteltrakt beherbergt die Repräsentationsräume. Besonders sehenswert ist der Kapitelsaal mit seinen Deckengemälden und schönen Stuckaturen. Der Mitteltrakt wird heute für Ausstellungen moderner Kunst genutzt.

Ebenfalls sehenswert im historischen Ortskern von Kornelimünster ist das Bauensemble teils denkmalswerter Häuser am Korneliusmarkt und am angrenzenden Benediktusmarkt. Oberhalb des Ortes steht auf einem Bergrücken die Pfarrkirche St. Stephan von Kornelimünster. Ihr Turmstumpf war im Mittelalter ein Wachtturm und ist heute Glockenträger der Korneliuskirche. Das Untergeschoss der Kirche stammt noch aus karolingischer Zeit.

Flügelaltar in der Abteikirche Kornelimünster

Kirchen Info

Benediktinerabtei Kornelimünster: Oberforstbacher Straße 71, 52076 Aachen, Tel.: (02408) 30 55, Fax: (02408) 30 56
www.abtei-kornelimünster.de
Gottesdienste: Eucharistiefeier So 8 Uhr, 10.30 Uhr, Vesper 17.30 Uhr, Konventamt und Vesper Mo–Fr 18 Uhr, Konventamt Sa 11.30 Uhr
Wallfahrten: Kornelioktav Mitte September, Heiligtumsfahrt alle 7 Jahre zu den drei großen biblischen Heiligtümern Schürztuch, Schweißtuch und Grabtuch Christi aus dem Reliquienfundus der Abtei Kornelimünster

Kunst aus NRW: Abteigarten 6, 52076 Aachen, Tel.: (02408) 64 92, Fax: (02408) 95 94 15 www.kunst-aus-nrw.nrw.de
Öffnungszeiten: Di/Mi 10–13 Uhr, 15-17 Uhr, Sa/So 15–18 Uhr
Eintritt: frei
Kunst aus NRW bietet Wechselausstellungen in den Abteigebäuden von Kornelimünster.

Kerkrade
16 Kloosterrade/Abtei Rolduc

Anfahrt

Pkw: Auf der A 4 und nach dem Grenzübergang weiter auf der holländischen A 76 bis Autobahnkreuz Bocholtz, dort Richtung Kerkrade auf der N 281 bis zur Abfahrt Kerkrade fahren, dann den Schildern nach Kerkrade folgen, dort ist die „Abdij Rolduc" mit braunen Hinweisschildern ausgeschildert. An der Abtei sind Parkplätze vorhanden.

Der Gebäude-komplex der Abtei Kloosterrade

Die nahe Aachen zwischen Kerkrade und Herzogenrath gelegene Abtei Rolduc stellt heute den ältesten erhaltenen Klosterkomplex der Niederlande dar. Der Mönch Ailbertus von Antoing erhielt im Jahre 1104 vom Grafen von Saffenberg aus Mayschoss an der Ahr, dem Eigentümer der Burg von Herzogenrath, Land zur Rodung, um darauf ein Kloster zu gründen – daher der frühere Name des Klosters „Kloosterrade". Im 18. Jahrhundert nahm das Kloster dann die französische Bezeichnung Rode-le-Duc (für: Herzogenrath) an – heute Rolduc. Im Jahre 1106 schloss sich Embrico von Mayschoß, Ministerialer des Grafen von Saffenburg, mit seiner Familie Ailbertus an und vermachte einen großen Teil seines Vermögens der neuen Abtei. Mit diesen Mitteln konnte mit dem Kirchenbau begonnen werden. Der vordere Teil der Krypta im Kleeblattgrundriss war schon zwei Jahre später fertig. Über den Bau kam es zu

Auseinandersetzungen zwischen Ailbertus und Embrico über die Zielsetzung der jungen Klostergemeinschaft. Embrico verließ daraufhin 1111 die Abtei, und die Klostergemeinschaft schloss sich der strengen Ordensregel der Augustiner-Chorherren an.

Im Jahre 1136 geriet Rolduc unter die weltliche Schirmherrschaft der Herzöge von Limburg, von denen einige sogar in der Krypta der Abteikirche beigesetzt wurden. Das Grab von Walram III., einem dieser Herzöge, befindet sich unter einem Kupfergitter im Mittelgang des Kirchenschiffes. Diese erste Blütezeit des Klosters unter den Herzögen von Limburg dauerte bis etwa 1250. Die Zahl der Mönche stieg weiter an, der Landbesitz bemaß sich auf annähernd 3.000 Hektar. Die Bibliothek des Klosters entwickelte sich zu einer der bedeutendsten der Region, und es wurden mehrere Tochterklöster wie etwa Marienthal im Ahrtal (siehe Kapitel: Klöster in der Eifel), Sinnich bei Aubel und Hooidonk bei Eindhoven gegründet. Danach setzte langsamer Verfall ein. Nach der Zerstörung einzelner Gebäudeteile im Achtzigjährigen Krieg konnten die Klostergebäude aber bis 1680 neu errichtet werden. Es war inzwischen zwei Äbten des Klosters gelungen, wieder strenge Ordensregeln einzuführen. Kohlefunde auf dem Abteigelände leiteten dann auch eine erneute Periode des wirtschaftlichen Aufstiegs ein – auf dem Abteigelände entstand die erste Kohlenzeche der Niederlande. 1775 beschäftigte die Abtei 350 Grubenarbeiter! So wurde es auch möglich, der Klosterbibliothek angemessene Räumlichkeiten im Rokoko-Stil einzurichten. 1796 wurde die Abtei durch die neue französische Staatsmacht aufgelöst, die Chorherren mussten die Abtei verlassen. Nach langem Leerstand fand hier 1831 ein Priesterseminar Einzug. Heute dient der größte Teil des Klosterkomplexes als Hotel und Kongresszentrum, dazu sind ein Priesterseminar und der altsprachliche Zweig des Kerkrader Gymnasiums hier untergebracht.

Oben:
Marienfigur
im Torbau
der Abtei
Kloosterrade

Unten:
Skulpturen
im romani-
schen West-
bau der
Abteikirche
Kloosterrade

Im Innenhof der Abtei Kloosterrade

Der heutige Klosterkomplex besteht aus der im Laufe des 12. Jahrhunderts bis 1209 fertiggestellten Abteikirche mit wuchtigem Portalturm im Geviert von Barockbauten aus dem 17. und 18. Jahrhundert. Über den drei Konchen der Krypta erhebt sich der bis 1130 fertiggestellte Chor mit gleichem Kleeblattgrundriss. Durch die Chorerweiterung nach Westen wurde der Mittelteil des dreijochigen Querschiffes entsprechend erhöht. Das Hauptschiff ist vier Joche lang, der Westbau misst ein weiteres Joch im halben Maß. Die Seitenschiffe sind teilweise ganz hochgezogen, zwei ihrer je vier Joche als Gewölbeabschnitte konstruiert, was einen eigenwilligen Eindruck von Pseudo-Querschiffen hinterlässt. Wuchtig ist der Anblick des Westbaus mit dem hohen Mittelturm und zwei Seitentürmen. Das Obergeschoss des Mittelturms ist bereits mit gotischen Fenstern versehen. Besonders sehenswert sind die romanischen Kapitelle und Säulenbasen in der Krypta – kein Kapitell gleicht dem anderen. Neben dekorativen Darstellungen gibt es auch figürlich ausgearbeitet Kapitele. Im 15. Jahrhundert wurden dem Zeitgeschmack entsprechend neue gotische Fenster in

Deckenfresko, Kapitell und neugotische Ausmalung der Krypta der Abteikirche Kloosterrade

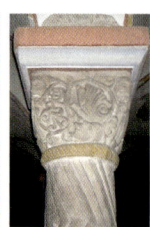

den Chor eingezogen, das relativ einfach geschnitzte Chorgestühl im 17. Jahrhundert
aufgestellt. Mitte des 19. Jahrhunderts erhielt der berühmte Architekt Peter Cuypers
den Auftrag, die Abteikirche möglichst weitgehend in den alten romanischen Zustand
zurückzuversetzen. Dazu befreite er die Kirche von Anbauten und erneuerte die Dreikonchenanlage von Krypta und Chor. Zusätzlich
ließ er zu den drei in die Klostergebäude in-
tegrierten Kreuzgangflügel den vierten Flügel an der Südwand der Kirche anlegen, wobei er wieder gefundene romanische Kapitelle
auf die Doppelsäulen setzte.

An den Westbau links schließt sich die zwischen 1671 und *Sonnen-*
1676 errichtete Abtswohnung im Stil der Maasrenaissance mit *strahlen*
ihrem massiven Eckturm und geschweifter Haube an – es ist *durchfluten*
der repräsentativste Teil der Klosterbauten. Die Bibliothek be- *das Lang-*
findet sich in dem zwischen 1752 und 1754 errichteten Ostflü- *haus der*
gel, die Ausschmückung stammt von Aachener Stuckateuren. *Abteikirche*
Die Kellergewölbe sind inzwischen teilweise als Veranstal- *Kloosterrade*
tungs- und Restaurationsräume hergerichtet. An das Klostergeviert grenzen die barocken Wirtschaftsflügel des Klostera-
der Hofes an, die inzwischen weitgehend zu Wohnzwecken
umgebaut wurden. Quer am Platz steht der ehemalige Zehnt-
hof, dessen Räumlichkeiten zu Kongresszwecken und für die
Abiturklausuren genutzt werden.

Kloster Info

**Conferentieoord en Hotel Rolduc: 6464 EP Kerkrade (Niederlande),
Heyendallaan 82, Tel.: (0031-45) 54 66 888, Fax: (0031-45) 54 66 920**
www.rolduc.com
**Zur Besichtigung der Klosterkirche am Empfang melden, die Bibliothek
kann nach vorheriger Vereinbarung für wissenschaftliche Zwecke aufgesucht werden. 16 zeitgenössisch renovierte Konferenzsäle für bis zu
450 Personen stehen in der ehemaligen Abtei zur Verfügung. Das Hotel
der Abtei bietet 175 Zimmer (DZ ab 78,- Euro, EZ ab 57,- Euro).**

Pulheim
🔟 Abtei Brauweiler

Anfahrt

PKW: A1 bis Autobahnkreuz Köln-West Abfahrt Köln-Lövenich, dann auf der Aachener Straße (B 55) ca. 3 km stadtauswärts und hinter dem Ortsausgang Weiden rechts in die L 183 (Bonnstraße) nach Brauweiler.

Alternative: A 57 bis Abfahrt Köln-Bocklemünd Richtung Pulheim, vor dem Ortsbeginn Pulheim links auf die L 183 nach Brauweiler. Ab Brauweiler der Ausschilderung zur Abtei folgen. Der zentrale Parkplatz auf dem Abteigelände ist über die Von-Werth-Straße (Parkleitsystem P-Nr. 3) zu erreichen.

ÖPNV: Von Köln Hbf mit den S-Bahnlinien S 12 und S 13 bis Haltestelle „Lövenich", dann mit der Buslinie 961 bis Pulheim Haltestelle „Brauweiler Kirche" www.vrsinfo.de

Deutlich heben sich die Türme der ehemaligen Benediktinerabteikirche St. Nikolaus und St. Medardus vom Höhenzug der Ville ab – von hier hat man einen weiten Blick bis Köln mit dem Dom und über die Niederrheinische Bucht. Auf dem Abteihügel stand einst eine römische villa rustica, an deren Stelle der fränkische Edelmann Brun eine Holzkapelle für die von ihm beschafften Reliquien des 561 als Bischof von Noyon verstorbenen heiligen Medardus errichtete. So wird denn auch der heutige Name von Brauweiler von der brunonis villa abgeleitet – erstmals urkundlich erwähnt im Jahre 1052 als brunivi-

Chor und Ostpartie der Abteikirche Brauweiler

lare. Seit Ende des 10. Jahrhunderts übten hier die Pfalzgrafen die Grundherrschaft aus. Pfalzgraf Heinrich ließ die Medarduskapelle neu errichten. Heinrichs Sohn Ehrenfried (genannt Ezzo, nach dem die Mitglieder des Pfalzgrafengeschlechts auch als Ezzonen bezeichnet werden) erhielt zu seiner Hochzeit mit

Mathilde, Tochter Kaiser Otto II. und seiner byzantinischen Gemahlin Theophanu, neben anderen Gaben auch das Hofgut Brauweiler.

Am Hofgut Brauweiler gründeten Ezzo und Mathilde im Jahre 1024 ein Kloster, dessen Kirche der Kölner Erzbischof Pilgrim schon am 8. November zu Ehren des ottonischen Familienheiligen Nikolaus und des alten Kapellenheiligen Medardus einweihen konnte. Die heutige Abteikirche ist der dritte Bau an dieser Stelle und zählt zu den bedeutendsten romanischen Sakralbauten des Rheinlandes. Der zweite

Das Westwerk der Abteikirche über den Abteigebäuden in Brauweiler

Neubau erfolgte 1048 bis 1061 durch Ezzos und Mathildes Tochter Richeza, die auch Königin von Polen war und das Kloster dem Kölner Erzstift übertrug. Dieser dritte Bau übernahm vom Vorgängerbau die Vierungspfeiler, die südliche Querschiffwand und die Ostteile der Seitenschiffwände sowie große Teile der Krypta. Es entstand eine dreischiffige Pfeilerbasilika im gebundenen System mit Querschiff, relativ kurzem Schiff und dreiteiligem Chor, die von dem mächtigen Westbau überragt wird. Dieser besteht aus einem fünfgeschossigen Westturm auf quadratischem Grundriss sowie zwei flankierenden Treppentürmen. Das Vorbild für diese große Turmanlage war, ähnlich wie die Krypta, die in zwei Bauabschnitten entstandene Anlage von St. Maria im Kapitol in Köln. Die heutigen Formen der spätgotischen Galerie stammen aus dem Jahre 1515; der spitze Turmhelm wurde erst 1629 aufgesetzt. Die spätgotische Neueinwölbung mit Einbau von Maßwerkfenstern im Obergaden, mit der das ursprüngliche Kreuzgratgewölbe des Langhauses ersetzt wurde, erfolgte im Jahr 1514. Die ursprünglich geplanten Chorflankentürme und der achteckige Vierungsturm wurden endgültig 1866 bis 1877 errichtet, sodass das äußere Erscheinungsbild der Brauweiler Abtei erst seither vollständig ist.

Classic Nights

Im Rahmen der Kulturprogramme der Abtei Brauweiler stellen die Classic Nights den Höhepunkt dar. Sie finden seit einigen Jahren jeweils an Wochenenden in den Sommerferien statt – musikalische Darbietungen der besonderen Art von der Klassik bis zum Jazz. Dann verwandelt sich der Marienhof im Inneren des romanischen Kreuzgangs der Abtei Brauweiler zum Schauplatz dieser ganz außergewöhnlichen Open-Air-Veranstaltung. Alleine schon dieser Rahmen lohnt den Besuch der Classic Nights!

Freundeskreis Abtei Brauweiler e. V.: Ehrenfriedstraße 19, 50259 Pulheim, Tel./Fax: (02234) 98 54 240 Programm unter: www.abtei-brauweiler.de oder www.classicnights.de

Im Park der Abtei Brauweiler

Im Zuge der Restaurierung der Schäden aus dem Zweiten Weltkrieg erhielt das Kircheninnere auch seine ursprüngliche Farbgebung wieder, wobei der romanische Farbwechsel nicht den vorhandenen Fugen folgt und somit im Kontrast zur gotischen Rankenmalerei im Gewölbe steht. Die Pfeiler des Langhauses tragen monumentale Gemälde von Heiligenfiguren. Wertvollste Stücke der Innenausstattung sind ein steinernes Marienretabel, eine Kölner Arbeit aus dem 12. Jahrhundert, der Antoniusaltar aus dem Jahr 1552 im südlichen Querschiff hinter der schmiedeeisernen Gitterabtrennung aus dem 17. Jahrhundert sowie der Michaelsaltar von 1561 im Nordarm des Querschiffes. Das zweireihige Chorgestühl entstand um 1700; die Orgelbühne stammt mit dem Orgelprospekt aus dem Jahr 1769.

Die Abteigebäude gruppieren sich um Innenhöfe. Der Marienhof wird vom Kreuzgang umschlossen, von dem der Süd- und der Ostflügel aus dem 12. Jahrhundert mit dem zweischiffigen Kapitelsaal mit Wand- und Gewölbemalereien sowie die dreischiffige Benediktuskapelle erhalten sind. Die Deckenmalerei des Brauweiler Kapitelsaals steht im Übrigen in unmittelbarem

*Blick in das
Innere auf
die Orgel der
Abteikirche
Brauweiler*

Zusammenhang mit der wenig später erfolgten Ausmalung
der Unterkirche von Schwarzrheindorf in Bonn (s. S. 28ff). Um
den Prälaturhof gruppieren sich die repräsentativen Barock-
gebäude mit reicher Fassadengliederung. Sie entstanden in
den 70er Jahren des 18. Jahrhunderts und wurden zusammen
mit der Vorhalle der Abteikirche errichtet. Als dritter Hof
schließt sich im Süden der Wirtschaftshof an. Der weitläufige
Abteipark erstreckt sich innerhalb des alten Immunitätsbe-
zirks. Hier steht noch ein alter Maulbeerbaum, in dessen Schat-
ten der Legende nach Mathilde die Vision von der Gründung
des Klosters gehabt haben soll.

Die Säkularisation bedeutete auch das Ende der Abtei Brauweiler. Die Abteikirche dient seither der neu gegründeten Pfarrei St. Nikolaus Brauweiler als Pfarrkirche. 1809 bestimmte die
französische Verwaltung, dass die leer stehenden Abteigebäude als Bettleranstalt genutzt werden sollten, die dann unter preußischer Verwaltung als Arbeitsanstalt weiter genutzt
wurden. Die Nazis richteten in den Abteigebäuden ein Kon-
zentrationslager ein, in dem 1944/45 auch Konrad Adenauer
inhaftiert war. Nach dem Krieg wurde hier ein Landeskranken-
haus untergebracht, das man 1978 aber schloss. Danach überließ man die historischen Abteigebäude der Kulturverwaltung
des Landschaftsverbandes Rheinland zur Nutzung. Seither
hat sich die Abtei Brauweiler einen weitreichenden Ruf als
Kulturzentrum erworben, dessen Konzerte und Ausstellungen
weit über Köln hinaus Besucher anziehen. Dann sind die wieder hergerichteten Räume im Obergeschoss des barocken

Abtei Brauweiler
Pulheim

Das Abtei-gebäude in Brauweiler

Prälaturflügels mit Kaisersaal, Äbtesaal und anderen Räumen, der Kreuzgang und der große Vortragssaal im Südosten der romanischen Klosteranlage auf vielfachen Wunsch der Bevölkerung für Serenaden- und Kammerkonzerte, Ausstellungen, Lesungen, Vorträge, Diskussionen öffentlich zugänglich. Zur Planung, Abstimmung und Durchführung dieser vielfältigen Kulturprogramme wurde 1988 der „Freundeskreis Abtei Brauweiler e. V." ins Leben gerufen, dem neben den Trägern der Abtei und der Abteikirche, dem Landschaftsverband Rheinland und der Katholischen Kirchengemeinde St. Nikolaus Brauweiler die Stadt Pulheim und die Evangelische Kirchengemeinde Brauweiler als geborene Mitglieder angehören.

Abtei Info

Katholische Pfarrgemeinde St. Nikolaus Brauweiler: Mathildenstraße 20 a, 50259 Pulheim, Tel.: (02234) 8 22 48, Fax: (02234) 80 18 98
www.st-nikolaus.info

Gottesdienste: Familiengottesdienste So 11 Uhr, Donnerstagabend-Gottesdienste im Chor, der Krypta oder im Kirchenraum, im Sommer 19 Uhr, Frauenmesse 1. Di im Monat 9 Uhr, Heilige Messe Fr 9 Uhr, Sa 18.30 Uhr, So 11 Uhr, 19 Uhr. *Öffnungszeiten:* Abteihöfe täglich 9–16.30 Uhr, Abteikirche wochentags 30 Min. vor und nach den Messen sowie Do 8.30–12 Uhr, Sa 14–18 Uhr, So 14–19 Uhr

Führungen: Gruppen nach Vereinbarung Mo–Fr 40,- Euro, Sa/So/Fei 46,- Euro, Information unter: Tel.: (02234) 98 54 257

Rheinisches Amt für Denkmalpflege: Ehrenfriedstraße 19, 50259 Pulheim, Tel.: (02234) 98 54 0, Fax: (02234) 98 54 518 www.denkmalpflegeamt.lvr.de

Holographiemuseum in der Abtei Brauweiler: Ehrenfriedstraße 19, Abtei Brauweiler, 50259 Pulheim, Tel.: (02234) 98 54 201, Fax: (02234) 98 54 285
www.rama.lvr.de

Öffnungszeiten: Di–So 14–16 Uhr, nicht behindertengerecht, *Eintritt:* frei
Holographie als Medium für experimentelle Kunst – eine interessante Auswahl an Arbeiten bekannter Holographie-Künstler aus der Privatsammlung des Pulheimer Unternehmers Matthias Lauk wird in einer Dauerausstellung in der Abtei Brauweiler gezeigt.

Thorn
18 Abteikirche

Anfahrt

PKW: A 52 von Mönchengladbach in Richtung Roermond, über die Grenze nach Holland, auf der N 280 (Umgehungsstraße von Roermond) weiter westwärts bis zur Kreuzung mit der N 213, dieser südwärts in Richtung Maastricht über die A 2 hinaus folgen – der nächste Abzweig führt dann nach Thorn. Im Umfeld der Abteikirche sind Parkmöglichkeiten vorhanden.

Thorn zählt heute zu den schönsten Orten der holländischen Provinz Limburg, kaum 20 Kilometer von der deutschen Grenze über Roermond hinweg gelegen. Hier, wo alle Häuser weiß gestrichen und die Straßen sich in das Mittelalter zurückversetzt – allein über 100 dieser weißen Häuser stehen als holländische „Rijksmonumente" unter Denkmalschutz und geben dem alten Ortskern ihr besonderes Gepräge.

Die Abteikirche von Thorn

Um das Jahr 975 gründeten Graf Ansfried aus dem Maasgau, ein Ritter im Dienste der deutschen Kaiser, und seine Gemahlin Hilsondis eine Benediktinerinnenabtei an der Stelle, wo sich heute der Ort Thorn befindet. Ihre Tochter Benedicta wurde die erste Äbtissin dieses Klosters. Nach dem Tod von Hilsondis erhielt Ansfried 995 die Weihe zum Bischof von Utrecht. Das Kloster entwickelte sich aber nur langsam und wurde im Laufe des 13. Jahrhunderts in ein Stift für adelige Damen umgewandelt. Mit der Abschaffung des Amtes der benediktinischen Äbtissin wurden ebenfalls die klösterlichen Gelübde der Insassinnen hinfällig. Die auch Kanonissen genannten Klosterdamen konnten nunmehr über eigenen Besitz verfügen, und sie wohnten tagsüber in den Häusern im Umfeld der Abtei, nur die Nacht verbrachten sie gemeinsam im Dormitorium, dem Schlafsaal der Abtei.

Ihr gewachsenes Selbstbewusstsein kann man aus der Tatsache ableiten, dass sie sich 1310 an den Papst mit der Bitte wandten, die schwarze Tracht der Benediktinerinnen ablegen zu dürfen – was ihnen formell aber erst 1497 gestattet wurde. So war das Stift in Thorn längst zu einem attraktiven Platz für die Töchter des Hochadels des Heiligen Römischen Reiches Deutscher Nation geworden.

Die adeligen Stiftsdamen bildeten einen Konvent, der auch über den Ort bestimmte. Das Stift konnte sich langsam aus der Vorherrschaft der hier herrschenden Herren von Horn lösen und sein kleines selbstständiges Territorium bilden, das neben Thorn noch einige benachbarte Dörfer umfasste. Im Laufe des 14. Jahrhunderts erhielt das souveräne Stift auch die Reichsunmittelbarkeit. So hatte die aus der Mitte des Konvents gewählte Äbtissin von Thorn die Rechte einer Fürstin im Heiligen Römischen Reich Deutscher Nation mit eigener Rechtsprechung und Münzprägung – als Fürstäbtissin sogar Sitz und Stimme im Deutschen Reichstag. Damit konnte sich Thorn als kleiner selbstständiger Herrschaftsbereich bis zur französischen Revolutionszeit behaupten, und so blieb trotz aller kriegerischen Ereignisse der alte Ortskern von Thorn erhalten.

Blick durch das Schiff der Abteikirche auf den Altar

Die ehemalige Abteikirche von Thorn übernahm mit der Säkularisation als Sint-Catharinakerk die Funktion der Pfarrkirche des Ortes – und blieb deswegen auch bestehen. Im Gegensatz dazu ist von den Abteigebäuden allerdings nichts mehr übrig geblieben. Die heutige gotische Kreuzbasilika mit Ostkrypta unter dem Chor entstand im 13. Jahrhundert anstelle des romanischen Vorgängerbaus. Im Wesentlichen stammen nur noch die Fundamente des Westwerks mit den zwei Treppentürmen vom romanischen Vorgängerbau. Der Neubau wurde mit dem Chor

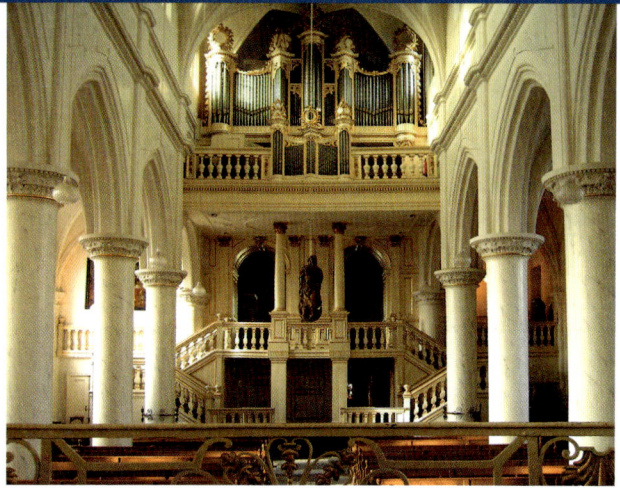

Blick durch das Schiff der Abteikirche auf die Empore und die Orgel

begonnen, der 1268 geweiht werden konnte. Nach einer fast 100-jährigen Baupause errichtete man das Kirchenschiff mit dem Kapitelsaal und richtete die Krypta unter dem Priesterchor ein – hier, wo die Stifterin und ihre Tochter als erste Äbtissin begraben waren, bestand wohl auch noch ursprüngliche Bausubstanz.

Im 15. Jahrhundert wurden Erweiterungen an der Abteikirche von Thorn vorgenommen. Im 18. Jahrhundert erfolgte die durchgreifende Barockisierung der Kirche mit entsprechenden Veränderungen im Kircheninneren. Vor allem wurde die gotische Farbigkeit durch einen weißen Anstrich ersetzt. Auch gehörte die Aufstellung des 1769 entstandenen Altars, der für das ehemalige Karthäuserkloster von Roermond angefertigt worden war und 1783 nach Thorn in die Abteikirche verbracht wurde, zu diesen Maßnahmen. Der holländische neogotische Architekt Pierre Joseph Hubert Cuypers restaurierte die Kirche grundlegend im 19. Jahrhundert. Er ließ beispielsweise die östlichen Kapellen anbauen und erhöhte noch den Turm – längst stellt dieser mit weißen Natursteinreihen durchbrochene, mächtige Backsteinturm das Wahrzeichen von Thorn dar.

Betritt der Besucher die ehemalige Abteikirche von Thorn, so beeindruckt ihn zunächst die helle Raumwirkung des ganz in Weiß gehaltenen Kirchenschiffes. Die steinerne Umrandung des Kirchenportals trägt noch den Eintrag des Jahres 1285, über der Windfangtür hängt ein altes Portrait von Hilsondis, der Mitbegründerin des ehemaligen Klosters. Im Inneren hängt über der Westempore, die eine umfassende Sicht auf das Kirchenschiff bietet, ein Marianum, ein Doppelbildnis der Muttergottes. Im Untergeschoss des Turms befindet sich die romanische Krypta. An den rechten Seitenwänden sind eine Reihe barocker Skulpturen angebracht. Die rechten Kapellen sind mit Barockaltären und weiteren Kunstobjekten aus dem 16. Jahrhundert ausgestattet. Von der hinteren Lambertuskapelle führt der Zugang zur gotischen Krypta, getragen von drei achteckigen Säulen. In ihren Gruften sind Reliquiare des heiligen Benedikts und der heiligen Hilsondis untergebracht sowie mumifizierte Überreste eines Kanonikers und der Stiftsdame Clara Elisabeth von Manderscheid-Blankenheim. Über dieser Krypta erstreckt sich der weite Priesterchor mit dem übergroßen Altar, einem Werkstück von X. F. Bader, mit der Darstellung der Anbetung der Hirten im Zentrum, des heiligen Lambertus und des heiligen Bruno von Köln, dem Stifter des Kartäuserordens, für deren Niederlassung in Roermond der Altar angefertigt worden war. Links in der Sakramentskapelle und in der Sankt-Michael-Kapelle stehen weitere Barockaltäre, in der Sankt-Johannes-Kapelle davor ein Renaissancealtar. Rechts an der

In der gotischen Krypta der Abteikirche Thorn

Wand dieser Kapelle sind eine Figur der Madonna mit dem Kind und an der Wand zum Eingang eine große Kreuzigungsgruppe aus dem Jahr 1450 angebracht. Über der romanischen Krypta im Westturm befindet sich der Damenchor mit einem Altar zwischen den beiden Eingängen, der der heiligen Ursula und ihren 11.000 Jungfrauen geweiht ist. Von hier gelangt man zum Kapitelsaal mit Bildern der beiden letzten Fürstäbtissinnen, Francisca Christina von Pfalz-Sulzbach und Maria Kunigunde von Sachsen.

Vom Kapitelsaal führt eine kleine Treppe zum ehemaligen Archiv, dessen Gewölbedecke mit gotischen Ornamentmalereien verziert ist.

Kreuzigungsgruppe in der Abteikirche Thorn

Abtei Info

VVV Thorn: Wijngaard 14, 6017 AG Thorn, Tel: (0031-475) 56 27 61
www.lekker-genieten.nl

Gastronomie

De Witte Dame: Hoogstraat 2, 6017 AR Thorn, Tel.: (0031-475) 56 23 41, Fax: (0031-475) 56 28 28 www.villeblanche.nl
Das Restaurant in der Hostellerie La Ville Blanche im Zentrum von Thorn verfügt über eine Sommerterrasse; der Hotelbetrieb bietet DZ ab 89,- Euro, EZ ab 67,- Euro

De Pannekoekenbakker: Bogenstraat 2, 6017 AV Thorn, Tel.: (0031-475) 56 33 27, Fax: (0031-475) 56 35 08 www.pannekoekenbakker.nl
Das Restaurant liegt gegenüber dem Friedhof und der Abteikirche in einem der alten, weiß gestrichenen Stadthäuser und wartet mit einem umfangreichen Pfannkuchenangebot herzhaft und süß auf. Darüber hinaus bietet es Kinderarrangements an und verfügt im Keller über zwei Kinderspielzimmer.

Museum

Gemeentemuseum Het Land van Thorn: Wijngaard 14, 6017 AG Thorn, Tel.: (0031-475) 56 27 61 www.museumhetlandvanthorn.nl
Öffnungszeiten: Apr.–Okt. Di–So 10–17 Uhr, Mo 12–17 Uhr, Nov.–März Di–So 11–16 Uhr,
Eintritt: 2,- Euro. Zu sehen ist eine Darstellung der Geschichte der Herrschaft und Gemeinde Thorn anhand von Exponaten und Fotografien.

Zülpich-Hoven
19 Kloster Marienborn

Anfahrt

PKW: Von Köln B 265 (Luxemburger Straße) über Erftstadt, an Zülpich vorbei bis zum Abzweig B 477 in Richtung Mechernich, dort den Hinweisschildern zum Kloster Marienborn folgen. An der Klosteranlage sind Parkplätze vorhanden.

ÖPNV: Von Köln mit dem Regionalexpress RE22 nach Mechernich, dort mit der Buslinie 811 bis zur Haltestelle „Zülpich-Hoven" (Kloster in Sichtweite)
www.vrsinfo.de

Wassersportsee: Von Zülpich auf der Niedeggener Straße/Luxemburger Straße durch Hoven, am Ortsende links in die Straße „Zum Wassesportsee". Der See ist nicht mit öffentlichen Verkehrsmitteln zu erreichen.

Die Kirche St. Maria und Maximin des Klosters Marienborn im Zülpicher Ortsteil Hoven

In den Unterlagen der Abtei Prüm wird zum Ende des 9. Jahrhunderts im Ort Hoven bei Zülpich die Eigenkirche eines Gutshofes erwähnt, aus der sich die Ortspfarrkirche St. Margareta entwickelte. Zusätzlich gab es die Marienkirche, die der Erzbischof von Köln im Jahre 1188 den Zisterzienserinnen aus St. Thomas an der Kyll zur Gründung einer Niederlassung ihres Ordens schenkte und die sie St. Maria und Maximin weihten. Unterstützt wurden die Nonnen von Priestern der Bruderschaft vom Heiligen Geist in Zülpich. Im Kloster hielt sich die letzten Jahre seines Lebens der heilige Hermann-Josef aus dem Kloster Steinfeld auf, der dort schließlich fast 90-jährig am 7. April 1241 starb. Seine Gebeine wurden später in sein Heimatkloster überführt. 1525 wurde die Pfarrkirche dem Kloster inkorporiert. 1802 wurde das Kloster aufgehoben, die Anlage veräußert und die Kirche in eine Scheune umfunktioniert. 1888 konnte die Kongregation der Cellitinnen-Augustinerinnen aus Köln die Anlage erwerben, die hier die Krankenanstalten Marienborn einrichteten. Bis 1891 wurde die inzwischen profanierte Kirche renoviert, der barocke Westflügel blieb erhalten und der spätgotische Nordflügel mit sechs erhaltenen Spitzbogenfenstern wurde teilweise als südliches Seitenschiff in die Kirche einbezogen. Seither fungiert die Kirche als Krankenhauskirche.

Die Klosterkirche St. Maria und Maximin ist ein Saalbau im Wesentlichen aus dem 13. Jahrhundert aus verputztem Bruchstein mit eingezogenem Querquadrat, östlichen Nebenkapellen, halbrunder Apsis und vorgelagertem Westturm. Dieser Westturm stammt im Kern noch vom Vorgängerbau des späten 11. Jahrhunderts. Die unteren zwei Geschosse, auf denen sich ein im 13. Jahrhundert aufgesetzter achteckiger Aufbau mit acht romanischen Doppelfenstern erhebt, sind quadratisch angelegt. Die Schweifhaube stammt aus der Barockzeit. Der Chor wurde Anfang des 13. Jahrhunderts zu einem außerordentlich hohen Raum vergrößert, danach auch das Mittelschiff. Die schmalen Rundbogenfenster des Chores vergrößerte man in der Barockzeit.

Oben:
Die Chor-
partie der
Klosterkirche
St. Maria

Unten:
Die Hovener
Madonna

Innen ist der flach gedeckte Chor durch einen Rundbogen von dem ebenfalls flach gedeckten Mittelschiff getrennt. Die mit Kreuzrippengewölben versehene zweischiffige Nonnenempore auf achteckigen Mittelpfeilern im Westteil des Mittelschiffes stammt aus der Zeit um 1525. Die Raumausmalung erfolgte durch Matthias Göbbels Ende des 19. Jahrhunderts. Wertvollster Gegenstand der Innenausstattung ist die sogenannte Hovener Madonna – eine der bedeutendsten romanischen Skulpturen des Rheinlandes, die an die Tradition der französischen Monumentalplastik anknüpft. Dieses Bildnis der thronenden

Wassersportsee Zülpich

Südlich von Zülpich erstreckt sich ein 85 Hektar großer See, der zum Natur-park Kottenforst Ville gehört. Entstanden ist dieser See aus einem ehemali-gen Braunkohletagebau, der sich aus den anschließenden Rekultivierungs-maßnahmen ergab. Heute ist dieser 1.200 Meter lange, 800 Meter breite und bis zu 62 Meter tiefe See ein Freizeit- und Erholungsgebiet für Wasser-sportler alle Art. Klimatisch ist dieses Gebiet um den See am Rande der Zül-picher Börde durch eine relativ geringe jährliche Niederschlagsmenge und eine hohe Sonnenscheindauer ein beliebter Treff für alle, die einen Hauch von Sommer, Sonne und Süden verspüren wollen. Der See bietet hellen Badestrand, tiefblaues Wasser und jede Menge Sportangebote.
Öffnungszeiten: täglich 9–19 Uhr, Eintritt: Kinder/Jugendliche bis 17 Jahre 1,- Euro, Erwachsene 3,- Euro, Preise: Surfen, Segeln, Tauchen oder Kanu zwischen 6,- und 13,- Euro/Std.; gebührenpflichtiger Parkplatz
Zülpicher Seefest: Mitte August, Information unter: Ruder- und Segelclub Zülpich e.V., Krefelder Straße 33, 53909 Zülpich, Tel. Büro: (02252) 43 40, Tel. Clubheim: (02252) 65 60, Fax: (02252) 83 83 68, rsc-zuelpich@t-online.de. Bürozeiten: Do 15–18 Uhr   www.wassersportsee.de

Muttergottes mit dem gekrönten Kind auf dem Pfostenstuhl aus dem 12. Jahrhundert stammt ursprünglich aus einer Köln-Marsdorfer Kapelle und war früher polychrom gefasst.
Westlich an die Kirche schließen sich die teilweise im 18. Jahr-hundert auf den Resten mittelalterlicher Vorgängerbauten er-richteten Klausurgebäude an, die heute von der Verwaltung der Krankenanstalten Marienborn genutzt werden. Es sind auch noch erhebliche Teile der alten Immunitätsmauer des Klosters aus dem 16. Jahrhundert erhalten.

Kirchen Info

Krankenhauskirche St. Maria und Maximin: Luxemburger Straße 1, 53909 Zülpich-Hoven, Tel.: (02252) 5 31 17
Schwesternkonvent am Kloster Marienborn: Luxemburger Straße 1, 53909 Zülpich-Hoven, Tel.: (02252) 5 30. *Öffnungszeiten:* Klosterkirche tagsüber während der Öffnungszeiten des Krankenhauses
Fachklinik für Psychiatrie und Psychotherapie der Marienborn gGmbH: Luxemburger Straße 1, 53909 Zülpich-Hoven, Tel.: (02252) 5 30, Fax: (02252) 5 32 21 www.marienborn-psychiatrie.de

Zülpich-Füssenich
20 St.-Nikolaus-Stift

Anfahrt

PKW: Von Köln B 265 (Luxemburger Straße) über Erftstadt, an Zülpich vorbei bis zum Abzweig B 56 in Richtung Düren, nach 2 km Hinweisschild nach Füssenich folgen, nach 1 km liegt rechts die Kirche. Parkplätze sind vorhanden.

ÖPNV: Von Köln mit dem Regionalexpress RE 9 bis Düren, dort mit der Buslinie 298 bis Zülpich-Füssenich Haltestelle „Kloster"

www.vrsinfo.de www.avv.de

Die Kirche des St.-Nikolaus-Stifts im Zülpicher Ortsteil Füssenich

Mitten im Straßendorf Füssenich westlich von Zülpich am heutigen Naturschutzgebiet Neffelsee, entstanden aus der Rekultivierung einer Braunkohlengrube, steht ein ehemaliges Prämonstratenserinnenkloster. Die Geschichte dieses Klosters reicht in das Jahr 1147 zurück, in dem der Kölner Erzbischof Arnold I. die St.-Nikolaus-Kapelle in Füssenich dem Abt des Hamborner Prämonstratenserklosters mit Landbesitz überließ. Petrissa, die Frau des Edelvogtes Hermann von Alfter, trat als Stifterin des an der Kapelle errichteten Klosters auf. Ihre Tochter Maria war erste Vorsteherin dieses Klosters, das später in ein adeliges Damenstift umgewandelt wurde und bis ins 15. Jahrhundert hinein sogar als Doppelstift geführt wurde. Papst Hadrian IV., Kaiser Friedrich II. und Papst Klemens V. stellten un-

Im Stiftshof

ter anderem Schutzbriefe für das Damenstift aus, dessen wechselvolles Geschick erst 1803 mit der Aufhebung durch die Franzosen endete. Die Kriegswirren des 16. und 17. Jahrhunderts richteten großen Schaden am Stift an. Erst nach dem Dreißigjährigen Krieg trat wieder Ruhe ein. Dank des großen Landbesitzes, der Zehnteinnahmen und Renten brachte, konnte Anfang des 18. Jahrhunderts eine neue Klosterkirche errichtet werden. Der romanische Altbau an der Südseite des Innenhofes wurde erst 1815 abgerissen. Bis Mitte des 18. Jahrhunderts erfolgte der Neubau der Klostergebäude. Im Zuge der Säkularisation wurde die Kirche der Pfarre übergeben, die Klostergebäude kamen im Laufe der Zeit in verschiedene Hände. 1896 wurde das ehemalige Klostergut durch Augustinerinnen in ein Mädchenpensionat zur landwirtschaftlichen Ausbildung umgewandelt. Das bis heute renommierte St.-Nikolaus-Stift ist längst Berufsfachschule für Ernährungs- und Hauswirtschaft, für Kinderpflege sowie seit einigen Jahren auch Fachoberschule für Sozialpädagogik und Sozialarbeit. Bis 1950 wirkten an der Schule die Cellitinnen aus dem Mutterhaus Köln und danach die Schwestern vom Göttlichen Herzen Jesu, die aus Breslau flüchten mussten und ihr Mutterhaus nach Füssenich verlegten. Ende 1998 lösten sie ihre Niederlassung im St.-Nikolaus-Stift auf. Heute ist das Berufskolleg St.-Nikolaus-Stift eine katholische Schule der Säkundarstufe II für den Bereich Sozial- und Gesundheitswesen mit Internat und Wohnheim.

Die neue Klosterkirche St. Nikolaus wurde zwischen den Jahren 1711 und 1716 als einschiffiger gotisierender Hallenbau in Ziegelbauweise mit dreiseitig geschlossenem Chor und großem Dachreiter errichtet. Kräftige Strebepfeiler strukturieren die zur Straße gerichtete Seitenfassade. Ein noch romanischer Flügel des Kreuzgangs wurde Ende des 19. Jahrhunderts als nördliches Seitenschiff in die Kirche einbezogen – ebenso ist die anstoßende Sakristeiwand auch noch aus der Frühzeit der Anlage. Die westliche Nonnenempore, die einst doppelt so

weit in das Kirchenschiff hinein ragte, hatte direkten Zugang vom Obergeschoss des Klostergebäudes. Der weiß gehaltene Innenraum der Kirche wird durch sechs flache Kreuzrippengewölbe abgeschlossen. Wertvollstes Stück der Barockausstattung ist der in Weiß und Gold gehaltene Hochaltar mit zweigeschossiger Predella. Darüber hinaus ist als Ausstattungsstück und historisch erwähnenswert der aus Blaustein gefertigte Sarkophag des seligen Aldericus (= Alderich) im Mittelgang der Kirche. Der Überlieferung nach soll er ein französischer Königssohn gewesen sein, der

Die Gebäude des St.-Nikolaus-Stifts

nach Rom und Köln gepilgert war und schließlich im Kloster Schweine versorgte. Als er eines Tages Schafe über die Weide trieb und dabei mit seinem Hirtenstock in den Boden stieß, entsprang an dieser Stelle eine Trinkwasserquelle. Alderich ging als ein Beispiel an Demut, Frömmigkeit und Pflichttreue in die Geschichte des Klosters und des Dorfes ein. Seine Gebeine wurden 1642 nach Zülpich gebracht, seit dem 16. Jahrhundert ist seine Verehrung bezeugt. In Richtung auf Gut Dirlau, das früher einmal zum Klosterbesitz gehörte, baute man ihm eine Kapelle, die von einer großen unter Naturschutz stehenden Rosskastanie beschattet wird.

Stift Info

Katholische Kirchengemeinde St. Nikolaus Füssenich: Sankt-Nikolaus-Straße 3, 53909 Zülpich-Füssenich, Tel: (02252) 33 26, Fax: (02252) 83 44 59 *Öffnungszeiten:* nur zu Gottesdiensten, Besichtigungen nach Vereinbarung mit dem Pfarrbüro (s. o.)

Berufskolleg St.-Nikolaus-Stift Füssenich: Schule der Sekundarstufe II/ Bereich Sozial-und Gesundheitswesen mit Internat und Wohnheim, Brüsseler Straße 68, 53909 Zülpich Füssenich, Tel.: (02252) 94 36 0, Fax.: (02252) 94 36 36 www.st-nikolaus-stift.de

Klöster
im
Bergischen Land

Solingen-Gräfrath
21 Wallfahrtskirche St. Mariä Himmelfahrt

Anfahrt

PKW: A 46 bis Abfahrt Haan-Ost, dort Richtung Solingen, dann der Beschilderung nach Gräfrath und dem Deutschen Klingenmuseum folgen. Unterhalb des Museums in unmittelbarer Nähe der Kirche gibt es einen großen Parkplatz.

ÖPNV: Von Solingen oder Wuppertal-Vohwinkel mit der Buslinie 683 bis zur Haltestelle „Klingenmuseum" www.wupsi.de

Der heutige Solinger Ortsteil Gräfrath wurde erstmalig 1135 als villa greverode (= Rodung eines Grafen) erwähnt, die an das Kölner Sankt Ursulastift ihren Zehnten entrichtete. Auf dem Gelände des Gutshofes gründete Äbtissin Elisabeth von Vilich im Jahre 1185 auf einem Felssporn über den beiden Quellbächen der Itter ein Augustinerinnenkloster und stattete es mit dem erforderlichen Besitz aus. Mit dem Bau der Klosterkirche wurde Ende des 12. Jahrhunderts begonnen – von dieser ersten romanischen Klosterkirche hat man nur zufällig nähere Kenntnis erlangt, als 1990 bei den Renovierungsarbeiten ein Baggerfahrer auf Teile der nördlichen Mittelschiffwand dieser im gebundenen System errichteten, dreischiffigen Pfeilerbasilika mit umlaufenden Emporen stieß. Daraufhin legte man diese romanische Mittelschiffwand auf ca. ein Drittel der Wandlänge in voller Höhe frei, die heute in der Sakristei der jetzigen Pfarrkirche besichtigt werden kann. Zu Beginn des 13. Jahrhunderts fügte man dann der Kirche den dreischiffigen Westbau an, dessen Nordflügel damals noch kein zweites Geschoss erhielt.

Dass das Augustinerinnenkloster zu dieser Zeit florierte, zeigt nicht nur die aufwändige Bautätigkeit, sondern auch die Tatsache, dass zu Füßen des Klosterberges bereits 1292 drei Dutzend zinspflichtige Häuser standen. Anfang des 14. Jahrhunderts kam das Kloster in den Besitz der wundertätigen Katharinenreliquie und entwickelte sich damit zu einem Zentrum der Katharinenverehrung, die zunehmend Wallfahrer anzog.

*Links:
Die Wallfahrtskirche St. Mariä Himmelfahrt mit achteckiger Kapelle am Südchor im Solinger Ortsteil Gräfrath*

Deutsches Klingenmuseum

Solingen ist seit Jahrhunderten als Stadt der Klingen bekannt – hier wurden früher Klingen für Schwerter und Degen und heute werden hier immer noch Klingen für Messer für den täglichen Bedarf und Bestecke von höchster Qualität hergestellt. Das Klingenmuseum, dessen Sammlungen vor über 100 Jahren durch die Solinger Fachschule für Metallgestaltung begonnen wurden, ist seit 1991 in den ehemaligen Stiftsgebäuden des Gräfrather Klosters untergebracht, das für die Bedürfnisse des Deutschen Klingenmuseums im Inneren grundlegend erneuert und umgestaltet wurde. Ein spezielles „klingenmuseum für kinder" befindet sich im Erdgeschoss eines bergischen Hauses neben der Kirche.

Darüber hinaus wird der wertvolle Reliquienschatz des ehemaligen Gräfrather Klosters im deutschen Klingenmuseum ausgestellt.

Deutsches Klingenmuseum: Klosterhof 4, 42653 Solingen-Gräfrath, Tel.: (0212) 25 83 6-0, Fax: (0212) 25 83 6-30 www.klingenmuseum.de
Öffnungszeiten: Di–Do/Sa/So 10–17 Uhr, Fr 14–17 Uhr, Mo geschlossen, Eintritt: 3,50 Euro, ermäßigt 1,50 Euro, museumspädagogische Begleitung einschließlich Eintritt für Schulklassen, Kindergruppen etc. pro Std. 30,- Euro (ab 16 Personen 40,- Euro)

Deutsches Klingenmuseum

Dadurch wurde Ende des 15. Jahrhunderts die Erweiterung der Kirche erforderlich. Durch Verbreiterung des südlichen Seitenschiffes entstand nun eine zweischiffige gotische Hallenkirche mit Emporen und Doppelchor, die jeweils mit Drei-Achtel-Schluss endeten. Am Ende des 15. Jahrhunderts wurde dann noch die gotische oktogonale Kapelle am südlichen Chor angebaut.

Inzwischen hatte sich das Kloster in der zweiten Hälfte des 15. Jahrhunderts den Reformbestrebungen des Augustinerordens angeschlossen, doch war es wohl auf Dauer nicht in der traditionellen Form aufrechtzuerhalten und wurde 1600 in ein adeliges Damenstift umgewandelt. Die konfessionellen Auseinandersetzungen in Europa und der Dreißigjährige Krieg setzten auch Gräfrath zu. Nach dem Vergleichsvertrag von Kleve wur-

Blick über den Markt-platz von Gräfrath auf den Turm der Wallfahrts-kirche

de Gräfrath überwiegend protestantisch. Der Gräfrather Stadt-brand von 1686 zerstörte die Klosterkirche bis auf den mäch-tigen Westbau, das Kloster, seine Gebäude und den größten Teil der Häuser des Ortes. Nach einem weiteren Brand von 1717 wurde die Klosterkirche unter teilweiser Verwendung des ro-manischen Vorgängerbaus in eine barocke Hallenkirche um-gewandelt, die Klostergebäude wieder errichtet und das nörd-liche Seitenschiff der romanischen Kirche in die Klausur mit einbezogen. Mit der Säkularisation ging die Klosterkirche an die Pfarre über, die Klostergebäude wurden bis auf Reste des an die Kirche angrenzenden Südflügels und den barocken Ost-flügel abgerissen, die fortan als Kaserne, Altenheim und Stadt-archiv genutzt wurden. Seit 1991 ist in diesen Gebäudeteilen das Deutsche Klingenmuseum untergebracht.

Vom Gräfrather Marktplatz mit seiner wunderschönen Bebau-ung aus bergischen Häusern des 18. und 19. Jahrhunderts führt der Blick aufwärts zur heutigen Pfarrkirche St. Mariä Himmel-fahrt. Die Hallenkirche hatte anstelle des Doppelchores einen fünfseitigen Chorschluss erhalten. Sie ist mit einem Mansard-dach versehen, auf dem sich ein achteckiger Dachreiter mit birnenförmiger Haube befindet. Die aus dem romanischen Vor-gängerbau stammende Mittelschiffwand fiel weg; innen wur-den vor die neuen nördlichen und südlichen Außenwände vier-eckige Wandpfeiler vorgesetzt, die nunmehr die das doppelt breite Kirchenschiff überspannende Gewölbekonstruktion tra-

gen. Äußerlich kann man noch an mehreren Stellen der Südwand die vermauerten Fensteröffnungen des gotischen Wand-
aufbaus erkennen. Der Nordflügel des spätromanischen Westbaus, der erst beim barocken Umbau aufgestockt worden war,
um so in die Klostergebäude integriert zu werden, wurde nach
der Säkularisation mit abgerissen, sodass heute der Westbau
einen asymmetrischen Eindruck hinterlässt. Das seither im
linken Teil des Westbaus befindliche Portal wurde um 1878 im
Zuge der Reromanisierung der Kirche umgestaltet.

Der hell gehaltene schlichte Baukörper der Kirche ist im Inneren sparsam mit Rokoko-Ornamenten in Stuck versehen. Der
Blick fällt auf die drei Altäre im Chor. Auf dem Hochaltar ist die
Himmelfahrt Mariens dargestellt. Ihr zur Seite gestellt sind
der Ordensvater Augustinus und seine Mutter, die heilige Mo-
nika. Der Georgsaltar als linker Nebenaltar diente der gottes-
dienstlichen Versorgung der die Kirche aufsuchenden Pilger.
Der rechte Seitenaltar ist der heiligen Katharina von Alexan-
drien geweiht, von der 1309 auf wundersame Weise eine Reliquie in das Gräfrather Kloster gelangte. Aus dieser Reliquie
soll in der ersten Hälfte des 14. Jahrhunderts mehrfach Flüssigkeit ausgetreten sein – das Katharinenwunder! Des Weiteren gehören mehrere Skulpturen, so die der Maria Königin, des
Erzengels Raphael mit Tochter und auch des heiligen Aloysius

*Links:
Madonnen-
bildnis an der
Ostchorwand*

*Rechts:
Portal der
Wallfahrts-
kirche*

Der Turm der Wallfahrtskirche St. Mariä Himmelfahrt ragt über die Ortsbebauung und den Baumbestand hinaus

von Ganzaga im Chorbereich zur barocken Ausstattung der Kirche. Die Kanzel, genauso aus dem dritten Viertel des 18. Jahrhunderts, ist ein weiteres Schmuckstück der Kirche. Darüber hinaus verfügt die Kirche noch über Kunstwerke des 1933 geborenen Solinger Künstlers Henryk Dywan, so vor allem den an der Nordwand des Kirchenschiffes angebrachten Kreuzweg aus Lindenholz.

Zum beachtenswerten Kirchenschatz zählen wertvolle Schmiedearbeiten aus gotischer und barocker Zeit, Reliquiare, Monstranzen und liturgisches Gerät – sowohl die für die Geschichte des Gräfrather Klosters so wichtige Katharinenreliquie als auch eine der Flaschen, in denen die wundertätige Flüssigkeit aufgefangen wurde, zählen dazu.

Kirchen Info

St. Mariä Himmelfahrt: Klosterhof 3, 42653 Solingen-Gräfrath, Tel.: (0212) 59 11 49, Fax: (0212) 2 59 11 31   www.mh-kathsg.de
Gottesdienste: Heilige Messe So 9.30 Uhr, Mi/Fr 9 Uhr, Sa 17.30 Uhr.
Öffnungszeiten: nach Vereinbarung mit der katholischen Pfarrgemeinde Gräfrath (s. o.)

Gastronomie

Gräfrather Hof: In der Freiheit 48, 42653 Solingen-Gräfrath, Tel. (0212) 2 58 00-0; Fax: (0212) 2 58 00-800   www.hotel-graefratherhof.de
Öffnungszeiten: Mo–Do 11–1 Uhr, Fr/Sa 11–3 Uhr, So 10–24 Uhr. Dieses traditionelle Hotel besteht seit 1930 (DZ ab 120,- Euro, EZ ab 90,- Euro). Es liegt am Marktplatz, das Restaurant ist bekannt für seine bergische Küche.

Odenthal
22 Abtei Altenberg

Anfahrt

PKW: A3 bis zur Abfahrt Köln-Dellbrück, dort auf der Bergisch-Gladbacher-Straße B506 über Bergisch-Gladbach (heißt hier Alte Wipperfürther Straße) bis zum Ortsteil Herborn, dann links nach Odenthal und am Kreisel im Zentrum von Odenthal Hinweisschild „Altenberger Dom" folgen. Parkplätze sind ausgeschildert.

ÖPNV: Von Köln mit der S-Bahnlinie S 6 bis Haltestelle „Leverkusen Mitte", dort mit der Buslinie 212 nach Odenthal Haltestelle „Altenberg" (Dom in Sichtweite) www.wupsi.de

Blick auf den Chor des Altenberger Doms

Die Abteikirche Altenberg wird auch gern als „Bergischer Dom" bezeichnet – es war die Grabkirche des Bergischen Hauses. Burg Berge, der erste Stammsitz des bergischen Grafengeschlechtes, wurde von Graf Adolf II. im Jahre 1133 an den Zisterzienserorden verschenkt. Die Herren von Berg hatten sich mit Schloss Burg an der Wupper eine neue Burg errichtet. In die alte Burg auf einem Felsvorsprung am Hang des Bülsenberges am kleinen Fluss Dhünn zogen zwölf Mönche aus der Abtei Morimond in den Vogesen ein. Sie begannen, sich aus den Steinen der alten Burg ein Kloster zu bauen, verlegten aber 1145 ihren Sitz an den Fluss selbst, wo sie bessere Vorraussetzungen für die zisterziensische Lebensweise vorfanden. Hier erstellten sie den ersten Altenberger Dom als dreischiffige romanische Basilika. Im Jahre 1160 war Graf Adolf II. selbst in das Zisterzienserkloster eingetreten, starb dort wenig später – und begründete damit die Grablegungen der bergischen Grafen in der Abteikirche, die bis Anfang des 16. Jahrhunderts aufrecht erhalten wurde. 1222 beschädigte ein Erdbeben die Kirche so stark, dass ein Neubau erforderlich wurde. Den Grundstein zum neuen Altenberger Dom legte Graf Adolf IV. 1259 im Beisein des Kölner Erzbischofs Konrad von Hochstaden.

Die Abtei Altenberg war inzwischen mit reichem Landbesitz versehen worden, wofür vor allem Adolfs Bruder Bruno, als Bruno II. Erzbischof von Köln, gesorgt hatte. Die Be-

Die doppelseitige Strahlenkranzmadonna im Hochchor

sitzungen reichten bis Essen, Xanten und Bacharach. Ende des 12. Jahrhunderts war das Kloster von über 100 Mönchen und an die 140 Laienbrüdern bewohnt, fünf Töchterklöster waren bereits gegründet worden. Dank des Wohltandes der Abtei konnten bereits 1276 der Chor und das südliche Chorhaus geweiht werden. Endgültig fertiggestellt war die Kirche 1379. Das Geviert der Klostergebäude entstand zwischen 1425 und 1517, der Ausbau zur neuen Abtei Ende des 17. Jahrhunderts.

Im Zuge der Säkularisation wurde der Altenberger Konvent aufgelöst, die kunstvolle Ausstattung der Kirche verkauft und der Gebäudekomplex an einen Kölner Geschäftsmann veräußert, der in den Räumlichkeiten eine Fabrik einrichtete, in der 1815 ein verheerender Brand ausbrach. Nicht nur die Klostergebäude wurden vernichtet, auch das Dach der Kirche war betroffen. In den folgenden Jahren stürzten Teile des Kirchengewölbes ein. Erst das Eingreifen des preußischen Königshauses zur Rettung der Grabeskirche eines Zweiges ihrer Vorfahren bot dem weiteren Verfall Einhalt. Es stellte großzügig Geldmittel zur Restaurierung der Kirche bereit – unter der Bedingung, dass die Kirche fortan von beiden Konfessionen genutzt wird. Dieses Simultaneum wird seit 1857 ausgeübt und gilt bis heute. Seit 1894 setzte der neu gegründete Altenberger Dom-Verein die Restaurierungsarbeiten fort. Nach dem Zwei-

Altenberger Märchenwald

Unmittelbar an das Klostergelände von Altenberg schließt sich der „Deutsche Märchenwald" an, als Familienunternehmen 1931 gegründet. Damals zeigte man fünf figürliche Märchendarstellungen aus dem Märchenschatz der Gebrüder Grimm. Die Themen sind beispielsweise „Rotkäppchen, „Hänsel und Gretel", „Knüppel aus dem Sack", „Schneewittchen und die sieben Zwerge" oder auch „Der gestiefelte Kater". Heute gibt es schon 20 dieser Darstellungen, jüngster Zuwachs ist „Der Froschkönig". Die einzelnen Märchendarstellungen erfolgen mit lebensgroßen Figuren in einem Häuschen. Auf Knopfdruck oder durch Zuruf ertönt die Stimme des Erzählers; viele der Figuren bewegen sich dabei, und die Tiere, die zu den Geschichten gehören, springen herum. Den besonderen Reiz dieses Märchenparks machen seine etwas altertümlichen Präsentationen aus – Kinder staunen nach wie vor ehrfurchtsvoll über die Figuren. Deutscher Märchenwald Altenberg: Märchenwaldweg 15, 51519 Odenthal, Tel.: (02174) 4 04 54, Fax: (02174) 47 88
www.deutscher-maerchenwald.de
Öffnungszeiten: täglich 9–18 Uhr, Eintritt: 4,- Euro, Kinder bis 14 Jahre 2,- Euro. Am Restaurant (Fr Ruhetag) finden stündlich Wasserspielvorführungen statt, außerdem gibt es ein Karussell und Autoskooter.

ten Weltkrieg wurde der Klosterbereich 178–83 neu gestaltet. Eine abschließende Renovierung der Abteikirche bis 2006 präsentiert diesen beeindruckenden Bau nunmehr in seiner ganzen Schönheit.

Der nach strengem zisterziensischen Architekturprinzip errichtete „Bergische Dom" zeigt sich als eine kreuzrippengewölbte Basilika aus Tuff-, Grauwacke- und Trachytsteinen – ein gotisch aufstrebender Sakralbau von auffälliger Harmonie der Maße. Das achtjochige Langhaus ist dreischiffig, es schließt sich ein dreischiffiges Querhaus an, das von einem fünfschiffigen Chor aus drei Jochen mit Sieben-Zwölftel-Schluss, Umgang und Kapellenkranz abgeschlossen wird. Lichtdurchflutet ist der Chor mit seinen großen Fenstern, noch größer sind die Fenster über dem Nord- und dem Westportal – das südliche Seitenschiff blieb wegen des einst angrenzenden Flügels des Kreuzgangs, der 1870 abgerissen wurde, fensterlos konstru-

Blick durch das Langhaus auf das achtbahnige Westfenster des Altenberger Doms

iert. Die großen Fenster haben mit 18 bzw. 19 Metern Höhe die Maße eines viergeschossigen Hauses! Ihr Maßwerk ist wie das aller Seitenfenster vielgliedrig und zeigt die bauliche Entwicklung der 100-jährigen Baugeschichte der Kirche. Dreigeschossig ist der Wandaufbau. Rundpfeiler tragen die Spitzbogenarkaden, darüber Triforium und Obergaden.

Die ältesten Glasfenster im Chorbereich sind noch zisterziensisch zurückhaltend in Grausilbertönen mit schwacher Ornamentierung gehalten. Seit ab dem 14. Jahrhundert die zisterziensische Vorschrift, Kirchenglasfenster ohne bildliche Darstellungen zu belassen, nicht mehr befolgt wurde, wurden auch die Altenberger Kirchenfenster im Zuge des nach Westen fortschreitenden Ausbaus des Kirchenschiffes immer motivischer und farblicher ausgemalt. Als letztes wurde das Westfenster um 1410 fertiggestellt. Dieses größte erhaltene mittelalterliche Figurenfenster ist von raumbeherrschenden Ausmaßen. In leuchtenden Farben, die mit untergehender Sonne das ganze Kircheninnere durchfluten, ist hier das himmlische Jerusalem abgebildet mit all seinen Apostel- und Heiligenfiguren, den Engelsdarstellungen und den Kirchenpatronen.

Besonders bedeutend sind auch die Grabgelege in der Abteikirche, die teilweise durch den Kircheneinsturz beschädigt, aber wieder hergerichtet wurden. Herausragend sind im Hochchor das Hochgrab von Graf Adolf VIII., das Doppelgrab von Gerhard I. und seiner Gemahlin und das Hochgrab von Erzbi-

schof Bruno III., Sohn von Graf Adolf II., dem Gründer des Klosters, sowie im Herzogenchor das Hochgrab Herzog Gerhard II. von Jülich und Berg. Dazu sind eine Vielzahl von Grabplatten von Mitgliedern des bergischen Hauses in den Kirchenboden eingelassen.

Unter der Skulpturenausstattung fallen die hoch an der fensterlosen Südwand des Langhauses angebrachten Holzplastiken der Cäcila, Madonna und Barbara aus dem 17. Jahrhundert ins Auge. Am Querschiffeckpfeiler hängt die Holzplastik des Christopherus aus dem 16. Jahrhundert. Besonders wertvoll ist die Verkündigungsgruppe aus Tuffstein, geschaffen von der Kölner Dombauhütte um 1390, die einst das Westportal schmückte und heute an der Ostwand des nördlichen Chorseitenschiffes angebracht ist.

In den südlich an die Abteikirche angrenzenden Gebäuden ist eine katholische Jugendbildungsstätte untergebracht. Noch teilweise zur alten Bausubstanz zählen der Konversenflügel – heute Säle und Tagungsräume – und der quer die Verbindung zur Kirche herstellende Trakt, in dem sich heute der Domladen befindet. Zur Dhünn hin steht noch der Küchenhof, die frühre Klostermolkerei. Die Markuskapelle aus dem Jahr 1222, im rheinischen Übergangsstil errichtet und mit schönen frühgotischen Fresken versehen, trennt den Küchenhof vom Barockbau, der das heutige Hotel Altenberger Hof beherbergt. Der angrenzende Klostertorbau stammt aus dem 18. Jahrhundert, an den früher die für die Frauen des Klosterbetriebes vorgesehene Marienkapelle anschloss, die aber nur noch in Fragmenten zu erkennen ist. Des Weiteren erstreckten sich an der Dhünn entlang Wirtschaftsbetriebe wie Mühlen und die Brauerei, die 1715 zu einem Trakt zusammengefasst wurden.

Kirchen Info

Katholische Kirchengemeinde Altenberg:
Ludwig-Wolker-Straße 4, 51519 Odenthal-Altenberg, Tel.: (02174) 45 33,
Fax: (02174) 4 93 57 www.altenberger-dom.de
Katholische Gottesdienste: So/Fei 7 Uhr, 10.30 Uhr, 17.15 Uhr (anschließend
Vesper), Di–Fr 7 Uhr.

Evangelische Kirchengemeinde Altenberg:
Martin-Luther-Haus, Uferweg 1, 51519 Odenthal-Altenberg, Tel.: (02147) 42 82
Evangelische Gottesdienste: So/Fei 9 Uhr, Vesper 14.30 Uhr (Mai–Okt.)
Öffnungszeiten: Sommermonate Mo–Do 7–18 Uhr, Fr 13–18 Uhr
Führungen: Sa 11 Uhr (Feb.–Dez.), So 13 Uhr, 15.30 Uhr (Jan.–Nov.), auch zu
speziellen Themen, Treffpunkt vor dem Domportal, ansonsten nach Verein-
barung, Tel.: (02174) 4 10 11

Altenberger Dommusik: regelmäßig Chorkonzerte, Orgelkonzerte
Programm unter: www.altenberger-dom.de

Altenberger Domladen: Ludwig-Wolker-Str. 4, 51519 Odenthal-Altenberg,
Tel: (02174) 4 19-930, Fax: (02174) 4 19-936 www.domladen.de
Öffnungszeiten: täglich 10–18 Uhr. Im Domladen sind Devotionalien, Bücher,
CDs, Geschenkartikel, Souvenirs etc. erhältlich.

Gastrononie

Hotel Altenberger Hof: Eugen-Heinen-Platz 7, 51519 Odenthal-Altenberg,
Tel: (02174) 49 70, Fax: (02174) 49 71 23 www.altenberger-hof.de
Öffnungszeiten: warme Küche täglich 11.30–14.30 Uhr, 18–22 Uhr
Das Hotel liegt direkt dem Dom gegenüber, wurde 1752 als Wirtschaftsge-
bäude für die Zisterzienser-Mönche erbaut und diente vor allem Pilgern zur
Klosterstätte als Verpflegungs- und Unterkunftsmöglichkeit. Nach der
Säkularisation wurde das Haus von Graf Metternich erworben. Die heutigen
Besitzer haben es renoviert und bieten Gastlichkeit auf hohem Niveau
(DZ ab 125,- Euro, EZ ab 89,- Euro). Das Restaurant verfügt über Außen-
gastronomie.

Gaststätte Küchenhof Altenberg: Carl-Mosters-Straße 1, 51519 Odenthal,
Tel./Fax: (0217) 4 14 13.
Öffnungszeiten: Di–So 10–18.30 Uhr, Mo Ruhetag
Der Küchenhof bietet rustikale Gastronomie mit kleinem Ladengeschäft für
selbst getöpferte Keramik.

Klöster
im
Vorgebirge
und am
Rhein

Andernach
23 Christuskirche

Anfahrt

PKW: Von Bonn die B 9 bis zur Abfahrt Andernach-Namedy, dort in die Kölner Straße. Parkplätze gibt es an der Mittelrheinhalle, von dort zu Fuß auf der Hochstraße ins Zentrum – am südlichen Rand der Fußgängerzone steht die Christuskirche.

ÖPNV: Von Köln mit dem Regionalexpress RE 5 nach Andernach (von dort zu Fuß über die Bahnhofstraße in die Fußgängerzone) www.vrsinfo.de

Hospitalkirche St. Josef: Zu Fuß von der Christuskirche über die Hochstraße und Koblenzerstraße zum Altenzentrum mit der Hospitalkirche

Die Grafen von Virneburg, Herrscher über ein kleines Territorium in der Osteifel, stifteten um das Jahr 1240 in Andernach ein Franziskanerkloster. In 100-jähriger Bauzeit wurde ihre St. Nikolauskirche zwischen 1350 und 1450 errichtet, die heute als evangelische Kirche Christuskirche heißt. Ihr Chor und die beiden Langhausostjoche entstanden bis zum dritten Viertel des 14. Jahrhunderts, das übrige Langhaus in der ersten Hälfte des 15. Jahrhunderts. An der Westfassade ist das Wappen des Kölner Erzbischofs Dietrich von Moers angebracht – in seine Amtszeit fällt die Fertigstellung. So entstand eine großräumige spätgotische Halle mit einer Länge von 50 Metern und einer Breite von 14 Metern mit sechs Jochen, die sich in einem dreijochigen Chor gleicher Breite fortsetzt. Das Seitenschiff ist mit seinen weiten Arkadenöffnungen zwischen schlanken profilierten Pfeilern in voller Länge des Hauptschiffes bis hoch in die Gewölbe hinein ganz in dessen Raum integriert. Die gotische Feingliedrigkeit des Bauwerks kommt vor allem in den hochgezogenen schlanken Fenstern zum Ausdruck, die der Schlichtheit des Baus ganz im Sinne der Architektur der Bettelorden lichtdurchflutete Ausdruckskraft verleiht. Das Eingangsportal an der Westseite ist reich mit Maßwerk versehen. Im Inneren tragen die Schlusssteine des Kreuzrippengewölbes Wappen Kölner Erzbischöfe des 14. und 15. Jahrhunderts. So-

*Links:
Blick auf den
Chor der
Christus-
kirche in
Andernach*

Hospitalkirche St. Josef

Andernach ist nicht nur als Stadt mit römischen Ursprüngen, dem romanischen „Mariendom", der großenteils erhaltenen Stadtmauer mit vielen Türmen, vor allem dem großen Runden Turm, der Ruine der kurkölnischen Burg und vielen historischen Profanbauten sehenswert – die Hospitalkirche St. Josef ist ein barockes Kleinod. Sie findet ihren Ursprung im 1653 gefällten Beschluss des Rates der Stadt Andernach, dem von Johanna von Valois gegründeten Orden der Annuntiaten die Errichtung eines Klosters zu erlauben. Fertiggestellt wurde der äußerlich unscheinbare, einschiffige Bruchsteinbau mit Westportal und böhmischem Kappengewölbe aber erst 1739. Besonders sehenswert ist die Ausmalung der Kirche, vor allem mit dem Bilderzyklus aus dem Leben der heiligen Johanna und dem Marienzyklus. Nach der Säkularisation ging die Kirche an das Andernacher Stiftshospital über.

Stiftshospital: Altenzentrum-Sankt-Stephan-Stiftung, Theodor-Heuss-Straße 6–12, 56626 Andernach, Tel.: (02632) 40 90, Fax: (02632) 40 94 60
www.stiftshospital-andernach.de

Die Andernacher Hospitalkirche

wohl die Stifterfamilie als auch andere rheinische Adelsfamilien und später wohlhabende Bürger der Stadt nutzten die Kirche lange Zeit als ihre Begräbnisstätte.

Während des Dreißigjährigen Krieges wurde die Kirche 1633 zerstört, aber bis 1709 wieder aufgebaut. Nach der Auflösung des Klosters im Jahre 1803 diente der Kirchenbau den Franzosen, später dann den Preußen als Pferdestall. Der preußische König Friedrich Wilhelm IV. übergab die Kirche im Jahre 1854 der neu gegründeten evangelischen Kirchengemeinde Andernach. Doch wurde der größte Teil der Klosteranlagen bis 1902 für den Bau des Wehrbezirkskommandos abgerissen. Erhalten blieben lediglich der nördliche Teil des ehemaligen Kreuzgangs und ein Teil des früheren Dormitori-

Seitlicher Blick auf die Andernacher Hospitalkirche

Die Befestigungsanlagen von Andernach

ums, das heute als Gemeindesaal dient. Auch von der Innenausstattung ist außer einigen Grabsteinen und einem Nischengrabmal nichts übrig geblieben.

Kirchen Info

Christuskirche: Hochstraße/Ecke Läufstraße, zugeordnet der Evangelischen Kirchengemeinde Andernach: Karolingerstraße 18, 56626 Andernach, Tel.: (02632) 4 39 59, Fax: (02632) 49 17 73

Boppard
24 Stiftskirche St. Severus

Anfahrt

PKW: Von Koblenz B 9 bis ins Zentrum von Boppard fahren (dort gibt es Parkplätze, die an der St. Severuskirche nur begrenzt und kostenpflichtig zur Verfügung stehen), dann zu Fuß zum Marktplatz – die Kirche ist unübersehbar.

ÖPNV: Von Köln mit der Regionalbahn nach Boppard (vom Bahnhof Boppard zu Fuß über die Oberstraße, links in die Kirchgasse zum Marktplatz www.bahn.de

Bopparder Hamm: Auf der L 207 nördlich vom Ortskern Boppard links ins Mühlental, dann Richtung Vierseenblick abbiegen (Gedeonseck ist ausgeschildert)

Blick auf die Chorpartie der Stiftskirche St. Severus in Boppard

In der Römerzeit wurde an der Rheinfront von Boppard, die damals weiter westlich als heute lag, ein Bodobriga genanntes rechteckiges Kastell errichtet. Die Wehrmauer des Kastells, von der sich einige Halbkreistürme bis heute erhalten haben, diente bis ins hohe Mittelalter als Stadtbefestigung von Boppard. Im 12. Jahrhundert wurde die Rheinfront vorverlegt, die Rheinfront der römischen Mauer verlief längs durch das spätere nördliche Seitenschiff der St. Severuskirche, wo sich im 4. Jahrhundert ein römisches Militärbad befand. Das Bad brannte im 5. Jahrhundert ab, die Ruine wurde zu einer frühchristlichen Saalkirche umgebaut. In ihrem Westteil befand sich ein rundes Taufbecken, das unter dem Fußboden des Mittelschiffes der Kirche noch zugänglich ist. Im 10. Jahrhundert erfolgte ein Neubau der Kirche, die 991 von Otto III. dem Wormser Martinsstift beigegeben wurde – die Kirche selbst diente zu dieser Zeit bereits als Chorherrenstift.

Aus dem römischen Kastell war zunächst ein merowingischer Königssitz geworden, zu dem umfangreicher Besitz im Huns-

In weitem Bogen zieht sich der Bopparder Hamm oberhalb des Ortes am Rhein entlang

Am Markt in Boppard

rück und auf der anderen Rheinseite gehörte. Auch unter den Karolingern blieb Boppard selbstständig – dieser strategisch und wirtschaftlich wichtige Standort, an dem vor allem der Weinbau auf der Bopparder Hamm von Bedeutung war, blieb als sogenanntes „Bopparder Reich" bis 1312 ein eigenständiger kaiserlicher Besitz. So verdankt Boppard den deutschen Kaisern und Königen so manches, und ohne sie wäre der prachtvolle Neubau der St. Severuskirche nicht erfolgt.

Heute stellt sich die St. Severuskirche als dreischiffige Emporenbasilika mit vierzonigem Wandaufbau im gebundenen System dar. Sie wurde in drei Abschnitten im 12. und 13. Jahrhundert errichtet. Die beiden Chorflankentürme entstanden zu Beginn der zweiten Hälfte des 12. Jahrhunderts, das Langhaus im ersten Viertel des 13. Jahrhunderts, und der Chor war vermutlich 1234 fertiggestellt. Den besten Blick auf diese mit reichlichen Bauverzierungen aus Lisenen, Rundbogenfriesen, Schlüssellochfenstern und Kleeblattbögen versehene ehemalige Stiftskirche hat man vom Bopparder Marktplatz. Prägnant streben die beiden Chorflankentürme, die erst im frühen 17. Jahrhundert ihre heutigen Spitzhelme erhielten, zwischen dem hoch aufragenden dreigeschossigen Chor und dem Hauptschiff empor. Der architektonische Eindruck des dreiseitig abschließenden Chores wird durch die schlanken Rundbogen-

Der Bopparder Hamm

Unterhalb von Boppard führt der Rhein seine am weitesten ausladende Flussschleife aus – die Bezeichnung Hamm stammt vom lateinischen Wort hamus (= Haken) ab und verweist auf die S-Form dieser Mittelrheinschleife. Denn die Weintradition in Boppard reicht ebenfalls bis in die Römerzeit zurück. Vor allem die Steilhänge der Bopparder Hamm sind uralter Rebkulturboden. Hier wächst heute auf über 75 Hektar Rebfläche vor allem die edle Rebsorte Riesling und ergibt elegant-rassige, fruchtige Weine von Weltgeltung. Der Bopparder Hamm ist heute in die Einzellagen „Engelstein", „Ohlenberg", „Feuerlay" „Weingrube", „Mandelstein", „Fässerlay" und „Elfenlay" mit Steillagen auf Tonschieferverwitterungsböden von bis zu 70% Steigung aufgeteilt.
Vom Aussichtsturm Gedeonseck hat man einen weiten Überblick über den Bopparder Hamm.

Blick von der Bopparder Hamm auf die Rheinschleife

fenster im Mittelteil und einer Zwerggalerie darüber noch unterstrichen. Dem Langhaus sind hohe zweigeschossige Seitenschiffe beigegeben.

Die St. Severuskirche ist ein Hauptwerk spätromanischer Kirchenbaukunst des Rheinlandes. Am Untergeschoss ihres der Marktseite zugewandten Südturmes ist eine auffallende, mächtige Kreuzigungsgruppe aus dem Jahr 1510 angebracht. Man betritt die Kirche ebenso von der Marktseite her durch das imposante Westportal. Hier öffnet sich dem Betrachter der farbig gefasste Innenraum der Kirche, deren Langhaus mit dem im Rheinland einmaligen 16-teiligen Spinnengewölbe versehen ist. Der Blickfang der Kirche ist das große Triumphkreuz aus dem 13. Jahrhundert, das über dem Altar im Chor hängt – als Besonderheit trägt Christus nicht leidend die Dornenkrone, sondern demonstrativ eine Königskrone. Am Kopfende des linken Seitenschiffes findet man eine Statue der Muttergottes mit Kind aus dem 15. Jahrhundert. Im Südturm der Kirche befindet sich heute die Taufkapelle. Hier steht ein Taufbecken aus schwarzem Marmor, und in der hohen Wandnische ist seit dem Jahr 2000 der Standort einer romanischen Madonnensta-

Blick in das Langhaus der Stiftskirche St. Severus

Links: Romanische Madonnen- statue

Mitte: Kreuzigungs- gruppe an der Stifts- kirche

Rechts: Fresko im rechten Seitenschiff

tue – dargestellt wird Maria als lächelnde Königin mit dem Kind und Lilienzepter. Die szenischen Wandmalereien an den Langhausinnenwänden aus dem 13. Jahrhundert, unter anderem mit Motiven aus dem Leben des heiligen Severus, stellen seinen Weg vom armen Wollweber zum Bischof von Ravenna dar. Diese Fresken wurden bei der Restaurierung 1888 bis 1895 auf den neuen Putz übertragen. Reizvoll sind die Glasmalereien in dem linken Seitenschifffenster, die modernen Fenster des rechten Seitenschiffes stammen aus den 80er Jahren des vorigen Jahrhunderts. Im rechten Seitenschiff finden sich eindrucksvolle Deckengemälde von Christus, den Heiligen und biblischen Szenen. An den westlichen Wänden der Seitenschiffe sind Reste frühchristlicher Grabsteine eingelassen.

Kirchen Info

Katholische Kirchengemeinde St. Severus: Rheinallee 44, 56154 Boppard, Tel.: (06742) 23 15, Fax: (06742) 20 57 www.sankt-severus.de
Gottesdienste: Vorabendmesse Sa 18 Uhr, Hochamt So 10.15 Uhr, Abendmesse 18.30 Uhr. *Öffnungszeiten:* tagsüber, Sa/So Führungen durch das Forum St. Severus während der Besuchersaison, Sonderführungen nach Vereinbarung

Bornheim-Walberberg
25 St. Walburga

Anfahrt

PKW: A 563 bis zur Abfahrt Brühl-Bornheim, dort 1 km südwärts auf der Walberberger Straße bis Walberberg, im Ort rechts in die Lange Fuhr, dann links in die Walburgisstraße. Parkplätze vor dem Kirchareal vorhanden.

ÖPNV: Von Köln mit der Straßenbahnlinie 18 bis Bornheim Haltestelle „Walberberg" (dort den H.-v.-Berge-Weg bis zur Hauptstraße, rechts und dann sofort wieder links in die Frongasse) www.kvb-koeln.de

Der mächtige Turm der ehemaligen Klosterkirche St. Walburga im Bornheimer Ortsteil Walberberg

„Am Berg", am Rande des Vorgebirges im heutigen Bornheimer Ortsteil Walberberg, bestand eine durch einen Ringwall befestigte Siedlung. Der den Kölner Erzbischöfen verpflichtete Burgherr besaß eine Eigenkirche, für die auf Initiative des Kölner Domkapitels noch im 8. Jahrhundert ein kleiner Saalbau von 10 Metern Länge errichtet wurde und die anhand ausgegrabener Fundamentreste nachgewiesen werden konnte. Sie gehörte damals zu den noch seltenen Sakralbauten, die aus Stein und nicht aus Holz gebaut worden waren. Patron dieser ersten Kirche war der heilige Jodokus. Dieser Saalkirche fügte man im 9. Jahrhundert ein rechteckiges Altarhaus an. Der Burgherr erwarb um das Jahr 1060 die unter Erzbischof Anno von Eichstätt nach Köln gebrachten Reliquien der heiligen Walburga, bestehend aus Teilen ihrer Hirnschale und ihres Äbtissinnenstabes, für seine Eigenkirche. Bald darauf setzte eine rege Wallfahrt zu den Reliquien der Heiligen ein. Zur Betreuung der Pilger ließ Erzbischof Philipp von Heinsberg ein Klerikerkonvent einrichten –

  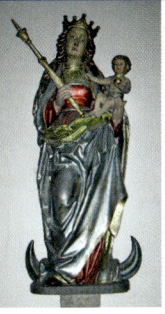

Skulpturenschmuck in St. Walburga

seither fungierte die Kirche sowohl als Kloster- als auch weiter als Eigenkirche. Der Ort änderte nun seinen Namen in „Berg der heiligen Walburga", und 1188 wurde die Ortsbezeichnung „Walberberg" erstmals urkundlich festgehalten.

Der erste Konvent an der Walburgakirche konnte sich offensichtlich aber nicht halten, sodass Erzbischof Adolf 1197 Zisterzienserinnen aus Hoven im Kloster unterbrachte. Die Nonnen legten um 1200 südöstlich an die Kirche angrenzend die zweigeschossige Jodokuskapelle an, erweiterten die Kirche nach 1220 nach Westen um die Nonnenempore, erhöhten die Wände, bauten die Seitenschiffe dazu und legten größere Fenster an. Ab 1230 wurde der Chor in der Breite des Langhauses und eingezogener Apsis erweitert, später erhielt die Kirche an jeder Seite zwei große gotische Fenster. 1447 ließ Erzbischof Dietrich das Walberberger Nonnenkloster in ein Zisterzienserpriorat der Abtei Heisterbach umwandeln. Die Mönche verkürzten die Westwand der Kirche um 3 Meter auf den heutigen Westabschluss. 1591 zogen Kölner Jesuiten in das Kloster ein und blieben bis 1774. Die Klostergebäude waren offensichtlich schon seit dem Dreißigjährigen Krieg in Verfall geraten, an ihrer Stelle wurde 1772 das Pfarrhaus errichtet, die Kirche diente seither nur noch als Pfarrkirche. Von der ursprünglichen Klosteranlage blieben lediglich Mauern, die einst mit römischem Baumaterial errichtet worden waren. Am Ende des Zweiten Weltkriegs beschädigten Bomben den Kirchenbau, der bis 1951 wieder hergerichtet wurde. Der dazu gehörige Turm musste 1960 aus statischen Gründen abgerissen werden, ein neuer Turm wurde 1962 nördlich des Altarraumes angebracht.

Relief im nördlichen Seitenschiff von St. Walburga

Heute steht die im Kern romanische Pfarrkirche St. Walburga aus verputztem Bruchstein inmitten des ummauerten Friedhofs als dreischiffige Pfeilerbasilika mit quadratischem Chorhaus und halbrund geschlossener Apsis. Im Westen befindet sich in Breite des Mittelschiffes der vorgelagerte Bau der ehemaligen Nonnenempore. Das Mittelschiff ist mit einem Holzgewölbe in Form einer verbretterten Tonne eingedeckt. Das Obergeschoss der am Ende des südlichen Seitenschiffes angebauten kreuzrippengewölbten Jodokuskapelle diente wohl als Sitz des Kirchenherrn – ein Sichtloch ermöglichte ihm den Blick auf den Altar, ohne selbst gesehen zu werden. In der Kapelle verlegte man im Rahmen der Nachkriegsrenovierung Reste eines Fliesenbodens des Mittelschiffes aus dem 13. Jahrhundert. Ebenfalls noch aus dem 13. Jahrhundert stammt der pokalförmige, auf sechs Säulen stehende Taufstein der Kirche. Hinter dem Hochaltar befindet sich ein um 1400 in einer Kölner Werkstatt entstandenes Kruzifix auf modernem Aufsatz. Eine barocke Statue der heiligen Walburga findet man in der Jodokuskapelle und eine gotische Statue des heiligen Jodokus in ihrem Obergeschoss. Das Epitaph der 1224 gestorbenen seligen Margareta, der ersten Äb-

Blick durch das Langhaus auf den Chor von St. Walburga

Jodokus und Walburga

Man kann heute nicht mehr feststellen, ob der heilige Jodokus von Anfang an Kirchenpatron der Walberberger Kirche gewesen ist – ein um 650 geborener keltischer Fürstensohn aus der Bretagne, der auf seinen weltlichen Herrschaftsanspruch verzichtete, als Priester und als Einsiedler lebte und 665 in Runiac eine Einsiedelei gründete, die Keimzelle der später nach ihm benannten Benediktinerabtei Saint-Josse-sur-Mer.

Mit dem Einzug der Reliquien der heiligen Walburga wechselte das Patrozinium der Walberberger Kirche. Walburga wurde um 710 in Wessex als Tochter eines christlichen Fürsten geboren – sie gilt als Nichte des Bonifatius. Ihre Familie war aktiv an der Missionierung in Germanien beteiligt. Ihr Bruder Wunibald war Abt des von ihm 751/52 gegründeten Benediktinerklosters Eichstätt. Nach seinem Tod im Jahre 761 übernahm Walburga die Leitung dieses Klosters, wo sie auch bestattet wurde.

Das Pfarrbüro St. Walburga organisiert Pilgerfahrten, Kultur- und Bildungsreisen nach Eichstätt zum Grab der heiligen Walburga. Die mehrtägigen Touren führen nach Eichstätt und zum Altmühltal, zu den Benediktinerabteien Weltenburg am Donaudurchbruch und Rohr angeboten und nach Heidenheim, der Wirkungsstätte Walburgas, und Monheim, ihrer ersten Verehrungsstätte. Information: Pfarrbüro (s. u.)

tissin des Klosters, ist im südlichen Kirchenschiff neben dem Eingangsportal mit einer kleinen Figur darüber aufgestellt. Bei den letzten Renovierungsarbeiten entdeckte man auch Reste romanischer Fresken in den zugemauerten Fensterlaibungen, die frei gelegt wurden und vom Kirchenschiff aus zu sehen sind.

Das Pfarrhaus von St. Walburga

Kirchen Info

St. Walburga: Walburgisstraße 26, 53332 Bornheim-Walberberg, Tel.: (02227) 33 37, Fax: (02227) 83 02 18. *Gottesdienste:* Di 18.30 Uhr, Sa 18.45 Uhr, So 10.30 Uhr. *Öffnungszeiten:* täglich 8–19 Uhr, außerhalb der Gottesdienste

Neuwied
26 Abtei Rommersdorf

Anfahrt

PKW: B 42 bis zur Abfahrt Neuwied-Bock, dann nordwärts auf der Landstraße nach Neuwied-Heimbach-Weis, im Ort weiter der Straße „Am Königs-
gericht" folgen, dann links in die Stiftstraße. Vor dem Tor zur Klosterzufahrt
(rechts) befindet sich ein Parkplatz.

ÖPNV: Von Köln mit der Regionalbahn nach Neuwied, dort mit den Buslinien 70 oder 71 nach Neuwied-Heimbach-Weis bis zur Haltestelle „Berufs-
bildungswerk" (Klosterzufahrt rechts) www.vrminfo.de

Blick vom Barockgarten auf die Gebäude der Abtei Rommersdorf

Im Jahre 1117 gründete der Isenburger Adelige Reginbold von
Rommersdorf oberhalb von Neuwied am Fuße des Westerwal-
des ein Kloster, das aber wegen fehlender wirtschaftlicher
Grundlage schon bald aufgegeben werden musste. 1135 erfolgte die Neugründung durch den Trierer Erzbischof, der hierfür eigens Prämonstratensermönche aus Belgien herbeiholte,
die auch über großes bauhandwerkliches Geschick verfügten.
Sie errichteten eine dreischiffige, frühgotisch kreuzförmige
Klosterkirche mit Kreuzgang und Kapitelsaal, die 1210 geweiht wurde. Die Vogtei über das Kloster hatten die Isenburger Herren bis ins 14. Jahrhundert hinein inne, doch verlor die
Abtei ihre landesherrlichen Rechte im 16. Jahrhundert an die
Grafen von Wied. Nach einem Brand Mitte des 16. Jahrhun-

derts brach man das nördliche Seitenschiff ab. Ab Ende des 17. Jahrhunderts wurden die baufällig gewordenen Klostergebäude erneuert. Die Kirche erhielt 1698 ein neues Westportal, wobei der nördliche Kreuzgangflügel entfernt wurde. In der Folge entstanden zunächst zwei Flügel der Abteigebäude, ab 1778 erfolgte der Ausbau zur heutigen Anlage. 1803 wurde die Abtei aufgelöst und versteigert. Von der wertvollen Klosterbiblio-

Altes Relief in der Abtei Rommersdorf

thek sind nur noch Teile in Trier zu finden. Unter wechselnden Besitzern wurden große Bauteile abgerissen, so vor allem die Südflügel der Klosteranlage, das Parlatorium und das Dormitorium. 1875 setzte man dem Kirchturm ganz dem Zeitgeist entsprechend einen Zinnenkranz auf. 1912 stürzten der Dachstuhl und das Chorgewölbe der Kirche durch einen Brand ein. Heute sind große Teile der Klosteranlage im Besitz der 1972 bzw. 1976 gegründeten „Abtei Rommersdorf Stiftung", die sich erfolgreich um die Restaurierung und den Erhalt des Klosters bemüht.

In den Jahren 1990 bis 1992 konnte die Kirchenruine der Abtei Rommersdorf überdacht werden. Der Kirchturm erhielt wieder seine historisch belegte Barockhaube. Insgesamt ist seither die wertvolle romanisch-frühgotische Bausubstanz der Abteikirche gerettet worden. Die verbliebenen Abteigebäude erhielten einen neuen Anstrich. Auch der Kreuzgang wurde restauriert und im Innenhof ein zauberhafter Kräutergarten angelegt.

Der Kapitelsaal der Abtei Rommersdorf

Der Ostflügel des Kreuzgangs wird noch von romanischen Rundbögen getragen, das Gewölbe ist schon gotisch spitz zulaufend. Der um 1300 entstandene Südflügel ist hochgotisch. Der Westflügel wurde in das barocke Abteigebäude integriert und dient heute als kleiner Ausstellungsraum.

Links:
Blick auf
Turm und
Chorpartie
der Abtei
Rommersdorf

Rechts:
Die filigranen
Fenster des
Chors der
ehemaligen
Abteikirche
Rommersdorf

Vom Ostflügel gelangt man in den Kapitelsaal. Es handelt sich um eine dreischiffige Halle mit drei Jochen. Ihr Gewölbe ruht auf sechs Säulen, die mit unterschiedlich ausgebildeten Kelchkapitellen versehen sind. Der Fußboden aus kunstvoll ornamentierten Fliesen stammt noch aus dem 13. Jahrhundert. Zwischen Kapitelsaal und Kirche befindet sich die nur von der Kirche aus zugängliche Abtskapelle, deren Prunkstück die mit Zackenbögen und Kelchknospenkapitellen geschmückte Arkade ist. Die beiden restaurierten Refektorien, die an den Südflügel des Kreuzgangs grenzen, können für Veranstaltungen gemietet werden. Zauberhaft ist der französische Garten gegenüber dem Hauptportal der Abteigebäude. Im Osten breitet sich ein großer englischer Garten aus.

Abtei Info

Abtei Rommersdorf: Stiftsstraße 2, 56566 Neuwied, Tel.: (02622) 83 73 65, Fax: (0262) 83 73 66 www.abtei-rommersdorf.de
Führungen: Ostern–Allerheiligen So/Fei 13–18 Uhr (außer Christi Himmelfahrt, 06./20./27.07./19./26.10., Sonderführungen nach Vereinbarung 55,- Euro
Vermietung: Sommer- und Winterrefektorium für Hochzeiten, Feiern etc. zwischen 300,- Euro und 700,- Euro

27 *Kloster Nonnenwerth*

Anfahrt

PKW: Von Bonn B 9 bis Rolandswerth, Wegweiser zur Personenfähre nach Nonnenwerth folgen. Dort gibt es einen Parkplatz. Fährbetrieb zur Insel Mo–Fr ab 7 Uhr, letzte Fähre von der Insel 19.45 Uhr, Sa 7–18.45 Uhr, So/Fei 9–19.45 Uhr, kein Fährbetrieb: täglich 12–13 Uhr

ÖNVP: Von Bonn mit der Regionalbahn bis Bonn-Mehlem, dort mit der Buslinie 852 bis Remagen Haltestelle „Fähre Nonnenswerth" (von dort kurzer Fußweg zur Fähranlegestelle) www.vrsinfo.de

Hans Arp Museum: Von Bonn B 9 bis Rolandseck, dort liegt der sogenannte Künstlerbahnhof unmittelbar an der Straße.

Der Nordflügel der Klostergebäude auf der Rheininsel Nonnenwerth

Bei Stromkilometer 642 erstreckt sich die einst Rolandswerth genannte Insel Nonnenwerth im Rhein. Hier steht das Kloster Nonnenwerth, in dem heute ein Gymnasium untergebracht ist. Der größte Teil der Insel befindet sich mit den Kloster- und Schulgebäuden auf Remagener Stadtgebiet. Nur der nördliche Zipfel der Insel gehört zur Stadt Bonn, liegt also auf nordrheinwestfälischem Gebiet. Im Jahre 1126 bestätigte der Kölner Erzbischof Friedrich I. die durch die Abtei Siegburg betriebene Gründung eines Benediktinerinnenklosters „Rolandswerth" auf der Rheininsel unterhalb der auch von Friedrich wenige Jahre zuvor auf linksrheinischem Gebiet begonnenen Burg Rolandseck. Die Bezeichnung dieses Klosters als „Nonnenwerth"

Blick über den Rhein auf die Insel Nonnenwerth mit den Kloster- gebäuden

wurde erst ab dem 17. Jahrhundert üblich. Heute hat man von der längst zur Ruine verfallenen Burg Rolandseck, deren wiedererrichteter Burgbogen im 19. Jahrhundert zum Sinnbild der Rheinromantik wurde, einen wunderbaren Blick auf Kloster und Insel Nonnenwerth.

Im Zuge der napoleonischen Säkularisation wurde das Kloster aufgelöst, die Benediktinerinnen behielten aber ihr Wohnrecht. Nachdem das Rheinland preußisch geworden war, ersteigerte der Gastwirt Sommer die Insel und betrieb in den Klostergebäuden eine Wirtschaft. Hier trafen sich Künstler wie Ernst Moritz Arndt, Karl Simrock oder etwa Ferdinand Freiligrath, die angesichts des Rolandsbogens das Rheinpanorama genossen. In aller Erinnerung ist der Geburtstag von Franz Liszt am 22. Oktober 1841 – die an diesem Tag vor der Westfassade des Klosters gepflanzte Platane ist heute der höchste Baum auf der Insel. Trotz aller illustren Gäste trug sich die Gastwirtschaft nicht. Die Geheimrätin Auguste von Cordier übernahm als Hauptgläubigerin von Gastwirt Sommer die

Das Wappen der Äbtissin Benedicta Conrad im Kapitelsaal

Insel mit dem Ziel, sie der ursprünglichen klösterlichen Bestimmung zurückzugeben. Dies gelang dann ihrer Tochter mithilfe von Ursulinen aus Würzburg. Sie gründete in den Klostergebäuden ein Mädchenpensionat, schloss sich den „Franziskanerinnen von der Buße und der Christlichen Liebe" von Heythusen (Niederlande) an und übte seit 1854 als Mutter Angela das Amt der Oberin und Pensionatsleiterin aus.

Während beider Weltkriege wurden Lazarette in den Klostergebäuden eingerichtet. Der in der Nazizeit geschlossene Schulbetrieb konnte 1945 wieder aufgenommen werden. Der Internatsbetrieb der Schule musste 1978 geschlossen werden, dafür wurde die Koedukation eingeführt und erstmals ein weltlicher Schulleiter eingesetzt. 1991 wurde das klostereigene Bötchen, das die Verbindung zum Festland darstellte, durch eine reguläre Fähre ersetzt und das Klostermuseum eröffnet. Seit 2001 ist wieder eine Schulleiterin im Amt.

Nach einem verheerenden Brand am 31. Januar 1773 wurden aus Sicherheitsgründen alle Gebäude des Klosterkomplexes von Nonnenwerth abgerissen. Zur Vermeidung immer wieder auftretender Hochwasserschäden erhöhte man den Baugrund um einen Meter. Der Grundstein für das neue Kloster wurde schon am 14. April desselben Jahres gelegt. Der Architekt des Neubaus war Nikolaus Lauxen, der durch sein Hauptwerk – der Brauweiler Prälatur – zu Berühmtheit gelangt war. Sein barocker Neubau des Klosters Nonnenwerth bildet einen zwei Binnenhöfe umschließenden, verputzten Komplex mit den Schauseiten an der Nord- und Westfront und hohen, mit Schiefer gedeckten Mansarddächern. Die optischen Gliederungsmerkmale der Fassaden aus Lisenen, Pilastern und Gesimsen wurden aufgeputzt.

Skulpturenschmuck des Klosters Nonnenwerth

Hans Arp Museum

Der klassizistische Bahnhof Rolandseck, 1856 als Endpunkt einer Privat-strecke von Köln gebaut, entwickelte sich nach dem Zweiten Weltkrieg zu einem Künstlertreff von internationalem Rang. Hier ist heute der Sitz des Hans Arp Museums, einer Initiative des Bundes, des Landes Rheinland-Pfalz und der „Stiftung Hans Arp und Sophie Taeuber-Arp e. V.", die ihre umfangreiche Sammlung mit Werken von Hans Arp, Surrealist und Dada-ist, und seiner Frau Sophie Taeuber-Arp zur Verfügung stellt. Das eigentli-che Museum befindet sich oberhalb des Bahnhofs im 2007 eröffneten sogenannten „Meier-Bau" des berühmten Architekten Richard Meier, der auch das Getty-Museum in Los Angeles schuf.

Hans Arp Museum: Hans-Arp-Allee 1, 53424 Remagen,
Tel.: (02228) 94 25-0, Fax: (02228) 94 25 21 www.arpmuseum.de
Öffnungszeiten: Di–So 10–18 Uhr, Eintritt: 5,- Euro, ermäßigt 3,- Euro

Bahnhof Rolandseck

Der Hauptbau umschließt den nörd-lichen quadratischen Binnenhof mit der elfachsigen Nordfassade als Ein-gangsfront. Ihre mittleren drei Ach-sen bilden einen Risalit heraus, der das erste Dachgeschoss mit einbe-zieht und darüber mittig durch einen einfenstrigen Giebelvorbau abge-schlossen wird. Pilaster an den Risa-litkanten und zwischen den Fenstern betonen diesen Porta-lteil der Nordfront. Den östlichen Teil der Hauptfassade bildet die dreiachsige Kapellenfront. Pilaster gliedern ihre dreige-schossige Fassade in einen schmaleren Mittelteil und je zwei breitere Seitenteile. Das Portal im Parterre gleicht dem Haupt-portal und wird von zwei kleineren längsovalen Fenstern flan-kiert. Im Obergeschoss ziehen sich drei hohe Rundbogenfens-ter über den ersten Stock hinaus. Über dem mittleren Fenster ist zusätzlich ein kleines querovales Hochfenster angebracht. Nach oben schließt die Kapellenfassade mit einem auf beiden Seiten in Voluten eingerollten Giebel ab. Darüber bekrönt ein Dachreiter als achtseitig gebrochene Laterne mit geschweif-tem Haubendach und aufgesetzter Zwiebel die Kapellenfront.

Ausmalungen der Klostergebäude ganz im Sinne der Beuroner Malschule

Der Hochaltar in der Klosterkapelle St. Clemens

Die ursprünglich 17-achsige Westfassade wurde 1892 nach Süden um vier Achsen baustilidentisch verlängert. Drei in das untere Mansardgeschoss eingelassene Dreieckgiebel vermitteln einen dreipilastrigen Fassadeneindruck. Das mittlere dieser drei Fassadenelemente ist breiter ausgebaut und birgt im Obergeschoss hinter sich den großen Fest- und Kapitelsaal des Klosters. Die ersten fünf Achsen werden durch die zweigeschossigen Rundbogenfenster der Kapelle gebildet. Den Zusammenhalt zwischen diesen unterschiedlichen Fassadenelementen bilden das Geschossgesims und die aufgesetzte einheitliche Mansarddachkonstruktion. Im Südteil der Westfassade befindet sich auch der Zugang zum südlichen Binnenhof. Doch längst sind die ehemaligen landwirtschaftlich genutzten Wirtschaftsgebäude umgebaut und umgenutzt. Auch wurde

der im Norden der Klostergebäude gelegene Nutzgarten durch die Anlage von Blumenbeeten und Rasenflächen mit einem Springbrunnen in einen englischen Ziergarten verwandelt.

Die Kapelle St. Clemens der Klosteranlage von Nonnenwerth ist als fünfjochiger Saalbau angelegt. Kreuzgratgewölbe, die auf vorgesetzten Pilastern ruhen, tragen die Decke. Der Chorbereich ist in den Süden gelegt und schließt ohne Apside mit einer geraden Mauer ab. In diese Mauer sind in Obergeschosshöhe zwei Rundbogenfenster als Äbtissinnenloge eingesetzt. Im Eingangsbereich auf der Nordseite ruht die Nonnenempore auf vier Säulen. An der Gebäudeinnenseite sind in Höhe des ersten Geschosses in den Achsen geschweifte Balkone angebracht, die Zugang vom sogenannten „Credo-Gang" haben.

Dieser Gang entstand durch spätere Aufstockung des Kreuzgangs zu Beginn des 20. Jahrhunderts und ist ganz im Sinne
der Beuroner Malschule mit entsprechenden Gemälden versehen. Der Hochaltar der Kapelle wurde 1955 aus den Resten eines süddeutschen Barockaltars aufgestellt. Die Krypta unterhalb des Kapellenchores wurde als tonnengewölbter Toten-
chor angelegt. Die letzte Bestattung fand hier 1859 statt.
Besonders attraktiv ist der mit Stuckaturen versehene barocke
Kapitelsaal des Klosters im ersten Stock auf der Westseite.
Mit seinen sechs Fensterachsen nimmt er die gesamte Breite
des mittleren Giebelfeldes der Westfassade ein. Das heutige
Museum befindet sich in dem dreifenstrigen Raum links vom
Hauptportal. Die Um- und Neubauten des 20. Jahrhunderts,
vor allem die nach dem Zweiten Weltkrieg, dienten ganz einer
verbesserten Nutzung der Klostergebäude als Gymnasium.
Dabei blieb aber der barocke Gesamteindruck der Klosteran-
lage erhalten.

Kloster Info

Kloster St. Clemens der Franziskanerinnen von Nonnenwerth:
Insel Nonnenwerth, 53424 Remagen (Rolandseck), Tel.: (02228) 60 09-0,
Fax: (02228) 60 09-230   www.nonnenwerth.org
Schulgottesdienste: mehrfach pro Schuljahr
Pensionszimmer: Preise: DZ 58,- Euro, EZ 32,- Euro, Kurzaufenthalt nur für
Einzelpersonen (Aufschlag 2,- Euro). Feriengästen bietet Kloster Nonnen-
werth Pensionszimmer für Tage der Entspannung, der Stille, der Beschau-
lichkeit und der Begegnung mit der Möglichkeit der Teilnahme an der Litur-
gie und an religiösen Veranstaltungen, Klosterküche mit drei Mahlzeiten
und ein Café.

Gymnasium Nonnenwerth e.V.: Insel Nonnenwerth, 53424 Remagen,
Tel.: (02228) 60 09-4 28   www.nonnenwerth.de

Gastronomie

Restaurant Rolandsbogen: An der Burgruine, 53424 Remagen
Tel.: (02228) 3 72, Fax: (02228) 84 23   www.rolandsbogen.de
Öffnungszeiten: Mi–So 11–23 Uhr, Mo/Di Ruhetage. Das Restaurant bietet
ausgezeichnete Küche und eine Terrasse mit weitem Blick über den Rhein,
das Siebengebirge und Nonnenwerth.

Remagen
28 Kloster Apollinarisberg

Anfahrt

PKW: B 9 von Norden bis zum Ortseingang von Remagen, an der Ampel rechts in die Birresdorfer Straße (Kloster hinter der ersten Kurve). Ein großer Parkplatz ist an der nächsten Kurve.

ÖPNV: Von Köln mit dem Regionalexpress bis Remagen, dort mit der Buslinie 853 bis Haltestelle „Appolinariskirche (Mitte)" www.vrminfo.de

Friedensmuseum „Brücke von Remagen": Von Köln kommend am Ortseingang von Remagen über die Bahnbrücke und dem Verlauf der Drususstraße über den Lafitte-Platz und weiter der Geschwister-Scholl-Straße bis zur Jahnstraße folgen, dort links und sofort wieder rechts in die Von-Lessaux-Straße, dann die zweite Straße links in den Alten Fuhrweg abbiegen, in der Verlängerung rechts der Goethestraße folgen, dann unmittelbar links auf den Zuweg „An der Alten Rheinbrücke" zum Friedensmuseum abbiegen

Blick auf die Klosterkirche Apollinarisberg und die Rheinebene bei Remagen

Bereits römische Soldaten hatten auf dem Apollinarisberg oberhalb von Remagen einen Altarschrein errichtet, wo sie ihrem Gott Jupiter huldigten. Auch die Franken nutzten diese exponierte Kuppe am Rhein und bauten hier ihrem Patron, dem heiligem Martin, eine Kapelle. Im 9. Jahrhundert wurde der hölzerne Bau durch einen romanischen Bau ersetzt, neben dem die Abtei Siegburg im Jahre 1117 eine Propstei gründete. Um 1350 erhielt die Propstei vom Mutterkloster in Siegburg die Gebeine des Märtyrers Apollinaris geschenkt. Die Reliquien

TIPP

Friedensmuseum „Brücke von Remagen"

Die Remagener Eisenbahnbrücke wurde zwischen 1916 und 1918 als Nachschubverbindung für die im Ersten Weltkrieg an der Westfront kämpfenden Truppen erbaut. Am 7. März 1945, im Zweiten Weltkrieg, eroberten amerikanische Truppen diese einzige noch nicht zerstörte Rheinbrücke. Am 17. März 1945 brach dann die beschädigte Brücke in sich zusammen, 28 US-Soldaten fanden dabei den Tod. In den Türmen der Brücke ist seit 1980 das Friedensmuseum „Brücke von Remagen" untergebracht, das die Geschichte der früheren Ludendorffbrücke und des Kriegsgefangenenlagers „Goldene Meile" thematisiert.
Friedensmuseum „Brücke von Remagen": 53424 Remagen
Tel.: (02642) 2 18 63, Fax: (2642) 98 18 21 www.bruecke-remagen.de
Öffnungszeiten: März–Nov. täglich 10–17 Uhr, Mai–Okt. täglich 10–18 Uhr,
Eintritt: 3,50 Euro, Eltern mit Kindern 7,- Euro, Jugendliche 1,- Euro

waren schon bald Anziehungspunkt von Wallfahrten, die bis heute alljährlich von Mitte Juli bis Anfang August stattfinden. Mit Beginn dieser Wallfahrten erhielt die bis dahin Martinsberg genannte Kuppe am Rhein den Namen Apollinarisberg. Als 1794 französische Truppen das linksrheinische Gebiet in Besitz nahmen, wurden Klöster und Orden aufgehoben – die Benediktinerpropstei auf dem Apollinarisberg wurde 1802 endgültig aufgelöst. Die zweckentfremdete Propstei erwarb 1836 Graf Fürstenberg-Stammheim, der den inzwischen verfallenen Gebäudekomplex abreißen ließ, um eine neue Kirche zu errichten. Als Architekten gewann er den Kölner Dombaumeister Ernst Friedrich Zwirner, den Vollender des Kölner Doms. Zwirner entwarf einen neugotischen Bau ganz im Sinne der Romantik und ihrer Rückbesinnung auf den Glanz des Mittelalters. Die in Kreuzform mit gleichlangen Armen angelegte neue Wallfahrtskirche ist ein Meisterwerk der historisierenden Architektur des 19. Jahrhunderts. Vier Türme, hohe Maßwerkfenster in der West- und der Südfront sowie große Rosettenfenster kennzeichnen den Bau. Die Innenwände und Gewölbe wurden großflächig von Künstlern der Nazarener-Schule mit christlichen Motiven, vor allem aus dem Leben Jesu, dem Leben Marias und dem Leben des heiligen Apollinaris ausgemalt.

Der heilige Apollinaris

Apollinaris ist der Legende nach mit Petrus aus Antiochia nach Rom gekommen und wurde von diesem als Glaubensbote nach Ravenna gesandt. Hier wirkte Apollinaris 20 Jahre lang als Bischof, wurde dann aber von Nichtgläubigen um das Jahr 200 n. Chr. brutal misshandelt und erschlagen. Die über dem Grab des Bischofs und Märtyrers Sankt Apollinaris in Ravenna errichtete dreischiffige Basilika Sant Apollinare in Classe konnte im Jahr 549 geweiht werden. Die Reliquien des heiligen Apollinaris sollen 1164 durch Rainald van Dassel, Kanzler des Reiches und Kölner Erzbischof, zusammen mit den Reliquien der Heiligen Drei Könige nach Deutschland verbracht worden sein, wo sie der Abtei Siegburg zugesprochen wurden. Doch konnten sie dort zunächst keine Ruhe finden – in einer Fehde zwischen dem Herzogtum Jülich und der Abtei Siegburg raubte Herzog Wilhelm II. die Gebeine und brachte sie 1383 nach Düsseldorf. Nachweislich wurden dann die Gebeine des Heiligen 1392 in einer feierlichen Prozession durch Düsseldorf getragen. Die Kopf-Reliquie des heiligen Apollinaris hatte aber zuvor ein Ritter mit Namen Gerhard von Einenberg versteckt, sodass diese in Remagen verblieb. Die guten Beziehungen des Jülisch-Bergischen Herzogs zum Papst führten dazu, dass Bonifaz IX. 1394 die Reliquien den Düsseldorfern zusprach und Apollinaris zum Stadtpatron Düsseldorfs wurde. Der Festtag des Heiligen, der 23. Juli, wurde Hauptfeiertag Düsseldorfs – an diesem Tag beginnt in Düsseldorf die Apollinaris-Kirmes als größte Kirmes am Rhein.

Frühchristliches Apsismosaik des heiligen Apollinaris

Am 25. März 1857 konnte die fertiggestellte Apollinariskirche geweiht werden. Wenige Monate später wurde die Hauptreliquie in das aus dem frühen 14. Jahrhundert stammende Hochgrab mit sechsfachen Blendbögen an den Längsseiten und zweiteiligem Blendmaßwerk an den Stirnseiten gebettet, das seither in der Mitte der Krypta steht. Im selben Jahr konnte Graf Fürstenberg-Stammheim Gottesdienste und Pilgerbetreuung der Apollinariskirche Franziskanermönchen anvertrauen, die neben der Kirche ein kleines Kloster errichteten. Als Ende 2006 nur noch sieben Mönche das Klos-

Blick in den Chor der Apollinaris- kirche in Remagen

Skulpturen- schmuck am Portal der Apollinaris- kirche

ter bewohnten, beschloss die Kölnische Franziskanerprovinz als vorgesetzte Stelle, das Kloster auf dem Apollinarisberg zu schließen. Die Verantwortung für Seelsorge und Wallfahrt auf dem Apollinarisberg ist seit dem 01. Februar 2007 auf die Ge- meinschaft der gekreuzigten und auferstandenen Liebe über- tragen.

Kirchen Info

Franziskanerkloster: Apollinarisberg 4, 53424 Remagen,
Tel.: (02642) 208-0, Fax: (02642) 208-200 www.franziskaner-remagen.de
Gottesdienste: Heilige Messe Sa 18 Uhr, So 11 Uhr
Wallfahrt: Erstmals 1384 ist eine Wallfahrt auf den Apollinarisberg bezeugt.
Der katholische Gedenktag des heiligen Apollinaris ist der 20. Juli, der Ge- denktag der Passion der 23, Juli. Die Wallfahrt endet mit einer Schiffspro- zession auf dem Rhein Ende Juli/Anfang August.

Klöster
an der Sieg,
im Westerwald
und im Siebengebirge

Eitorf-Merten
29 St. Agnes

Anfahrt

PKW: A 560 über das Kreuz Bonn/Siegburg bis zum Ausbauende, dann die B8 Richtung Altenkirchen, nach gut 2 km links in die Antoniusstraße über Striefen und Greuelsiefen bis zur L 333 rechts Richtung Blankenberg, nach gut 5 km (Hinweisschild Merten) links in die Hennefer Straße, über die Siegbrücke (in der Verlängerung Schlossstraße) zum Mertener Schloss. Parkplätze gibt es im weiteren Umfeld des Klosters.

ÖPNV: Von Köln Hbf mit den Straßenbahnlinien 19, dann 18 bis Bornheim, Haltestelle „Merten" (von dort über den Burgweg 10 Min. zu Fuß direkt zum Tor der Kirchenanlage) www.vrsinfo.de

Skulpturental Vetere: A 560 bis Abfahrt Hennef, dann der Straße im Siegtal bis Eitorf folgen, nach dem Bahnhof an der Ampel rechts und auf der Asbacher Straße 500 m bis zur Schümmerichstraße fahren. Das Skulpturental befindet sich hinter der Alten Zigarrenfabrik.

Siedlungsgeschichtlich lässt sich die Bezeichnung des kleinen Ortes Merten an der Sieg auf einen frühmittelalterlichen Grundherrn namens Marto zurückführen. Später hatte hier der Ritter Otto von Cappenstein einen befestigten Sitz, von dem noch Fundamentreste und Teile der späteren Umfassungsmauer gegenüber dem Kloster Merten erhalten sind. Sein Sohn Gerhard von Cappenstein übertrug 1267 zusammen mit seiner Frau Aleid sein „gut ze Musbach unde ze Mertene" der Gräfin Mechthild von Sayn zu Lehen. Sie gewährten dem Kloster Merten, als dessen Stifter die Grafen von Sayn gelten und dessen „notleidende" Klosterfrauen schon 1217 von Otto von Cappensein erwähnt wurden, Steuerfreiheit für ihren Landbesitz. Außerdem erhielt das Kloster von dem Sayn'schen Grafengeschlecht die Reliquien der heiligen Agnes, die bis heute Kirchenpatronin ist. Im 13. Jahrhundert konnte das Kloster, dessen Zugehörigkeit zum Augustinerorden seit 1296 belegt ist, über reichlichen Grundbesitz verfügen. Doch nach 1300 ließen die Besitzerweiterungen nach – dem Kloster ging es offensichtlich schlechter. Dennoch blieb es eine Heimstätte für die Töchter der Adelsfamilien und später auch von Beamten und angese-

Links:
Die Orangerie auf dem Gelände des ehemaligen Klosters St. Agnes im Eitorfer Ortsteil Merten

Skulpturental Vetere

In Eitorf hat sich der ehemalige Gastarbeiter, Maler und Bildhauer Gio-vanni Vetere aus Strongoli in Kalabrien niedergelassen – als Künstler ein Autodidakt, dessen grafisches Werk, seine Fresken und Skulpturen inzwi-schen internationales Ansehen gewonnen haben. Hinter seiner Galerie Incontro im Ortszentrum kann sein sogenanntes Skulpturental besichtigt werden, in dem er eine Vielzahl seiner Skulpturen aufgestellt hat. Sein Atelier befindet sich nebenan in den Gebäuden der ehemaligen Zigarren-fabrik. In der Galerie finden Wechselausstellungen statt.

Galerie Incontro: Alte Zigarrenfabrik, Schümmerichstraße 1, 53783 Eitorf, Tel.: (02243) 84 00 86, Fax: (0224) 82 0 88 www.giovanni-vetere.de
Öffnungszeiten: Di–Fr 14–19 Uhr, Sa 10–14 Uhr und nach Vereinbarung

henen Bürgern der Umgebung. Die Zeit des Niedergangs der Klosterkultur im späteren Mittelalter überlebte das Kloster Merten offensichtlich recht gut, doch die Wirren des 16. und 17. Jahrhunderts wie der Geldrische Erbfolgekrieg, der Truch-sessische Krieg und der Dreißigjährige Krieg ließen auch das Kloster Merten nicht unberührt. Am schlimmsten aber war der große Brand von 1699, der Kirche und Klostergebäude bis auf die Grundmauern zerstörte. Angesichts der wirtschaftlich be-engten Situation des Klosters zog sich der Wiederaufbau über

Der Westbau der Kloster-kirche St. Agnes

Jahrzehnte hin. Nach der Säkularisation und Auf-hebung des Klosters konnten die Nonnen noch ein paar Jahre in den Gebäuden wohnen bleiben. Im Jahr 1823 kam dann die Kirche in den Besitz der Gemeinde Merten und dient ihr seither als Pfarrkirche. Zuvor schon hatte Franz Ludwig von Hatzfeld, dessen Nachfahren mit wenigen Unter-brechungen bis 1872 hier saßen, den größten Teil des Klosteranwesens erworben. Nach weite-ren wechselnden Besitzern erwarb Graf Felix Droste zu Vischering von Nesselrode-Reichen-stein Burg und Kloster, und seine Familienmit-glieder bewohnten die Anlage bis 1945. Der Res-taurierung von 1950 ist es zu verdanken, dass die Kirche in ihren romanischen Urzustand zu-

*Der barocke
Torbau des
Klosters
St. Agnes*

rückversetzt worden ist. Im Jahre 1962 ging das Klosteranwesen an das Kuratorium von Schloss Merten/Sieg über.

Heute erhebt sich weithin sichtbar auf einer Anhöhe über einer Flussschleife der Sieg der weiße Turm der St. Agneskirche, die in den Jahrzehnten vor der Wende zum 12. Jahrhundert als dreischiffige Pfeilerbasilika mit drei Ostapsiden und zweitürmigem Westvorbau entstand. Dieser Westvorbau ist wie ein Querriegel dem um eine Mauerstärke breiteren Langhaus vorgesetzt. Der Südturm trägt über dem dritten Geschoss ein Pyramidendach, der Westturm ist fünfgeschossig ausgebaut und mit einem hohen achteckigen Spitzdach auf dem Ansatz einer Pyramide versehen. Der zweigeschossige Unterbau des Westwerks ist durch Lisenen, Friese und Blenden quer gegliedert.

Das Erdgeschoss und das Obergeschoss des Westbaus sind als kreuzgratgewölbte Querhalle bzw. als Nonnenempore jeweils aus drei Jochen ausgebaut. Die Querhalle des Westbaus erschließt sich im Erdgeschoss durch eine Rundbogenöffnung und die Empore durch einen hohen Rundbogen, flankiert von zwei schmalen, niedrigeren Rundbögen, in das Mittelschiff der Klosterkirche. Schlichtheit und Strenge charakterisieren das dreischiffige, fünfjochige und querschifflose Langhaus mit seinen niedrigeren Seitenschiffen. Die Hochschiffwände werden von auf Pfeilern ruhenden Rundbögen getragen, die den Durchlass zu den Seitenschiffen freigeben. Über den Bögen sind in der ungegliederten Wand im Bereich des Obergadens Rundbogenfenster angebracht. Das Langhaus setzt sich in einem einjochigen, dreistufig leicht erhöhten Chorbereich fort. In der halbrund abschließenden Hauptapsis ist die gemauerte romanische Mensa des Hochaltars erhalten. Die Seitenschiffe enden in kleineren, ebenfalls rund abschließenden Seitenapsiden. Der Kirchenraum schließt mit einer flachen Balkendecke ab. Der Brand von 1699 vernichtete die gesamte Inneneinrichtung der Klosterkirche. Die heutigen Ausstattungsgegenstände wie Altäre, die Kanzel, eine Muttergottes-Statue und die holzgeschnitzten farbigen Heiligenfiguren entstammen überwiegend der Barockzeit. Sehenswert sind vor allem eine silberne und zum Teil vergoldete Sonnenmonstranz und ein Kelch aus der Goldschmiede des Kölner Conrad Frings aus der Zeit um 1730.

Von den Klostergebäuden sind im ummauerten Areal noch der Ost- und Südflügel erhalten. Es handelt sich um Bruchsteingebäude aus dem 18. Jahrhundert, die den Kreuzgang als Flur mit einbezogen haben. Der Westflügel war schon 1812 abgerissen worden. Um den Wirtschaftshof stehen einstöckige Bruchsteintrakte mit ausgebauten Mansardendächern – ebenfalls aus dem 18. Jahrhundert. Ein Portal aus dem Jahre 1769 führt den Besucher genau auf die Kirche zu. Den im nördlichen Teil des Areals gelegenen neobarocken Schlossbau errichteten sich die Grafen Droste zu Vischering von Nesselrode-Reichenstein im Jahre 1909. Reizvoll gestaltet ist der Innenhof mit einer Teichanlage und der sogenannten Orangerie, in der sich ein kleines Café befindet. Die Gesamtanlage wird heute als Seniorenwohnpark genutzt, kann aber besichtigt werden.

Kloster Info

Schloss Merten GmbH Seniorenwohnpark: DeSchrevel Gesellschaft für Pflegedienste, Schlossstraße 14, 53783 Eitorf-Merten, Tel.: (02243) 8 60, Fax: (02243) 8 62 55 www.happacher-hof.de oder www.schloss-merten.de *Öffnungszeiten:* Di–So 15–17 Uhr, Führungen für Besuchergruppen durch die Kirche nach vorheriger 14-tägiger Anmeldung möglich, Tel.: (02243) 59 74
Café Orangerie Schloss Merten: Schlossstraße 14, 53783 Eitorf-Merten, Tel.: (02243) 8 60. *Öffnungszeiten:* Di–So 14–17 Uhr

Hennef-Blankenberg
30 St. Katharina

Anfahrt

PKW: A560 über das Kreuz Bonn/Siegburg zum Autobahnende, an der Ampel links in die Europaallee, durch das Gewerbegebiet Hossenberg weiter in Richtung Eitorf, dann Stadt Blankenberg. Parkplätze gibt es unterhalb von Stadt Blankenberg an der „Steiner Mühle", von dort 5 Min. zu Fuß in die historische Altstadt.

ÖPNV: Von Köln Hbf mit der S-Bahnlinie S12 bis zur Haltestelle „Hennef/Sieg", dann mit der Buslinie 579 bis zur Haltestelle „Hennef-Stein" (von dort zu Fuß in die Blankenberger Altstadt) www.vrsinfo.de

Blankenberg liegt malerisch auf einem Felssporn oberhalb des Siegtals, durch das im Mittelalter die einst wichtige Straßenverbindung von Köln nach Frankfurt führte. An diesem strategisch bedeutsamen Standort errichteten die Grafen Sayn im 12. Jahrhundert ein castrum, wie es in den Annalen heißt. Mitte des 13. Jahrhunderts verliehen die Sayn'schen Grafen der Siedlung, die sich auf dem „blanken Berge" um die Burg entwickelt hatte, das Stadtrecht. Schon im Jahre 1227 erfolgte für Blankenberg erstmals die urkundliche Erwähnung der Existenz eines Prämonstratenserinnenklosters, das 1247 in ein von Graf Heinrich III.

Die ehemalige Klosterkirche St. Katharina in Blankenberg

von Sayn und seiner Frau Mechthild von Meißen-Landsberg gestiftetes Zisterzienserinnenkloster umgewandelt wurde. Der Baubeginn der Klosterkirche lässt sich auf das Jahr 1245 datieren, in dem auch die Verleihung der Stadtrechte erfolgt war. Aber schon 1248 wurde die Klosterkirche nach ihrer Fertigstellung von Erzbischof Konrad von Hochstaden, der im

Stadt Blankenberg

Der historische Ortskern von Blankenberg besteht aus Burg, Vorburg, Alt- und Neustadt. Die Umwehrung der Neustadt wurde in der ersten Hälfte des 13. Jahrhunderts fertiggestellt und besteht noch weitgehend bis heute. An die alte Klosterimmunität innerhalb der Stadtmauer erinnert das Torhaus am Marktplatz. Die Stadt wurde im Jülich-Bergisch-Klevi- schen Erbstreit wie auch im Dreißigjährigen Krieg von feindlichen Trup- pen besetzt, die alles verwüsteten und die Burg zur Ruine machten. Der Wiederaufbau erfolgte nur mühsam. Jahrmärkte waren eine wesentliche Einnahmequelle; im 19. Jahrhundert wurde auch Weinbau betrieben, wie man heute noch an dem Herzoglichen Kelterhaus aus dem Jahre 1768 unterhalb der Stadt unschwer erkennen kann. Aber längst lag Blanken- berg schon abseits der modernen Verkehrswege. Die Stadt verarmte, zum alten Stadtkern wurde wenig hinzugebaut, und so sehen wir heute Blan- kenberg mit seinen schön restaurierten Fachwerkhäusern und der weitge- hend wieder errichteten Burg noch so, wie es früher einmal war.

Lange Zeit war Blankenberg im Übrigen die kleinste Stadt Deutschlands. 1934 wurde Blankenberg dann in die Gemeinde Geistingen eingegliedert und verlor die Stadtrechte wieder. Aber in Erinnerung an alte Zeiten heißt der Ort, der seit 1981 zur Gemeinde Hennef gehört, „Stadt Blankenberg". Information: www.stadt-blankenberg.de

Das ehemalige Kelterhaus unterhalb von Blankenberg

gleichen Jahr den Grundstein zum Kölner Dom legte, zu einer selbst- ständigen Pfarrkirche erhoben. Spä- testens bis 1265 waren die Zister- zienserinnen nach Hof Zissendorf, ihrem Hauptbesitz im Siegtal, zu- rückgekehrt. So verkamen die Klos- tergebäude schon im Mittelalter. Aber wesentliche Bestandteile des heutigen Baukörpers der Katharinenkirche entstammen noch dieser Zeit – und dies trotz aller Zerstörungen im Dreißigjährigen Krieg, die den Wie- deraufbau der Kirche im 17. Jahrhundert notwendig machten, wobei man an der Nordseite des Chores einen Treppenturm anbaute.

Das Erscheinungsbild der Blankenberger Katharinenkirche entspricht noch in vielen Merkmalen der in der Mitte des 13. Jahrhunderts üblichen Saalkirchenarchitektur der Zisterzienser. Ihrem nicht eingewölbten, sondern flach gedeckten und gestreckten Langhaus wurde ein fünfseitig geschlossener gotischer Chor als Altarraum angebaut, der von leicht spitzbogigen Fenstern erhellt und einem Kreuzgratgewölbe getragen wird. Dieses Gewölbe wird von beachtenswerten dreisäuligen Dienstbündeln mit Schaftringen und Knospenkapitellen getragen. Auf dem Chorgewölbe setzt – entsprechend dem Kirchturmverbot der Zisterzienser – über einem quadratischen Unterbau ein spitzer Dachreiter auf, der nach dem Dreißigjährigen Krieg erneuert worden war. Das Kirchenschiff stellt sich heute ganz schlicht dar. An der Südwand wurde der vermauerte Durchbruch zum Kreuzgang der ehemaligen Klosteranlage wieder sichtbar gemacht. Wertvolle Fresken aus der zweiten Hälfte des 13. Jahrhunderts konnten nach dem Ersten Weltkrieg im Zuge von Renovierungsarbeiten freigelegt werden. Diese Freskenreste gelten als wichtige Zeugnisse der mittelalterlichen Kunst im Rheinland. Heute kann man in der Apsis und an der südlichen Langhauswand noch vier Motivbereiche erkennen, so die Marienkrönung, Heiligenbildnisse, die Grablegung der heiligen Katharina und eine Bildfolge aus der Legende der heiligen Katharina.

Im Februar 1983 traf die Pfarrkirche St. Katharina ein schwerer Schicksalsschlag – sie wurde Gegenstand einer Brandstiftung. Das Dach des Kirchenschiffes stürzte ein, wertvolle Teile der Innenausstattung fielen den Flammen zum Opfer. Aber schon ein Jahr später war das Langhaus wieder eingedeckt und der Dachreiter neu aufgesetzt. 1985 erhielt die Kirche ihren weißen Außenanstrich zurück und fügt sich so kontrastreich in das Ensemble der Fachwerkhäuser von Blankenberg ein.

Blick in das Kirchenschiff von St. Katharina

Die ehemalige Landesburg von Blankenberg

Kriegsauswirkungen und Brände haben die Inneneinrichtung der Katharinenkirche stark beeinträchtigt. Neben den Freskenresten ist vor allem noch der Taufstein aus dem 13. Jahrhundert auf erneuerten Ecksäulen von Bedeutung. Das Chorgestühl ist den barocken Bänken nachempfunden, auch die Orgel ist eine barocke Kopie. Hinzu erworben worden sind Holzskulpturen der heiligen Katharina aus dem 17. Jahrhundert und eine thronende Muttergottes aus dem 14. Jahrhundert.

Kirchen Info

St. Katharina: Markt 13, 53773 Hennef – Stadt Blankenberg, Tel.: (02248) 22 06. *Öffnungszeiten:* nur gelegentlich, bei Veranstaltungen, Führungen aus besonderem Anlass, Information: s. o.
Gottesdienste: Heilige Messe So 11 Uhr

Gastronomie

Hotel-Restaurant Haus Sonnenschein: Mechtildisstraße 16, 53773 Hennef – Stadt Blankenberg, Tel: (02248) 92 00, Fax: (02248) 9 20 17 www.hotel-haus-sonnenschein.de. Preise: DZ 75,90 Euro, EZ 55,40 Euro *Öffnungszeiten:* warme Küche Mo–Sa 12–15 Uhr, 18–22 Uhr, So 12–21 Uhr Das Hotel befindet sich in einem denkmalgeschützten Fachwerkhaus mit Gewölbekeller im historischen Stadtkern. Neben einem Biergarten mit 80 Plätzen bietet das Restaurant deftige Landküche, Menüs und Speisen, die nach Rezepten des Mittelalters zubereitet und im Wingertkeller, in Anlehnung an die alte Weinbautradition Blankenbergs, serviert werden.

Königswinter-Heisterbach
31 Abtei Heisterbach

Anfahrt

PKW: B42 bis zur Ausfahrt Niederdollendorf, dort den Schildern nach Oberpleis folgen (Abteigelände von Weitem sichtbar). Parkplätze sind vorhanden.

ÖPNV: Von Bonn Hbf mit der Stadtbahnlinie 66 bis zur Haltestelle „Oberdollendorf", dort mit der Buslinie 521 Richtung Oberpleis bis zur Haltestelle „Kloster Heisterbach" www.vrsinfo.de

Im Jahre 1189 bat der Kölner Erzbischof Philipp von Heinsberg die Himmeroder Zisterzienser, im Siebengebirge eine Niederlassung zu gründen. Nach einem kurzen Intermezzo auf dem Petersberg ließen sich die Mönche in dem damals völlig abseits gelegenen Heisterbacher Tal nieder, das seine Bezeichnung von der Lage inmitten eines Buchen(= Heister)-Waldes ableitet. Hier legten die Mönche 1202 den Grundstein für ihre Abteikirche, die am 18. Oktober 1237 geweiht werden konnte. Die Architektur der Kirche entsprach ganz den weiterentwickelten zisterziensischen Bauprinzipien. Bis zur Säkularisation blieb die Kirche in ihrem ursprünglichen Bauzustand beste-

Ruine der Klosterkirche Heisterbach

EXKURS

Caesarius von Heisterbach

Berühmtester Klosterinsasse von Heisterbach war sein Mönch und späterer Prior Caesarius, ein Sohn begüterter Kölner Bürger. Er lebte etwa von 1180 bis 1240. Sein großes „Wunderbuch" Dialogus Magnus Visionum Atque Miraculorum (Großer Dialog von den Sichtweisen und Wundern) verfasste er um 1213/14, was ihn als mittelalterlichen Zeitgenossen von Walter von der Vogelweide und Wolfram von Eschenbach ausweist. Sein Dialogus, der in Form eines Zwiegespräches zwischen einem Mönch und einem Novizen stattfindet, ist ein anschauliches wie gleichermaßen erbauliches Spiegelbild von der mittelalterlichen Welt am Rhein mit ihren Sagen, Geschichten, Mythologien, dem Volkswissen und Volksglauben, aber auch seiner drastischen Widersprüchlichkeit – darüber hinaus ist es gleichzeitig ein Bekenntnis zu den Grundeinstellungen des Reformordens der Zisterzienser, die sich gegen die Verweichlichung des Klosterlebens im Mittelalter wehren und gegen Unglauben, Sünden und ausschweifendes Leben ankämpfen.

Literatur

Helmut Herles: Von Geheimnissen und Wundern des Caesarius von Heisterbach, Bouvier Verlag, Bonn 1990

Gedenkstein für Caesarius von Heisterbach

hen – Informationen darüber liegen deshalb vor, weil der Kölner Kunstsammler Sulpiz Boisserée, der durch das Auffinden der mittelalterlichen Baupläne des Kölner Doms entscheidend zu dessen endgültiger Fertigstellung beitrug, noch exakte Zeichnungen von der Kirche anfertigen ließ.

Nach der Säkularisation wurde die Abtei Heisterbach veräußert, die Kirche – wie so viele andere Klosterkirchen auch – auf Abriss verkauft. Als das Rheinland nach der napoleonischen Zeit an Preußen kam, wurden die Abbrucharbeiten eingestellt. Außer einigen Wirtschaftsgebäuden war von der großartigen Klosteranlage der Chorumgang der Klosterkirche nur noch als Torso übrig geblieben. Das Kircheninventar war verkauft worden, einige Teile davon gelangten in Kirchen des Umfeldes, andere sind heute in Mu-

seen zu sehen oder befinden sich in Privatbesitz, der Rest gilt als verschollen. Im Jahre 1820 kaufte Graf zur Lippe-Biesterfeld den Klosterkomplex – die Kirchenruine selbst war inzwischen zu einem der Inbegriffe der Rheinromantik geworden. Im Jahre 1919 erwarben die Cellitinnen nach der Regel des heiligen Augustinus den Gesamtkomplex von der gräflichen Familie zur Lippe und betreiben in den Gebäuden des Klosterkomplexes aus dem 19. und 20. Jahrhundert ein Altenheim.

Blick in die Chorpartie der Ruine der Klosterkirche

Die Heisterbacher Klosterkirche wies eine Länge von 80 Metern aus, das Querschiff war 40 Meter breit, wie die inzwischen ausgegrabenen und im Klostergelände zugänglichen Fundamente zeigen. Damit war diese Kirche größer als der Altenberger Dom und als alle romanischen Kirchen Kölns. An der Sparsamkeit der angewandten Bauformen des Baukörpers der Klosterkirche Heisterbach zeigt sich, wie sich die asketische Einstellung der Zisterzienser in ihrer Architektur ausdrückt. Doch diese Anforderungen ließen sich im Laufe der Zeit nicht mehr in dieser Strenge durchsetzen. So bietet der wunderschöne und erhaltene Kapellenkranz der Klosterkirche Heisterbach auch ein Beispiel für die Auflockerung zisterziensischer Bauformen.

Torbau der Abtei Heisterbach

Die Klosterimmunität von Heisterbach beinhaltet insgesamt ein Gelände von 40.000 Quadratmetern und wird noch heute von der ursprünglichen Mauer umfasst. Es gab bis zur Säkularisation zur Kirche einen Gebäudekomplex, der neben dem alten Kreuzgang zusätzlich einen schmalen Kreuzgang umfasste, sowie ein Winterrefektorium und ein Sommerrefektorium, eine Schmiede und einen Winkelbau an der neuen Abtei. Wo diese Gebäude lagen und wie sie einander zugeordnet waren, konnte bis heute nicht geklärt werden. Von den ursprünglichen Klosternebengebäuden ist beispielsweise noch das Torhaus aus dem Jahr 1750 erhalten geblieben. Sein rundbogiges Portal und das Mansarddach weisen es als stilreinen Barockbau aus. Das Tor wird an der Eingangsseite von Statuen der beiden Vorbilder des Zisterzienserordens, des heiligen Benedikts von Nursia und von Bernhard von Clairveaux, flankiert. Darüber hinaus gibt es noch den ehemaligen Küchenhof von 1722/23, der jetzt die Klosterstube beherbergt, die alte Zehntscheune und das alte Brauhaus aus dem Jahre 1711, das heute als Tagungszentrum fungiert.

Kreuz und Wappen am Torbau der Abtei Heisterbach

Abtei Info

Abteikirche Heisterbach: Stiftung Abtei Heisterbach, Rennenberg-straße 1, 53639 Königswinter, Tel.: (02223) 92 40 0, Fax: (02223) 2 27 46 www.abtei-heisterbach.de
Öffnungszeiten: Klostergelände tagsüber frei zugänglich, Führungen vermittelt die Stiftung (s. o.)

Klassik in der Scheune: Kammermusikalische Konzertreihe mit dem Ensemble van Beethoven, Teil des vom Landschaftsverband Rheinland geförderten Projekts „Musik in Klöstern"
Programm unter: www.abtei-heisterbach.de

Kloster Heisterbach Altenheim: Heisterbacher Straße 304, 53639 Königswinter, Tel.: (02223) 70 20
Es handelt sich um ein gemeinnütziges katholisches Alten- und Pflege-heim für ältere Menschen aller Glaubensrichtungen – eingebettet in die historische Klosteranlage, umgeben von der reizvollen Landschaft des Siebengebirges.

Gastronomie

Café-Restaurant Klosterstübchen: Heisterbacher Straße 304, 53639 Königswinter, Tel.: (02223) 7 02-174
www.heisterbach-klosterstube.de
Öffnungszeiten: täglich 11.30–18 Uhr
Das Klosterstübchen ist ein mitten im Kloster gelegenes Wanderer-Café mit Selbstbedienung. Spezialität sind die Reibekuchen (Mo–Fr).

Weingut Sülz: Bachstraße 157, 53639 Königswinter-Oberdollendorf, Tel.: (02223) 30 10, *Öffnungszeiten:* Mo–Fr ab 16 Uhr, Sa/So ab 12 Uhr
Talabwärts von Heisterbach am Ende des Mühlentales, wo bis in das 19. Jahrhundert hinein noch Mühlen in Betrieb waren, ge-legenes ehemaliges Weingut der Abtei, das in altem Ge-mäuer und im schattigen Gar-ten 400 Weine aus renommier-ten deutschen Gütern und einige ausgesuchte Tropfen aus Südafrika anbietet. Die kleine Speisekarte kann sich ebenfalls sehen lassen.

Wirtschaftsgebäude der Abtei Heisterbach

🟩32 *Abtei Marienstatt*

Anfahrt

PKW: A3 bis zur Abfahrt Dierdorf, dort auf der B413 Richtung Hachenburg, vor Hachenburg links in Richtung Betzdorf/Altenkirchen, im Kreisverkehr Richtung Siegburg/Altenkirchen, dann rechts nach Marienstatt. Parkplätze sind vorhanden.

ÖPNV: Ist mit ÖPNV nicht erreichbar.

Abtei-gebäude (heute Gymnasium) der Abtei Marienstatt

Zisterziensermönche aus der Abtei Heisterbach im Siebenge-birge gründeten im Jahre 1212 ein Tochterkloster nahe Kirburg im Westerwald, ermöglicht durch eine Güterschenkung des Kölner Burggrafen Eberhard von Aremberg. Aus wirtschaftli-chen Gründen erfolgte nur zehn Jahre später die Umsiedlung der Mönche nach Marienstatt, die ihnen durch Graf Heinrich III. von Sayn und seine Frau Mechthild von Landsberg durch Übertragung der Grundherrschaft Nistria 3 Kilometer von Hachenburg entfernt direkt an der Nister ermöglicht wurde. Damit unterstand das Kloster fortan dem Kölner Erzbischof. Das Kloster kam bald zu hoher Blüte, sodass schon 1227 der erste Bauabschnitt der Kirche fertiggestellt werden konnte. Gerne erwählte der Adel des Umfeldes das Gotteshaus als Begräbnisstätte. Landbesitz und Schenkungen ermöglichten es, dass der Bau der Klosterkirche bis 1420 abgeschlossen

werden konnte. Doch dann forderte die Pest
ihre Opfer, sodass die Abtswahl von 1490 im
Klostergut Arienheller vorgenommen werden musste. Noch problematischer wurde
es, als die Grafen Sayn sich der Reformation
anschlossen, sodass die Mönche zeitweise
sogar die Abtei verlassen mussten. Der Dreißigjährige Krieg brachte Überfälle und Plünderungen mit sich und gefährdete den Wei-
terbestand der Abtei ernstlich. Doch kam es
nach dem Dreißigjährigen Krieg zu einem erneuten Aufschwung der Abtei. Unter Abt Benedikt Bach setzte wieder rege Bautätigkeit
ein, mit der unter anderem die Kirche einer
umfassenden Barockisierung unterzogen
wurde. Unter Abt Petrus Emons wurde 1747
das neue Abteigebäude mit dem vortreten-
den Mittelpavillon eingeweiht. In dieser Zeit
entstanden auch die neue vierbogige Nister-

brücke und das Torhaus. Doch bis zur Aufhebung 1803 dauer-
ten die Auseinandersetzungen mit den Hachenburger Grafen
an, die die Landeshoheit über die Abtei immer wieder bean-
spruchten. In der Franzosenzeit diente das Kloster als Lazarett. Im Zuge der Säkularisation kam das Kloster Marienstatt
an den Grafen Wilhelm von Nassau-Weilbur. Die Klosterkirche
diente danach als Pfarrkirche, sodass sie erhalten bleib. Der
Klosterkomplex wurde 1864 von Bischof Blum von Limburg erworben, der die ruinösen Bauten sanierte und eine Erziehungs-
anstalt für Knaben darin einrichtete. 1888 zogen wieder Zisterzienser aus der Abtei Wettingen-Mehrerau bei Bregenz am Bo-
densee in das Kloster Marienstatt ein. 1909 vervollständigte
man den Abteibau durch den Bibliotheksflügel, an den man den
Erweiterungsbau für den 1910 aufgenommenen Schulbetrieb
anschloss. Am Ende des Zweiten Weltkrieges dienten die Klostergebäude noch als Lazarett, wurden aber kaum beschädigt.
Die Renovierung von 2006 löste schon lange aufgetretene
statische Probleme, gab der Kirche wieder ihren Außenputz, au-

*Oben:
Fresko im
Treppenhaus
des Abtei-
hauptge-
bäudes von
Marienstatt*

*Unten:
Mittelrisalit
des Abtei-
haupt-
gebäudes*

ßerdem wurde der Innenanstrich, der schon Ende des 19. Jahrhunderts seine mittelalterliche Farbigkeit aus warmem Ziegelrot mit weißen Fugen wieder bekommen hatte, erneuert.

Als zu Beginn des 13. Jahrhunderts mit dem Bau der Klosterkirche von Marienstatt begonnen wurde, hatte man sich schon von der burgundisch-zisterziensischen Bauweise gelöst und ging zur französischen Gotik über. Die Marienstatter Kirche zählt denn auch zu den frühesten gotischen Sakralbauten in Deutschland. Vor allem der Kapellenkranz und die Strebepfeiler und -bögen, aber auch Spitzbögen und Kreuzrippengewölbe sind sichtbares Zeichen der Übernahme dieser neuen Architektur. Die kreuzförmig angelegte Kirche hat ein dreischiffiges, siebenjochiges Langhaus mit zweijochigen Querhausarmen und einen einjochigen Chor mit Sieben-Zwölftel-Abschluss.

Wandaufbau im Inneren der Abteikirche

Dieser Chor ist der älteste Bauteil der Kirche. Er wird von einem Umgang mit Kapellenkranz umgeben, der sich in der Breite der Seitenschiffe des Langhauses fortsetzt. Der zweite Bauteil setzt sich in der Vierung und den ersten Langhausjochen fort. Im letzten Bauabschnitt entstanden die vier westlichen Joche, und die Kirche wurde eingewölbt. Entsprechend zisterziensischem Architekturideal ist das Äußere der Kirche streng gegliedert, eine ein-

Blick auf Chor und Vierung der Abteikirche von Marienstatt

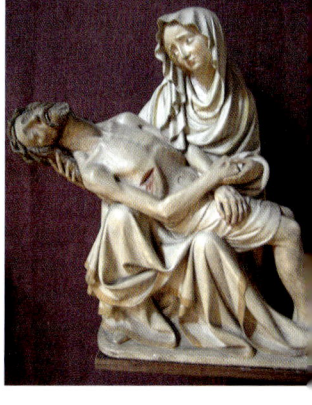

fache und klare Konstruktion bestimmt das Erscheinungsbild des Kircheninneren, und die Kirche trägt nur einen Dachreiter. Im Langhaus tragen massive runde Säulen die Scheidbögen und Gewölbedienste. Der Chor als architektonische Glanzleistung der Kirche ist plastisch durchformter. Die Wandgliederung ist dreizonig mit Arkaden, Blendtriforium und spitzbogigen Fenstern. Hier sind die Kapitelle reicher gestaltet, die Dienste gebündelt und über den Scheidarkaden ist ein

Gnadenbild der Schmerzhaften Mutter in der Abteikirche

Laufgang vor der Fensterzone. Maßwerk tragen nur die Fenster der Querschiffgiebelwände und der Westfront.

Zu der wertvollen Innenausstattung der Abteikirche von Marienstatt zählen vor allem das Gnadenbild, das Chorgestühl, das Ursularetabel, verschiedene barocke Ausstattungsstücke sowie mehrere Gräber. Das Gnadenbild der „Schmerzhaften Mutter" aus Naturstein entstand um 1400 als salzburgische oder böhmische Arbeit und kam 1425 nach Marienstatt. Seither wird hier die Marienwallfahrt gepflegt. Im Jahre 1947 wurde eine Gnadenkapelle an das südliche Seitenschiff der Kirche angebaut, die seither dieses Versperbild beherbergt. Das Chorgestühl entstand um 1200 und besteht aus zwei Doppelreihen dicht aneinander stoßender Sitze. Die Armknäufe sind entweder in Knospenform gestaltet oder zeigen Tier- und Fabelwesen. Besonders reich geschnitzt ist der Abtssitz. Er zeigt einen Pelikan, der seine Jungen mit seinem Blut nährt – ein Bild für Christus und seine Jünger, ein Symbol für den Abt und die Gemeinschaft der Brüder. Das Altarretabel steht heute im Hochchor. Dieser dreiflügelige Ursulaaltar gehört zu den ältesten und bedeutendsten deutschen Flügelaltären. Er entstand um 1350 in einer Kölner Werkstatt. In 5 Metern Breite und einer Höhe von 2,30 Metern stehen in zierlichen Arkaturen zwölf Reliquienbüsten, darüber die Gestalten der Apostel und in der Mittelnische die Gruppe der Marienkrönung. Beeindruckend sind die reiche Gliederung und die Feinheit der Figuren. Eindeutig ist der Bezug zu Köln und dem Kult der heiligen Ursula

Marienstatter Brauhaus

Mit dem noch nicht so lange zurückliegenden Umbau des ehemaligen Pilgerheims zum klostereigenen Brauhaus knüpft die Abtei Marienstatt an ihre Jahrhunderte lange Brautradition und an die Geschichte der früheren Klosterbrauerei an. Die Brautradition im Kloster geht fast bis auf die Ursprünge zurück. Bier und Wein gehörten zur täglichen Nahrung der Mönche. Um 1700 ließ Abt Benedikt Bach ein neues Brau- und Backhaus errichten. 1898 erteilte der Kreisausschuss des Oberwesterwaldkreises Abt Konrad Kolb die Erlaubnis, in den Lokalitäten der Abtei Marienstatt eine Gastwirtschaft zu betreiben. 1908 wurde die Brauerei wegen Unwirtschaftlichkeit aber wieder geschlossen. Am 1. Mai 2004 wurde um 11 Uhr im neuen Marienstatter Brauhaus das erste Fass mit untergärigem, naturtrüben dunklen Landbier mit einem Stammwürzegehalt von 12,7–13 % und einem Alkoholgehalt von 5,5 % angestochen. Das Brauhaus ist gleichzeitig Gaststätte mit bodenständiger, regionaler Küche, die in rustikalen Räumen oder im wunderschönen Biergarten serviert wird.

Marienstatter Brauhaus: Tel.. (02662) 95 35 300, Fax: (02662) 95 35 333, Öffnungszeiten: Di–Sa ab 11 Uhr, So/Fei ab 10.30 Uhr, Mo Ruhetag

Der Biergarten des Marienstatter Brauhauses

mit der Legende der 11.000 Jungfrauen. Haltung und Gewandung der Apostelfiguren verraten nahe Verwandtschaft mit den Apostelfiguren des Kölner Domes. Aus der Barockzeit stammen drei Altäre aus schwarzem und rotem Lahnmarmor an der Südwand der Kirche, die der sogenannten Hadamer Schule zugerechnet werden, einer Bildhauerschule, die im beginnenden 18. Jahrhundert über das bei Limburg gelegene Hadamar hinaus große Bedeutung fand. Die drei Altäre sind der Allerheiligsten Dreifaltigkeit, der heiligen Barbara und dem heiligen Antonius geweiht. Reich verziert ist der barocke Beichtstuhl an der Nordseite des nördlichen Seitenschiffes. Die barocke Dormitoriumstreppe besitzt ein ebenso reich verziertes Eisengeländer und führt zweiläufig in den früheren Schlafsaal der Mönche. Über der Treppe ist eine ebenfalls ba-

Blick durch den Torbau auf die Abteikirche Marienstatt

rocke, 1750 entstandene Uhr angebracht, die von Löwen flankiert wird. Das bedeutendste unter den Gräbern ist das Ende des 15. Jahrhunderts erarbeitete Doppelgrabmal des Grafen Gerhard II. von Sayn und seiner Frau Elisabeth von Sierck mit holzgeschnitzten und farbig gefassten Figuren des Bildhauermeisters Tilman van der Burch aus Koblenz. Gusseisern ist die Grabplatte des Chorherrn Johann Pithan von der Insel Niederwerth. Die zweite gusseiserne Platte ließ Johann von Selbach bereits zu seinen Lebzeiten anfertigen. Beachtenswert sind auch die Grabsteine des Grafen Johann von Sayn und seiner Frau Maria von Limburg mit schönen Reliefdarstellungen.

Die Abteigebäude umschließen heute zwei Innenhöfe, den nördlichen umgibt der Kreuzgang. Der 1747 fertiggestellte Hauptbau ist eine am Schlossbau orientierte Dreiflügelanlage mit Ehrenhof. Blickfang des Gebäudes sind der Mittelrisalit aus Naturstein mit dem Wappen des Abtes Petrus Emons und in der Nische darunter die gekrönte Muttergottes mit Zepter und Jesuskind. Durch das Portal gelangt man in die Eingangshalle mit zweiarmiger Treppenanlage mit reich geschnitztem Geländer aus Eichenholz. Die Decke ist mit Stuckleisten und Malereien versehen, in der Mitte den griechischen Gott Chronos darstellend. Der barocke Kreuzgang mit Pilastergliederung und Kreuzgratgewölben birgt noch Figuren aus dieser Zeit. Aus der mittelalterlichen Substanz stammen noch einige Spitzbogenportale, die vom Kreuzgang ausgehen. Von den barocken Wirtschaftsgebäuden ist die ehemalige Mühle gegenüber der Klos-

Die barocke Steinbrücke zur Abtei Marienstatt

terpforte erhalten, die heute Werkstätten beherbergt. Über dem Pfortendurchgang des Pfortenhauses aus dem Jahr 1754 steht eine Figur des heiligen Bernhard. Es schließt sich eine Allee an, die direkt auf das Hauptportal der Kirche zuführt. Eine teilweise aus dem Mittelalter stammende Bruchsteinmauer trennt bis heute das Klostergelände von der Umgebung. Auf dem Gelände betreibt das Kloster ein Brauhaus mit Restaurant, eine Kunst- und Buchhandlung, ein Gästehaus und ein renommiertes Privatgymnasium.

Abtei Info

Zisterzienserabtei Marienstatt: 57629 Marienstatt, Tel.: (02662) 95 35 0, Fax: (02662) 95 35 111 www.abtei-marienstatt.de
Gottesdienste: Lateinisches Konventamt täglich 5.45 Uhr, Vorabendmesse Sa 18 Uhr, Heilige Messe So 8 Uhr, Lateinisches Hochamt So 9.30 Uhr, Messe So 11 Uhr. *Öffnungszeiten:* täglich 5–20 Uhr

Gästehaus Marienstatt: 57629 Marienstatt, Tel.: (02662) 95 35 0, Fax: (02662) 95 35 222 gast@abtei-marienstatt.de
Die Mönche von Marienstatt bieten Erwachsenen, Jugendlichen und Gruppe die Möglichkeit, Gast im Kloster zu sein (Übernachtung/Vollpension ab 31,- Euro Erwachsene/29,- Euro Jugendliche), Ferienwohnungen zwischen 54,- Euro und 78,- Euro/Tag.

Buch- & Kunsthandlung Marienstatt: 57629 Marienstatt, Tel.: (02662) 95 35 270, Fax: (02662) 95 35 277
Öffnungszeiten: Mo–Sa 9–18 Uhr, So 10.30–18 Uhr, geschlossen einzelne Tage Jan./Feb. sowie an Feiertagen
Die Verlegung der Buch- und Kunsthandlung in den ehemaligen „Pfertstal" des 1754 neu errichteten barocken Pfortenhauses erfolgte 2002, angeboten werden religiöse Literatur, Geschenkbücher, Kinderbücher, sakrale (Kunst)-Gegenstände etc.

Privates Gymnasium Marienstatt: 57629 Marienstatt, Tel.: (02662) 16 58, Fax: (02662) 53 55 www.marienstatt.bildung-rp.de. Die staatlich anerkannte Privatschule wird von den Zisterziensern der Abtei Marienstatt getragen. Drei Mönche der Abtei gehören dem Lehrerkollegium an.

Neustadt a.d. Wied
33 Kloster Ehrenstein

Anfahrt

PKW: A3 bis zur Abfahrt Neustadt a. d. Wied, im Ort Neustadt Richtung Oberlahr/Puderbach, nach ca. 6 km Hinweisschild „Ehrenstein" (Kloster liegt unmittelbar talaufwärts). Parkplätze sind vorhanden.

ÖPNV: Ist mit ÖPNV nicht erreichbar.

Blick auf Kloster Ehrenstein im Westerwald bei Neusatdt a. d. Wied

Oberhalb von Neustadt an der Wied findet man am Talausgang des Mehrbaches Burg Ehrenstein und das gleichnamige Kreuzherrenkloster. Hier weitet sich das Tal der Wied und wird liebevoll Liebfrauental genannt. Rorich von Uetgenbach, Lehensmann des Kölner Erzbischofs, erbaute auf einem in die Talweitung hineinragenden Felsvorsprung um 1330 Burg Ehrenstein. Vermutlich gab er damit seinen bisherigen Stammsitz auf Burg Uetgenbach im heutigen Ortsteil Krankel von Asbach auf – jedenfalls nannte er sich fortan Herr zu Ehrenstein. Unter seinen Nachfahren wurde die Herrschaft Ehrenstein Kurkölner Lehen, 1449 verkaufte Adam von Uetgenbach Burg und Herrschaft Ehrenstein an seinen Schwager Wilhelm von Nesselrode. 1477 erhob dessen Sohn Bertram von Nesselrode die von seinem Vater unterhalb der Burg erbaute Kapelle zu einer Pfarrkirche und gründete im Bereich der Vorburg 1486 ein Kreuzbrüderkloster, dessen Baulichkeiten 1488 von sechs Priestern und zwei Laienbrüdern bezogen werden konnten. 1502 richtete Bertram von Nesselrode eine Stiftung für vier weitere Priester ein. 1513 wurde die Pfarre dem Kloster inkorporiert. Im Dreißigjährigen Krieg zerstörten schwedische Truppen nicht nur große Teile der Burg, sondern plünderten auch das Kloster. Erst nach vielen Jahren wurde dann 1713 das Kloster zum ersten Mal restauriert. Das Kloster hatte bis zur Säkularisation Bestand, die Pfarrei Peterslahr verblieb sogar bis 1812 unter der Herrschaft des Klosters. Erst 1893 konnten wieder Mönche des Franziskanerordens das Kloster neu beleben. Mangels Nachfolge zogen dann 1953 wieder Kreuzbrüder in das Kloster ein. Ab 1976 wurde die Klosterkirche grundlegend restauriert, 1976 war auch der Umbau des Klostergebäudes fertiggestellt. Dazu konnte nur das Erdgeschoss erhalten bleiben, Obergeschoss und Dach mussten erneuert werden. 1998 gaben die Kreuzbrüder das Kloster auf, doch seit 1999 wird es von Montfortaner Patres bewohnt. Man kann Gästezimmer mieten und einige Zeit mit den Patres im Kloster leben.

Bei der Klosterkirche handelt es sich um eine spätgotische Dreifaltigkeitskirche, eine einschiffige Anlage mit angefügtem Chor. In der Kirche findet sich eine reiche Ausstattung spätgo-

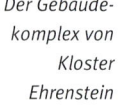

Der Gebäude-komplex von Kloster Ehrenstein

Kreuz und Kreuzwege-station von Kloster Ehrenstein

tischer und barocker Kunstschätze. Dazu zählen eine Pietà, um 1500 entstandene Figuren von Jesus, Johannes dem Täufer und dem heiligen Sebastian im Altarbereich, das Chorgestühl sowie die barocke Kanzel, die um 1650 gefertigt wurde. Besonders beachtenswert sind die original erhaltenen Glasmalereien der Kirche. Die drei Chorfenster stammen aus den Jahren 1470 bis 1480, die Malereien der beiden Kirchenschifffenster aus dem Jahr 1520. Es handelt sich dabei vor allem um acht sogenannte Veduten, also relativ naturgetreue Stadtansichten, wie sie um diese Zeit üblich wurden. Eine dieser Veduten gibt ein realistisches Bild der Burg Ehrenstein wider.

Übrigens wurden im Zweiten Weltkrieg viele Einzelstücke des Kunstmuseums des Erzbistums Köln in den Westerwald ausgelagert. Hier waren sie unter anderem im Turm der Kirche von Peterslahr, in einem Schrank bei der Witwe Strüder ebenfalls in Peterslahr, in der Krypta der Kirche von Oberlahr und im Kloster Ehrenstein eingelagert. So konnten sie nicht nur vor den alliierten Bombern, sondern auch vor den Häschern Hermann Görings gerettet werden, der gern einzelne Stücke aus dem Museum in seine Kunstsammlung einverleibt hätte.

Burg Ehrenstein wurde im Dreißigjährigen Krieg von den schwedischen Truppen zerstört und danach nicht wieder aufgebaut – seither erhebt sie sich als Ruine mit erneut eingedecktem Bergfried oberhalb des Klosters. Die Burgruine befand sich bis

Burg
Ehrenstein

Ende des vorigen Jahrhunderts im Besitz des Hauses Nesselrode. 1993 verzichtete Graf Nesselrode auf seine Eigentums-
rechte an der dringend sanierungsbedürftigen Burgruine, die
seither in Gemeindebesitz ist. Das neben der Kirche liegende
Pfarrheim und die Stallungen gingen nach der Säkularisation
wieder in gräflichen Besitz über, in dem sie sich auch heute
noch befinden. Vom Zugang zum Klostergelände führt ein schö-
ner Stationenweg hinauf bis zum Friedhof der Gemeinde.

Kloster Info

Kreuzbrüderkloster Liebfrauenthal: Kreuzbrüderweg 1–3
Katholisches Pfarramt Sankt Trinitatis, 53577 Neustadt/Wied-Ehrenstein,
Tel.: (02683) 3 12 10, Fax: (02683) 3 13 82
Wallfahrt: Ganzjährig zum Vesperbild und zur Kreuzreliquie, Andacht und
Predigt nach Vereinbarung
Veranstaltungen: Messen, Seminare, Exerzitien

Gastronomie

Zur Eckschänke: Hauptstraße 6, 57641 Oberlahr, Tel.: (02685) 77 92
Öffnungszeiten: täglich ab 11 Uhr

Wanderung:

Das Gasthaus „Zur Eckschänke" ist auf einer wunderbaren Waldwande-
rung über Wanderweg Nr. 6 von Ehrenstein, Anschluss O2, durch die sogenannte „Lahrer Herrlichkeit" zu erreichen. Die rustikale Schänke liegt an
der Kirche, und die Chefin kocht selbst. Auf den Tisch kommt rheinische
Küche in große Portionen zu kleinen Preisen. Der Rückweg führt über
Wanderweg O2 teilweise an der Wied entlang.

34 Haus Marienthal

Anfahrt

PKW: A 3 bis zur Abfahrt Hennef, dort auf die B8 bis Altenkirchen, in der Stadtmitte, unmittelbar vor dem Bahnübergang, links in Richtung Marienthal. Parkplätze sind vorhanden.

ÖPNV: Von Köln mit dem Regionalexpress RE 40 nach Windeck-Au, dort mit dem Regionalexpress RE 28 bis Haltestelle „Hilgenroth–Kloster Marienthal" www.rmv.de

Gebäudetrakt des Klosters Marienthal im Westerwald

Die Geschichte des Klosters Marienthal im Westerwald beginnt legendär: So soll ein Hirte aus Hamm im Jahre 1423 ein Bildnis der Muttergottes, der „Schmerzhaften Mutter" geschnitzt und im Wald aufgestellt haben. Immer mehr Menschen kamen, um an diesem Bildnis Andacht zu halten. 1460 wurde an der Stelle des Bildnisses eine erste Kapelle gebaut, und in dieser Kapelle stellte man eine neue Muttergottes-Statue auf – über den Verbleib des ersten volkstümlichen Bildes ist nichts bekannt. Ende des 15. Jahrhunderts berichtet das Marienthaler Mirakelbüchlein, aufgezeichnet von einem Frater Jacobus, über Wunderheilungen und Wiedererweckungen vom Tode „durch die Gnade unserer Lieben Frau". Seither zog die Kapelle Pilger aus weitem Umkreis an, sodass 1494 eine Wallfahrtskirche errichtet wurde. Als Graf Adolf von Sayn als Landesherr

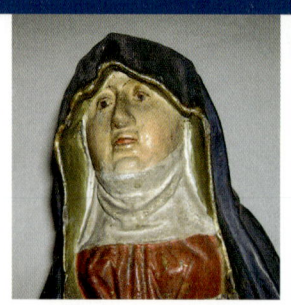

Mittelalter-liche und moderne Skulptur von Haus Marienthal

die Reformation einführte, begannen die Schwierigkeiten für die Wallfahrtskirche Marienthal, die 100 Jahre anhalten soll-ten. Erst 1664, nach dem Dreißigjährigen Krieg, wurde wieder ein katholischer Gottesdienst in Marienthal abgehalten. Zwei Jahre später begann man mit dem Bau eines Klosters bei der Wallfahrtskirche. 1703 war Grundsteinlegung für den Kloster-neubau, den 1704 Franziskaner-Patres bezogen, die die Ma-rienwallfahrt wieder belebten. Das Klostergebäude war schon bald baufällig, sodass 1756 mit dem Bau des dritten, heutigen Klosters begonnen wurde, das man an die Wallfahrtskirche anfügte. Die Säkularisation führte zum Verkauf der Klosteran-lage an den Freiherrn Everhard von Geyr zu Unkel, der die Kirche der Gemeinde übergab. Er finanzierte auch die Reno-

Bildnis der Schmerz-haften Mutter in der Wall-fahrtskirche Marienthal

vierung des baufälligen Gotteshau-ses, das verkleinert und seines vom Einsturz gefährdeten Turmes beraubt wurde. Formell wurde das Kloster dann 1843 dem Kölner Erzbistum durch Pachtvertrag übertragen. 1892 kehrten dann Franziskaner in das Kloster zurück. Nach dem Zweiten Weltkrieg konnten die Franziskaner das Marienthaler Kloster nicht mehr aufrechterhalten. Das Klostergebäu-de wurde mit einem neuen Anbau in eine Landvolkshochschule umgewid-met. 1983 übernahm dann das Erz-bistum Köln die Baulichkeiten als Ta-gungshaus. So ist einerseits der klö-sterliche Charakter der Anlage erhalten geblieben, andererseits entstand ein modernes Tagungs- und Konferenzhaus mit allen erforderlichen Einrichtungen und hauseigener Küche.

Die Klostergebäude und die Wallfahrtskirche waren schon 1969/70 renoviert worden. Dabei entdeckte man die alten Rankenfresken am Gewölbe der Kirche. Das Gnadenbild aus der Zeit um 1460, das lange auf dem Speicher gelegen hatte und in Vergessenheit geraten war, ist längst restauriert und fand in der nördlichen Seitenkapelle, einst Seitenschiff der Kirche, einen würdigen Platz. Dazu verfügt die Kirche über ein zwei-

tes, kleineres Gnadenbild, das heute in einer Nische der Kirche untergebracht ist. Seit der letzten grundlegenden Erneuerung 1978 erstrahlt der Klosterkomplex mit Kirche in neuem Anstrich, der Garten der Anlage ist parkartig gepflegt und dient als Skulpturenstandort.

Blick in das Kirchenschiff von Marienthal

Haus Info

Haus Marienthal: Am Kloster 15, 57577 Marienthal/Westerwald,
Tel.: (02682) 9 67 00, Fax: (02682) 9 67 01 00 www.haus-marienthal.de
Preise: DZ ab 62,- Euro, EZ ab 36,- Euro

Gastronomie

Waldhotel Imhäuser: Hauptstraße 14, 57577 Marienthal/Westerwald,
Tel.: (02682) 2 71, Fax: (02682) 41 97 www.waldhotel-imhaeuser.de
Preise: DZ ab 63,- Euro, EZ ab 35,50 Euro
Öffnungszeiten: Mai–Okt. Di–So ab 10 Uhr, Mo Ruhetag, Nov.–Apr.
Mi–So ab 10 Uhr, Mo/Di Ruhetag
Das Waldhotel ist in einem alten, gut erhaltenen Fachwerkhaus untergebracht und bietet ein rustikales Restaurant mit Hochzeitsstube und Kaminzimmer sowie einen hervorragenden Weinkeller.

Obernhof
35 Kloster Arnstein

Anfahrt

PKW: A3 bis zur Abfahrt Limburg-Süd, dort auf der B417 in Richtung Diez/ Nassau, in Obernhof (vor Nassau) über eine Brücke über die Lahn zum weithin sichtbaren Kloster Arnstein. Parkmöglichkeiten sind vorhanden.

ÖPNV: Von Köln mit der Bahn nach Koblenz, dort mit der Regionalbahn RB 25 nach Obernhof (von hier zu Fuß zum Kloster Arnstein)

www.bahn.de   www.rmv.de

Kloster Arnstein in Obernhof oberhalb der Lahn

Eindrucksvoll und weithin sichtbar erhebt sich Kloster Arnstein auf steilem Felsgrat gegenüber dem Weinort Obernhof an der Lahn. Hier hatten die Grafen von Arnstein, Herren über den Einrichgau, ihren Sitz, hier errichteten sie im Jahr 981 ihre Burg. Reste dieser Burganlage wie die Grundmauern der Burgkapelle und des heutigen Konvents sind noch vorhanden. Graf Ludwig III., der letzte aus dem Geschlecht der Arnsteiner, blieb kinderlos. Er schloss sich der klösterlichen Erneuerungsbewegung an, die von Norbert von Xanten, dem Begründer des Prämonstratenserordens, ausging, und wandelte die Burg 1139 in ein Kloster dieses Ordens um. Bis zu seinem Tode lebte er selbst als Laienbruder im Kloster, während sich seine Frau Guda von Baumburg in eine Klause in die unmittelbare Umgebung des Klosters zurückzog. 1142 bestätigte Papst Innozenz II. und drei Jahre später Kaiser Konrad III. die Abtei als reichsunmittelbar. Graf Ludwig und seine Frau wurden nach ihrem Tod in der Klosterkirche von Arnstein begraben. Sie hatten ihre Besitzungen dem Kloster vermacht, dazu kamen weitere Schenkungen, sodass das Kloster schnell zur Blüte kam. Die Klosterkirche konnte nach 40-jähriger Bauzeit am 17. September 1208 geweiht werden. In den folgenden Jahrhunderten erlebte das Kloster Arnstein eine wechselhafte Geschichte. Als sich die Fürsten von Nassau dem Protestantismus zuwandten, bekam das Kloster ernsthafte Schwierigkeiten und unterstellte sich deshalb der Schutzherrschaft des Trierer Erzstiftes. Im Dreißigjährigen Krieg wurde das Kloster mehrfach geplündert und verlor seine Ländereien – von diesen Schicksalsschlägen

Die Kloster-kirche Arnstein

hat es sich nie mehr richtig erholt. In der Franzosenzeit dienten die Klostergebäude als Lazarett, dann folgte die Aufhebung, und das Kloster ging in den Besitz der Fürsten von Nassau-Weilburg über. Die Klosterkirche diente seit 1813 als Pfarrkirche, was ihren Abriss verhinderte, der Kellerei- und Konventbau kam in den Besitz der Diözese Limburg. Die Klostergebäude dienten verschiedenen Zwecken, bis die Diözese eine klösterliche Neubelebung anstrebte, um den weiteren Verfall zu verhindern. 1919 übertrug der Bischof von Limburg die Abteigebäude der „Ordensgemeinschaft von den Heiligsten Herzen Jesu und Mariä und der ewigen Anbetung". Seither wirken hier die „Arnsteiner Patres", die auch missionarisch tätig sind. Ihr bekanntester Missionspater war Pater Damian de Veuster, der sich um Leprakranke in Polynesien kümmerte – und 1889 selbst an dieser Krankheit starb. Seit der Einfügung des Herz-Jesu-Bildes in den barocken Hochaltar ist Kloster Arnstein zum Zentrum der Herz-Jesu-Verehrung geworden. Zehn Wallfahrten werden pro Jahr zum Kloster Arnstein durchgeführt. Dazu führen die Arnsteiner Patres eine Jugend-Be-

Wein von der Lahn

Weinbau wird an der Lahn nachweislich seit 1140 betrieben. Wenn früher auch die Rebflächen viel umfangreicher waren, so garantieren bis heute das milde Klima, die geschützte Lage und 1.200 Sonnenstunden im Jahr eine ausreichende Qualität der Weine. Derzeit werden an der Lahn beim Weinort Obernhof und im Seitental des Gelbaches beim Weinort Weinähr an die 8 Hektar Rebflächen in Steillagen kultiviert. Vorherrschend sind die Rebsorten Riesling, Müller Thurgau und Blauer Burgunder. Die meisten Weine von der Lahn werden von den Winzern selbst vermarktet oder in den Restaurants und Gaststätten der Umgebung ausgeschenkt.

Weinstuben

Weingut „Arnsteiner Hof": Bornstraße 9, 56379 Weinähr, Tel.: (02604) 14 71, Fax: (02604) 14 30 www.arnsteiner-hof.de. *Öffnungszeiten: Di–Sa ab 16 Uhr, So/Fei ab 14 Uhr*

Schloss Langenau Ritter- und Weingut: 56379 Obernhof, Tel.: (02604) 94 21 35 www.burgenreich.de. *Öffnungszeiten: täglich ab 12 Uhr*

Gasthaus Bingel: Hauptstraße 15, 56379 Obernhof, Tel.: (02604) 81 72 www.gasthausbingel.de. *Öffnungszeiten: Di–So 10.30–24.00 Uhr, Mo Ruhetag*

Weinbau an der Lahn bei Obernhof

gegnungsstätte, die der Erholung dient, jungen Menschen aber auch die Teilnahme am klösterlichen Leben ermöglicht.

Als man mit dem Bau der Arnsteiner Klosterkirche begann, galt es, das schwierige Gelände auf dem Felssporn durch Stützmauern vor allem für den Hochchor abzusichern. 1359 wurde die Kirche erweitert und eingewölbt. So steht dem zweitürmigen romanischen Westbau mit runder Apsis, der später gotische Fenster erhielt, der ebenfalls doppeltürmige gotische Ostbau mit niedrigem Querschiff und zwei Seitenchören gegenüber. Das Mittelschiff wird von einem gotischen Rippengewölbe auf romanischen Halbrunddiensten und die Vierung von einem achteckigen Gewölbe überspannt. Bei der grundlegenden Renovierung zu Beginn der 70er Jahre des vorigen Jahrhunderts trat die Gewölbebemalung hervor. Auch außen erhielt die Kirche ihren ur-

Im Inneren der Kloster-kirche Arnstein

sprünglich weißen Verputz mit abgesetzten gelben Kanten wieder.

Reich ist die Ausstattung des Klosters. Ein Steinkreuz aus dem 14. Jahrhundert steht vor der romanischen Vorhalle des West-baus, dessen Eichentür mit Beschlägen versehen ist, die aus der Zeit um 1200 stammen. Das Chorgestühl stammt noch aus dem 13. Jahrhundert. Darüber hinaus besitzt die Kirche ein wertvolles spätgotisches Holzkruzifix, im Chor sind mehrere mittelalterliche und barocke Grabdenkmäler eingelassen. Be-sonders herausragend sind der barocke Hochaltar und die Ro-koko-Kanzel. Die Klosterbauten entstanden überwiegend im 16. und 19. Jahrhundert, lediglich der Mönchskonvent stammt im Kern aus der Zeit der Burg – vielleicht war er früher der Pa-las.

Kloster Info

Konvent der Arnsteiner Patres und Wallfahrtsleitung: Kloster Arnstein, 56379 Obernhof, Tel.: (02604) 97 04-0, Fax: (02604) 16 06 www.jbs.sscc.de
Gottesdienste: So 10.30 Uhr, Mo–Fr (Okt.–Apr.) 7.30 Uhr in der Hauskapelle des Klosters, Eingang durch die Pforte, in der Wallfahrtszeit (Mai–Sept.) Di–Do 11 Uhr in der Klosterkirche, Mo/Fr 7.30 Uhr in der Hauskapelle
Öffnungszeiten: 8–18 Uhr, Führungen für Gruppen nach Vereinbarung
Jugendbegegnungsstätte Kloster Arnstein: 56379 Obernhof, Tel.: (02604) 97 04-30, Fax: (02604) 16 06 www.jbs.sscc.de

Siegburg
36 Benedikinerabtei St. Michael

Anfahrt

PKW: A 59 bis zum Dreieck Sankt Augustin West, dort A 560 bis zur Abfahrt Siegburg, Richtung Siegburg bis zum Kaiser-Wilhelm-Platz, der Mühlenstraße folgen, dann rechts in die Bergstraße. Parkplätze sind vorhanden.

ÖPNV: Von Köln Hbf mit der S-Bahnlinie S12 bis Siegburg (von dort zu Fuß in die Innenstadt zum Markt, dann rechts in die Bergstraße) **www.vrsinfo.de**

Die Benediktinerabtei St. Michael von Siegburg

Weithin sichtbar erhebt sich die Tuffsteinbasaltkuppe des einst Siegberg genannten Michaelsberges über der Siegniederung. Auf dem Siegberg stand früher die Burg der Grafen des Auelgaus, deren Besitz im 10. Jahrhundert an die Pfalzgrafen überging. Die Pfalzgrafen und die Kölner Erzbischöfe waren dauerhafte Widersacher. Als Pfalzgraf Heinrich „Der Wütende" aus dem Hause der Ezzonen 1056 in einer erneuten Auseinandersetzung mit den Kölnern unterlag, bemächtigte sich Erzbischof Anno II. des Siegberges und ließ dort im Jahre 1064 anstelle der Burg eine dem heiligen Michael geweihte Benediktinerabtei gründen – seither heißt der Berg Michaelsberg.

Unterhalb des Burgberges entwickelte sich eine Siedlung, der Kaiser Heinrich IV. 1069 Markt-, Zoll- und Münzrechte einräumte. Die Befestigung Siegburgs erfolgte noch im 12. Jahrhundert, Stadtrechte bestanden mindestens seit 1182. Die Abtei

Siegburg entwickelte sich in ihrer Gründungszeit rasch, vor allem auch, weil sich unter ihrem bedeutendsten Abt Kuno ein Zentrum der benediktinischen Reformbewegung etablieren konnte. Die Zahl der Mönche stieg unter seiner Ägide auf über 100 an, und er gründete erste Propsteien wie beispielsweise das Kloster Oberpleis und das Frauenkloster Nonnenwerth. Doch ließ zum Ausgang des Mittelalters die klösterliche Disziplin nach. Die Abtei wurde in ein Adeligenstift umgewandelt.

In der Klosterkirche der Benediktinerabtei St. Michael

Die ursprüngliche Abteikirche auf dem Michaelsberg war ein dreischiffiger Bau mit wenig ausladendem Querschiff und einem schmalen einjochigen Chor mit halbrunder Apsis. Im 12. Jahrhundert wurde ein Turm in das Mittelschiff eingefügt, später der Chor gotisch ausgebaut. Nach einem verheerenden Brand im Jahr 1649 ließ der damals vorstehende Abt Johann von Bock bis 1667 das Langhaus der Kirche im gotisierenden Barockstil neu errichten, der einjochige Chor wurde mit Fünf-Achtel-Abschluss und schlanken dreiteiligen Maßfenstern wieder hergestellt. Der massive fünfgeschossige Westturm der Abtei, der auf seiner hohen Plattform mit vorkragender Galerie einen achtseitigen Aufsatz mit Schweifhaube und Laterne trägt, wurde auf den Turmfundamenten des 12. Jahrhunderts aufgerichtet – und ist bis heute das Wahrzeichen Siegburgs. Die Krypta stellt den ältesten Teil der heutigen Abteikirche auf dem Michaelsberg dar. Ihr Ursprung könnte in einer vorannonischen Burgkapelle der Pfalzgrafen begründet sein.

Von der ursprünglichen Ausstattung der Abteikirche ist durch Brände und Zerstörung wie auch durch Ausbeutung im Zuge der Säkularisation kaum etwas übrig geblieben. Auffallend sind die hellen Fenster, die der Künstler Ernst Jansen-Winkeln 1953 erstellte. Das Chorgestühl stammt aus demselben Jahr.

Siegburger Klosterlikör

Nach dem Zweiten Weltkrieg standen die Mönche der Abtei Siegburg vor den Trümmern ihrer Kirche. Zur Finanzierung des Wiederaufbaus besannen sie sich auf ein altes, in ihrem Besitz befindliches Rezept zur Herstellung von Likör. Das Rezept dieses „Siegburger Abtei-Liqueurs" ist natürlich weiterhin geheim – und Geheimnisse sind in einem Kloster gut aufgehoben. Aber ein wenig verraten die Mönche doch. Der aus wohltuenden Kräuterextrakten wie Thymian, Majoran, Pfefferminz, Enzianwurzel und Lavendelblüten hergestellte Likör erhält seine wunderbare goldene Farbe durch echten Safran.

Der Ansatz für den Likör besteht aus Kräutern, die in reinem Alkohol etwa anderthalb Stunden ziehen und dabei immer wieder umgerührt werden. Danach wird der Ansatz in einen großen Vortank umgefüllt, dem Flüssigzucker, Alkohol und Wasser beigemengt werden. 14 Tage lang ruht diese Mischung. Dann erst wird der Sud filtriert und einem der drei 1.500 Liter fassenden Lagertanks der Abtei zugeführt. Rund 50.000 Flaschen mit 0,1 bis 0,7 Litern verlassen die Abteigemäuer Jahr für Jahr. Die „Bartmännchen" genannten Tonkrüge, die typisch für Siegburg sind, können nur per Hand abgefüllt werden.

Liqueurkeller: Tel.: (02241) 12 92 50

Verkauf: Mo–Fr 8–12 Uhr, 14–17 Uhr, Führung mit Liqueurprobe 1,50 Euro pro Glas, für Gruppen nach Vereinbarung

Im Innenhof der Abtei St. Michael

Die Klais-Orgel wurde 1957 eingebaut. Das hängende Kreuz zwischen Chor und Altarraum aus dem 15. Jahrhundert ist eine Leihgabe des Kölner Schnütgenmuseums. Die an den Langhauswänden angebrachten Figuren stammen aus dem 18. Jahrhundert.

Wichtigste Ausstattungsstücke der Abteikirche auf dem Michaelsberg sind das im Mittelgang befindliche romanische Grab des heilig gesprochenen Erzbischofs Anno aus dem Jahr 1075 sowie der 1183 von Nikolaus von Verdun vollendete Annoschrein, der als eines der Hauptwerke der rheinisch-maasländischen Goldschmiedekunst gilt. Er ist eine Dauerleihgabe der Siegburger Pfarrgemeinde St. Servatius, in deren Be-

sitz die erhaltenen Stücke aus dem nach der Säkularisierung noch erhaltenen Kunstwerken des Michaelsschatzes durch beherztes Eingreifen der Siegburger Bürger übergingen. Die Lang- und Giebelseiten des Schreins sind durch Kleeblattbögen auf gekuppelten Säulen und Eckpilastern gegliedert. Die heute freien Gliederungsfelder waren früher mit kostbaren vergoldeten Silberarbeiten versehen, die alle in den Säkularisationswirren abhanden kamen. Reich verziert sind die Giebelkanten und der Dachfirst mit den aufgesetzten fünf Knäufen aus Email und Filigran.

Von der ursprünglichen mittelalterlichen Klosteranlage gibt es nur noch einzelne Reste wie etwa eine romanische Mauer und in der Nordwestecke noch Räume aus vorannonischer Zeit. Der heutige rechteckige Baukomplex auf den hohen Böschungsmauern, die im Norden und Süden der Abteikirche jeweils einen Hof umschließen, entstanden im 17. und 18. Jahrhundert als einfache Bruchsteintrakte. Im Süden und Osten sind von der Befestigung des Abteiberges noch die spätmittelalterlichen Wehrmauern des 16. Jahrhunderts mit

einem vorkragenden Rundturm, dem Johannistürmchen, an der Südostecke erhalten. Daran schließen sich noch Reste der beiden Mauerzüge an, die die Abteibefestigung mit der Stadtbefestigung verbanden.

Im Zuge der Säkularisation wurde auch die Abtei Siegburg aufgelöst und diente dann als Irrenanstalt und Zuchthaus. Schwere Bombentreffer zerstörten 1944 die Kirche, doch konnte sie schon in den beginnenden 50er Jahren des vergangenen Jahrhunderts wieder hergestellt werden.

Oben:
Kirchenfenster der Abteikirche St. Michael

Unten:
Der mächtige Turm der Abteikirche

Kloster Info

Benediktinerabtei St. Michael: Bergstraße 26, 53721 Siegburg,
Tel.: (02241) 12 90, Fax: (02241) 12 54 20 www.abtei-siegburg.de
Gottesdienste: täglich ab 5.45–19.45 Uhr Morgenlob, Mittagslob, Vesper
und Komplet
Öffnungszeiten: Klosterkirche Mo–Fr 5.30–21 Uhr, Sa/So 5.30–20 Uhr, die
Klostergebäude sind nicht zu besichtigen, Krypta (romanischer und goti-
scher Teil) nur zugänglich im Rahmen von Führungen nach Vereinbarung
Turmbesteigung: Mo–Sa 9–12 Uhr, Mo–Mi/Fr/Sa 14.30–16.30 Uhr,
Eintritt: Erwachsene 1,- Euro, Kinder 0,50 Euro, Einlass an der Klosterpforte

Johannistürmchen mit Wehrgang und Johannisgärtchen:
Öffnungszeiten: tagsüber. Hinter der Abtei gelegene Reste der mittelalterlichen Befestigung, die einen schönen Ausblick auf Bonn, Siebengebirge
und Siegtal bieten.
Führungen: Durch das Klostermuseum So 13.30 Uhr (Treffpunkt: Klosterkirche), ansonsten für Gruppen auf Voranmeldung

Abteimuseum: *Öffnungszeiten:* So 13.30 Uhr mit offener Führung, ansons-
ten nur zugänglich im Rahmen von Führungen nach Vereinbarung
Eintritt: Erwachsene 2,- Euro, Kinder 1,- Euro (incl. Turmbesteigung). Im
Abteimuseum befindet sich eine Ausstellung über die Geschichte der Abtei.

Klostereigene Buch- und Kunsthandlung: Tel.: (02241) 12 91 80
Öffnungszeiten: Mo–Sa 10–12 Uhr, So 11.30–18 Uhr

Abtei-Stuben: Tel.: (02241) 12 91 50, Fax: (02241) 12 91 32
Öffnungszeiten: Di–Sa 12–22 Uhr, So/Fei 11.30–22 Uhr, Mo Ruhetag
Das Kloster-Café und Restaurant bietet gediegene Gastlichkeit mit gepfleg-
ter Küche. Ihm angeschlossen ist ein Hotel-garni.

Jugendgästehaus St. Maurus: Tel./Fax: (02241) 12 92 00
Übernachtung Vollpension: Erwachsene 35,- Euro, Schüler 25,- Euro, Kinder
bis 6 Jahre 20,- Euro. Gästehaus für religiöse Besinnungstage, Schulaufent-
halte, Wallfahrer etc.

Edith-Stein-Exerzitienhaus des Erzbistums Köln: Tel.: (02241) 12 50,
Fax: (02241) 12 54 20 www.edith-stein-exerzitienhaus.de
In den Abteigebäuden 1997 in Erinnerung an die in der Nazizeit gestorbene
und inzwischen heilig gesprochene Nonne jüdischer Herkunft ein-
gerichtetes Haus der Stille, des Gebets und der Einkehr, mit Unterkunft und
Küche.

37 *Kloster Seligenthal*

Anfahrt

PKW: A3 bis zur Abfahrt Lohmar, dort auf der B484 Richtung Siegburg, nach 0,5 km auf die B56 Richtung Much, an der nächsten Abfahrt Stallberg rechts ab, der Beschilderung „Seligenthal" folgen, nach ca. 350 m links, durch Kaldauen am Ende der Straße links zum Klosterhof Seligenthal. Parkplätze sind vorhanden.

ÖPNV: Von Köln Hbf mit der S-Bahnlinie S12 bis Siegburg, dort mit der Buslinie 510 bis zur Haltestelle „Seligenthal" (von dort zu Fuß über die Seligenthaler Straße bis zum Kloster) www.vrsinfo.de

Die Kirche von Kloster Seligenthal

Graf Heinrich III. von Sayn stiftete im Jahre 1231 im einsamen Wahnbachtal unterhalb der heutigen Staumauer der Wahnbachtalsperre Kloster Seligenthal. Mit dem Bau der Klosterkirche, der ältesten erhaltenen Franziskaner-Kirche Deutschlands, wurde 1247 begonnen. Sie konnte 1256 geweiht werden. Großer Landbesitz, Fischereirechte in der Sieg und auch Weinbau führten zu bescheidenem Reichtum des Klosters. 1647 wurden die Klosterkirche und die Klostergebäude Opfer eines Brandes, danach aber wieder hergestellt. Im Rahmen dieser Erneuerung entstand die Vorhalle vor der Westfront;

In der Scheune (heute Restaurant) des Klosters Seligenthal

die Klostergebäude entstanden um 1660. Nach der Säkularisation wurde das Kloster aufgelöst, die Klosterkirche 1834 der Pfarre übereignet, das Klostergut schon vorher versteigert. Doch verfiel die Kirche allmählich, aber erst eine Renovierung in den Jahren 1894 bis 1896 konnte die Bausubstanz retten. Weitere Restaurierungsarbeiten fanden in den Jahren 1964/65 statt. Ab 1996 wurde das inzwischen renovierungsbedürftige Klosterareal in fast vierjähriger Bauzeit zum Hotel-Restaurant „Klosterhof Seligenthal" umgebaut.

Die im zweiten Viertel des 13. Jahrhunderts errichtete Klosterkirche Seligenthal ist ein schlichter spätromanischer verputzter Bruchsteinbau in der Übergangsphase zur Gotik. Dem vierjochigen Hauptschiff ist ein nördliches Seitenschiff beigegeben. Der runde Chorschluss weist schlanke rundbogige Fenster auf, die hohen Seiten des Hauptschiffes haben fünfteilige Fächerfenster, das Seitenschiff kleine rundbogige Fenster. Das Dach trägt über dem Chorhaupt einen vieleckigen verschieferten Glockenturm mit Helm. Der Zugang an der Westfront ist durch einen Vorbau geschützt. Über dem Portal befindet sich ein Spitzbogenfenster zwischen zwei kleinen überhöhten Rundfenstern. Die rosarötliche Fassung des Außenputzes erfolgte nach vorgefundenen Farbresten aus der Ursprungszeit der Kirche, unterteilt durch weiße Fugengestaltung. Die Lisenengliederung ist in Hellgrau abgesetzt, die Fenster sind weiß eingerahmt. Im Inneren der Kirche trennen Pfeiler mit Rundbogenöffnung das Hauptschiff vom Seitenschiff. Die beiden Westjoche des Hauptschiffes sind flach gedeckt, die östlichen sind zwischen Gurtbögen kreuzgratgewölbt, der Chor fünfgliedrig gewölbt. Das Seitenschiff ist vierjochig kreuzgratgewölbt, in dessen vorderem Teil bei den Restaurierungsarbeiten in den Jahren 1964/65 ein altes Bodenmosaik gefunden wurde, das heute durch eine Glasplatte geschützt ist. Seit der Renovierung Ende des 19. Jahrhunderts ist durch Bogenöffnungen der vordere Teil in das Seitenschiff mit einbezogen, früher diente er mit seiner vorkragenden Altarnische möglicherweise als Sei-

*Die Kloster-
gebäude von
Seligenthal*

tenkapelle. In der Nische steht die Holzfigur der thronenden
Madonna – eine um 1400 entstandene norddeutsche Arbeit.
Zudem gibt es verschiedene Konsolfiguren, so die eines Pest-
engels aus der zweiten Hälfte des 15. Jahrhunderts, dem Kölner Meister Tilmann Heysacker zugeschrieben, an der Lang-
schiffwand die des heiligen Rochus mit Pilgerstab von der Mitte des 16. Jahrhunderts und am Pfeiler zum Seitenschiff die
des heiligen Antonius mit Kind aus dem 19. Jahrhundert. Vor
der Kirche steht ein um 1530 gefertigter Kalvarienberg aus Tuff
und Lava, eine mittelrheinische Arbeit mit den drei Figuren
Christus am Kreuz mit Maria und Johannes, die nach Verwitte-
rungsschäden inzwischen restauriert sind.

An die Westseite der Kirche schließt sich einer der beiden erhaltenen Flügel des Klostergevierts an, ein zweigeschossiger
fünfachsiger Bau, der mit der Jahreszahl 1660 datiert ist und
der heute als Pfarrhaus dient. Parallel zur Kirche im Süden gelegen steht als zweiter Flügel ein Bruchsteingebäude mit Fach-
werkobergeschoss. Zum Wahnbach hin stehen noch alte Wirtschaftsgebäude.

Kloster Info

Klosterhof Seligenthal: Hotel-Restaurant, Zum Klosterhof 1, 53721
Siegburg-Seligenthal, Tel.: (02242) 87 47 87, Fax: (02242) 87 47 89
www.klosterhof-seligenthal.de. *Preise:* DZ ab 120,- Euro, EZ ab 90,- Euro
Das Hotel im alten Klosterwohnhaus ist für Hochzeiten sehr beliebt, die
Trauungen können in der Klosterkirche vorgenommen werden, der Stan-
desbeamte kommt in den Klosterhof.

Klöster
in der
Eifel

Bad Neuenahr – Ahrweiler
38 Kloster Calvarienberg

Anfahrt

PKW: A 61 bis zum Dreieck Bad Neuenahr – Ahrweiler, dort auf die A 573 Richtung Ahrweiler, dann Richtung Ahrweiler-Zentrum, am Ende der Wilhelmstraße vor dem Ahrweiler Stadttor links in die Friedrichstraße, über die Ahrbrücke, unmittelbar nach der Brücke halbrechts in die Kalvarienbergstraße und den Hinweisschildern zum Kloster folgen. Parkplätze sind vorhanden.

ÖPNV: Von Köln mit dem Regionalexpress bis Remagen, dort mit der Regionalbahn RB 30 bis Ahrweiler, dort mit der Buslinie 805 bis zur Haltestelle „Kalvarienbergstraße" **www.vrminfo.de**

Auf dem „Kop" genannten Hügel südlich von Ahrweiler stand im Mittelalter der Galgen des Hochgerichts der Stadt. Als ein im Jahr 1440 von einer Pilgerreise ins Heilige Land zurückkehrender, namentlich nicht mehr bekannter „hochehrbarer Ritter", wie es in einer rheinischen Chronik heißt, diesen Hügel sah, glaubte er, die Kreuzigungsstätte Christi auf dem Berg Golgatha (lat. calvaria = Bezeichnung für die Hinrichtungsstätte Jesu Christi vor den Toren Jerusalems) vor sich zu haben. Er verglich die zwischen Ahrweiler und dem „Kop" fließende Ahr mit dem Bache Cedron, im Ort Gierenzheim am Fuß des Hügels erkannte er den Garten Gethsemane. Seine Messung ergab, dass die Entfernung zwischen dem Hügel und der Kirche St. Laurentius in Ahrweiler einerseits und jener zwischen dem Calvarienberg in Jerusalem und dem Palast des Pilatus andererseits übereinstimmen.

Diese Auffassung des Pilgers fand schnell anerkennende Verbreitung, sodass der Ahrweiler Klerus die Verlegung der Richt- und Hinrichtungsstätte auf dem „Kop" ins Gebiet der heutigen Ellig und dessen Umbenennung in „Kalvarienberg" veranlasste. Auf dem Kalvarienberg, der sich schnell zum Wallfahrtsort entwickelte, wurde im Jahre 1502 eine Kapelle errichtet, die der Kölner Erzbischof drei Jahre später weihte, die aber schon bald zu klein für die große Zahl der herbeiströmenden Menschen geworden war. Zwischen den Jahren 1625 und 1627 ent-

Links: Kloster Calvarienberg inmitten von Weinbergen oberhalb von Ahrweiler

Weingut Maibachfarm

Fährt man am Kalvarienberg vorbei das reizvolle Maibachtal aufwärts, kommt man zur Maibachfarm, einem renommierten, ökologisch wirtschaftenden Weinbaubetrieb an der Ahr. Das Gut verfügt über 9 Hektar Rebflächen an der Ahr, überwiegend als Steillagen. Hauptrebsorte ist der Spätburgunder, aber auch der seltene Frühburgunder wird gekeltert. Daneben sind Regent, Acolon, Dornfelder und Portugieser sowie als weiße Sorte Riesling im Angebot. Die Landwirtschaft der Maibachfarm bietet in ihrem Hofladen „Ahr Gourmet" hofeigenen Käse, Fleisch und Wurstwaren. Die Straußwirtschaft des Weingutes wird im Sommer nicht nur von Wanderern gerne aufgesucht.

Weingut Maibachfarm: Im Maibachtal 100, 53474 Bad Neuenahr-Ahrweiler, Tel.: (02641) 3 66 79, Fax: (02641) 3 66 43 www.weingut-maibachfarm.de
Öffnungszeiten: auf Anfrage
Straußwirtschaft: Öffnungszeiten: Juni/Aug.–Okt. Di–So ab 11 Uhr
Ahr Gourmet: Niederhutstraße 21, 53474 Ahrweiler, Tel.: (02641) 3 42 85
Öfnungszeiten: Di–Fr 8–13 Uhr, 14–18 Uhr, Sa 8–18 Uhr
(Nov.–Feb. 8–13 Uhr), So 13–18 Uhr, Mo Ruhetag

Kreuzweg-station von Kloster Calvarienberg

stand durch die tatkräftige Unterstützung Ahrweiler Bürger eine neue, größere Kapelle, von der noch die Krypta unter dem Westteil der heutigen Kirche mit der 14. Station des Kreuzweges von der Ahrbrücke auf den Kalvarienberg erhalten ist. 1630 zogen auf Betreiben des Kölner Kurfürsten Ferdinand dann Franziskaner aus Brühl auf den Kalvarienberg und begannen an der Südseite der Kirche mit dem Bau eines Klosters. Durch ihre Betreuung der Pilger stieg die Zahl der Wallfahrer weiter an, sodass die Franziskaner den Bau der dritten, noch größeren Kirche planten, mit dem aber durch die Wirren des Dreißigjährigen Krieges erst 1664 begonnen werden konnte. 1678 war dann das neue Gotteshaus als einschiffige Hallenkirche fertiggestellt.

Das Franziskanerkloster bestand bis zur Säkularisation. Danach wurde es an den Ahrweiler Vikar Jakob Giesen verstei-

Blick vom Portal der Klosterkirche auf dem Kalvarienberg über die Weinberge an der Ahr

gert. Nach dessen Tod 1817 übernahm eine Ahrweiler Bürgergemeinschaft das Kloster, in dem nunmehr eine Knabenschule untergebracht war. 1838 übersiedelten Ursulinen aus Monschau in die ansonsten leer stehenden Klostergebäude auf dem Kalvarienberg und richteten eine höhere Bildungseinrichtung für Mädchen ein. 1897 errichteten sie anstelle der barocken Klosteranlage einen neugotischen Baukomplex, der heute das Erscheinungsbild der Klosteranlage bestimmt. In der Nazizeit wurde der Lehrbetrieb unterbrochen und 1945 wieder aufgenommen. Heute betreiben die Ursulinen auf dem Kalvarienberg ein staatlich anerkanntes Gymnasium – seit 1997 koedukativ –, eine Realschule für Mädchen, ein Mädcheninternat für alle Altersklassen sowie ein Tagesinternat. Dafür stehen Räumlichkeiten in Gebäuden zur Verfügung, die in den 20er Jahren des vorigen Jahrhunderts und nach dem Zweiten Weltkrieg errichtet wurden.

Zur Klosterkirche führt von der Ahrbrücke ein barocker 14-Stationen-Kreuzweg aus dem Jahr 1732 empor. Die 1678 fertiggestellte Klosterkirche ist ein Barockbau mit gotischen Elementen, wie sie der zeitgenössischen Architektur der Franziskaner entsprach. Wenn man die Stufen zum Kirchenportal ersteigt, steht rechts neben dem Zugang die 1737 aufgestellte überle-

Mittelalterliches Ahrweiler

Ahrweiler zählt zu den wenigen Städten Deutschlands, deren mittelalterliche Ummauerung noch vollständig erhalten ist. Vier Stadttore bieten Zugang zu dem von idyllischen Fachwerkhäusern geprägten Ortskern. Ahrweiler wurde als „Arwilere" erstmals 893 in einem Güterverzeichnis der Abtei Prüm erwähnt. Von 1246 bis 1794 gehörte der Ahrgau zum Erzstift Köln. Danach wurde Ahrweiler mit dem gesamten Rheinland preußisch und gehört heute zum Bundesland Rheinland-Pfalz. Trotz Kriegszerstörungen in vielen Jahrhunderten bis hin zum Zweiten Weltkrieg ist neben den Fachwerkhäusern noch viel historische Bausubstanz vorhanden. Als erhaltene mittelalterliche Wohntürme stehen noch der Weiße Turm, den seit dem 17. Jahrhundert eine barocke Haube ziert, und der Kolwenturm am Adenbachtor. Weiterhin sind zwei der sieben mittelalterlichen Adelshöfe, der Blankhartshof und der Deutsche Hof, und zwei Klosterhöfe erhalten, der Prümer Hof und der Rodderhof. Aus antiker Zeit stammt die Römervilla am Silberberg, ein Herrenhaus aus dem 2. bis 3. Jahrhundert. Die Römervilla ist mit großem Badetrakt sehr gut erhalten und kann als Museum besichtigt werden.

Museum Roemervilla: Am Silberberg 1, 53474 Bad Neuenahr – Ahrweiler, Tel.: (02641) 53 11, Fax: (02641) 91 74 38

Öffnungszeiten: 31. März–11. Nov. Di–So 10–17 Uhr, Eintritt: Erwachsene 3,60 Euro, ermäßigt 1,80 Euro, Kinder unter 6 Jahren frei

bensgroße Statue des heiligen Franziskus. Der äußerlich kaum gegliederte Baukörper der Kirche stellt sich in klösterlicher Schlichtheit dar. Lediglich ein achtseitiger Reiter bekrönt sein Dach. Spitzbogige Fenster erhellen das Innere, auch das Gewölbe weist mit seinen spitzen Schildbögen eine Anlehnung an gotische Bauweisen auf, erinnert aber durch seinen niedrigen Scheitel fast an ein Tonnengewölbe. Die Gewölbeflächen tragen dekorative Bemalungen. Im Zuge der Neugestaltung des Klosterkomplexes auf dem Kalvarienberg Ende des 19. Jahrhunderts wurde nördlich quer zum Chor an die bestehende Barockkirche ein Schwesternchor mit einem großen spitz-

Wappen am Zugang zur Klosterkirche

*Blick auf die
Empore der
Klosterkirche
auf dem
Kalvarienberg*

*Kreuzigungs-
gruppe am
Portal der
Klosterkirche*

bogigen Rosettenfenster angefügt. An den
Langhauswänden sind große barocke Holz-
figuren aus der Zeit Ende des 17. Jahrhunderts angebracht, so rechts vom Ordens-
stifter Franz von Assisi, von Antonius von
Padua, von Petrus Alcantera, an der linken
Chorseitenquerwand die der um 1700 entstanden Muttergottes – als „Maria vom Sie-
ge" tituliert – und an der linken Seitenwand
die des heiligen Josef, der heiligen Mutter
Anna und des heiligen Joachim. Die Skulp-
tur der heiligen Angela Merici an der rechten Chorseitenquerwand ist für die Ursulinen als Gründerin ihres Ordens von besonderer Bedeutung – sie wurde zum 300-jährigen Weihe-

Skulpturen-schmuck jubiläum 1978 angebracht. Wertvollstes Ausstattungsstück der Klosterkirche ist die 1505 entstandene spätgotische Kreuzigungsgruppe, die schon in der ersten Kirche auf dem Kalvarienberg stand und jetzt an der Rückwand des Chores ihren Platz als Blickfang in der Kirche gefunden hat.

Kloster Info

Ursulinenkongregation Calvarienberg-Ahrweiler e. V.:
Kalvarienbergstraße 50, 53474 Bad Neuenahr – Ahrweiler,
Tel.: (02641) 38 30, Fax: (02641) 38 31 11 www.ursulinen-calvarienberg.de
Gottesdienste: Laudes So 7.40 Uhr, Messe Mo–Fr 6.30, Schulmesse
Mi/Do 8 Uhr, Vesper Mo/Do/Fr 18.15 Uhr, Vesper Sa 17.30 Uhr
Öffnungszeiten: tagsüber außerhalb der Gottesdienste
Gymnasium Calvarienberg: Tel.: (02641) 38 32 01, Fax: (02641) 44 15
Realschule Calvarienberg: Tel.: (02641) 38 32 51, Fax: (02641) 90 33 36
Internat/Tagesinternat Calvarienberg: Tel.: (02641) 38 32 70,
Fax: (02641) 38 31 11
Geistliches Zentrum Calvarienberg: Bietet „Tage der Stille" für Frauen
zwischen dem 18. und 40. Lebensjahr. „Kloster auf Zeit" ebenfalls für
Frauen zwischen dem 18. und 40. Lebensjahr, die sich die Frage stellen, ob
sie zu einem Leben in einer Ordensgemeinschaft berufen sind, und den
„Angelakreis" für interessierte verheiratete oder unverheiratete Frauen,
die ihr Leben nach dem Evangelium und im Geiste der heiligen Angela,
der Ordensgründerin, gestalten wollen (Kontakt s. o.).

Burgbrohl-Buchholz
39 Propstei St. Servatius

Anfahrt
PKW: B9 bis Bad Breisig, südlich von Bad Breisig in Lützing auf die Land-
straße nach Burgbrohl, hinter dem Ortskern dem Hinweisschild links zur
Propstei Buchholz folgen, 3 km (auf einspuriger Straße) bis zum Weiler
Buchholz. Parkplätze sind vorhanden.
ÖPNV: Ist mit ÖPNV nicht erreichbar.

*Die Kirche
der ehemali-
gen Propstei
St. Servatius
im Burg-
brohler Orts-
teil Buchholz*

Zwischen Burgbrohl und Glees steht abseits früherer und auch
heutiger Verkehrswege auf einer Hochfläche die ehemalige
Propstei St. Servatius im Weiler Buchholz. Hier besaß die Benediktinerabtei (Mönchen)Gladbach einen „Alten Hof", dem
im Jahre 1135 die Einnahmen aus dem Ort, der Landwirtschaft
und den Weinbergen übertragen wurden – damals wurden in
den dem Rhein zugeneigten Tälern noch Weinreben kultiviert,
wie es aus der bis heute erhaltenen Flurbezeichnung „Am Win-
gertsberg" im Gleesbachtal hervorgeht. Dieser Hof war die Keimzelle der späteren Propstei Buchholz. Die große Entfernung
zum Mutterkloster erwies sich als entwicklungshinderlich und
machte die Vögte auf der nahe gelegenen Burg Brohl begehr-
lich, vor allem ging es ihnen um die Wasser-, Fischerei- und
Jagdrechte auf dem Gelände der Propstei.
Die Propsteikirche in Buchholz besteht seit der Mitte des 12.
Jahrhunderts. Der älteste Teil ist das Langhaus mit Seiten-

Der Vulkan-Express

Die Brohltalbahn, die einst von Lützing am Rhein das Brohltal aufwärts bis Kempenich verkehrte, fährt heute als Museumsbahn unter der liebevollen Bezeichnung „Vulkan-Express" bis Engeln. Diese Schmalspurbahn bietet eine abwechslungs- und erlebnisreiche Fahrt mit einer Geschwindigkeit von 20 km/h durch eines der landschaftlich schönsten Seitentäler des Rheins. Steigt man am Bahnhof von Burgbrohl aus, kann man die Propstei Buchholz von hier aus gut zu Fuß erreichen. Die Endhaltestelle liegt auf 465 Metern Höhe im Naturschutzgebiet des Engelner- und Lehrenkopfes.

Verkehrsbüro Brohltal / Vulkan-Express: Kapellenstraße 12 (Rathaus), 56651 Niederzissen, Tel.: (02636) 80 303, Fax: (02636) 80 146, Fahrplanansage: (02636) 80 500 www.vulkan-express.de
Fahrzeiten: Ende Apr.–Ende Okt. Di/Do/Sa/So 9.30 Uhr, 14.10 Uhr ab Lützing, zurück 12.44 Uhr, 17.44 Uhr ab Engeln, Sonderfahrten auf Absprache, Fahrpreis: Gesamtstrecke 10,- Euro, Dampfzuschlag 4,- Euro

Rückwärtige Ansicht der Propsteikirche St. Servatius

schiffen im gebundenen System. In weiteren Bauabschnitten folgten die quadratische Vierung und ein Querschiff aus je einem quadratischen Joch. Dazu kamen Nebenapsiden an den Querschiffarmen und ein quadratisches Chorjoch, das mit einer Rundapsis versehen wurde. Später flankierten zwei Türme das Chorjoch – ob sie aber je fertiggestellt wurden, lässt sich nicht mehr sagen. Die heutige barocke Westfassade wurde der Kirche 1683 vorgesetzt. Zu diesem Zeitpunkt entfernte man die Seitenschiffe, reduzierte das Querschiff beidseitig und verkürzte das Langhaus. Im Zuge der Säkularisation wurde auch die Propstei Buchholz, deren Patron Sankt Servatius damals bereits in Vergessenheit geraten war, aufgehoben und kam in den Besitz mehrerer Landwirte, die den Kirchenbau als Scheune nutzten. Damit verfielen die Propsteigebäude zusehends, die Flankierungstürme, soweit sie damals bestanden hatten, und die Hauptapsis wurden abgebrochen. Gegen Ende des 19. Jahrhunderts waren schon schwere Bauschäden zu beklagen. 1895 wurden notdürftige Erhaltungsmaßnahmen vorgenom-

Barockfront und Fensterdetail der Propsteikirche St. Servatius

men, 1934 erfolgte eine statische Sicherung des Kirchengebäudes. Im Dezember 1951 wurde die Propstei Opfer einer verheerenden Brandstiftung. Der endgültige Verfall schien nicht mehr aufzuhalten zu sein. Da die bisherigen Eigentümer den Kirchenerhalt nicht mehr bewerkstelligen konnten, traten sie die Kirche an den 1984 gegründeten „Förderverein zur Wiederherstellung und Unterhaltung der Propsteikirche Buchholz e. V." ab. Mit Eigenleistungen und öffentlichen Mitteln der Denkmalpflege konnte seither die noch vorhandene Bausubstanz dieser kulturgeschichtlich so bedeutsamen Kirche erhalten und saniert werden. Immerhin zeigt diese Bausubstanz charakteristische Merkmale romanischer Ausführung, besonders was das Langhaus und die Ostfassade betrifft sowie im Inneren die Blendarkaden, Lisenen, Gesimse und Profile.

Die Propsteigebäude, die im Wesentlichen im Kern aus dem 17. Jahrhundert stammen, sind teilweise noch erhalten, als letztes wurde 1970 infolge des verheerenden Brandes der Verbindungtrakt zwischen Kirche und Südflügel abgebrochen. Durch landwirtschaftliche Nutzung sind trotz aller Erhaltungsbemühungen die vorhandenen Gebäude nicht in allerbestem Zustand. Glücklicherweise ist der achteckige Weinbergspavillon mit welscher Haube, den Abt Ambrosius Specht anlässlich der Wiederinstandsetzung eines Weinberges über dem Gleestal im Jahre 1768 errichten ließ, noch erhalten.

Propstei Info

**Vereinbarungen von Führungen und Auskünfte: Hans Bladt,
Von-Brule-Str. 59, 56659 Burgbrohl, Tel.: (02636) 22 61**

Dernau
40 Kloster Marienthal

Anfahrt

PKW: A 61 bis zum Dreieck Bad Neuenahr – Ahrweiler, dort die A 573 Richtung Ahrweiler, dann die B267 Richtung Altenahr, schließlich über die Ahrtal-Strecke nach Marienthal (Kloster rechter Hand). Parkplätze sind vorhanden.

ÖPNV: Von Köln mit dem Regionalexpress bis Remagen, dort mit der Regionalbahn RB 30 bis zur Haltestelle „Dernau" oder mit der Buslinie 841 bis Marienthal www.vrminfo.de

Winzergenossenschaft Mayschoss: Von Bonn B 9 bis Kreuzung mit B 266 vor Sinzig, dort Richtung Bad Neuenahr und Altenahr fahren. In Mayschoss wird die B 266 zur Ahrrotweinstraße.

Die Ruine der Klosterkirche Marienthal im Ahrtal

Marienthal, ein Ort mit nur wenigen Häusern, liegt zwischen Dernau und Walporzheim in einer Flussschleife der Ahr in einem tief eingeschnittenen Seitental. Hier steht Kloster Marienthal als ältestes Kloster im Ahrtal. Zweifelsohne haben die guten Weinlagen im Ahrtal entscheidend zur Standortwahl dieses Klosters beigetragen – hier reifen bis heute auf Tonschieferverwitterungsböden hervorragende fruchtige Spätburgunder- und Portugieserweine heran.

Die Ursprünge des Klosters Marienthal sind in den heutigen Niederlanden zu suchen. Die Grafen von Saffenburg waren gleichzeitig Herren auf Burg Herzogenrath bei Aachen. Auf halber

Das Rheinische Marienlob

Kloster Marienthal gilt als Entstehungsort des „Rheinischen Marien-
lobes", einer der schönsten mittelalterlichen Mariendichtungen. Die
137 Blätter dieser Dichtung mit 5.000 Versen wurden Mitte des 13. Jahr-
hunderts niedergeschrieben und existieren heute als zeitgenössische
Abschrift in der Niedersächsischen Landesbibliothek. Als Verfasser des
„Rheinischen Marienlobes" kommt Prior Thomas, Vorsteher des
Nonnenklosters, in Betracht.

Strecke nach Kerkrade stellten sie im Jahre 1104 Land zur Rodung für die Gründung eines Klosters zur Verfügung – Kloosterrade. Dieses Kloster nahm im 18. Jahrhundert den französischen
Namen Rolduc an und heißt heute Abdij Rolduc (s. S. 94ff). Abt
Borno von Kloosterrade erhielt dann 1136 vom Grafen von
Saffenburg die Erlaubnis zur Errichtung eines Stifts für adelige
Chor- und bürgerliche Laienschwestern an der Ahr. Vier Jahre
später nahm der Kölner Erzbischof Arnold von Wied die Weihe
der Klosterkirche vor. Marienthal gedieh und wurde ein reiches Kloster, erfreute es sich doch des Wohlwollens des einhei-
mischen Adels, der hier so manche seiner Töchter unterbrachte. Damals umfasste die Klosteranlage neben der Kirche und
Unterkünften mit einem Priorhaus eine Küche, eine Brennerei
und Bäckerei und nicht zuletzt Häuser für Kranke und Gäste.
Die Einkünfte aus dem reichen Landbesitz des Klosters flos-
sen kräftig. Doch am Ende des Dreißigjährigen Krieges bran-
nten französische Truppen die Klostergebäude nieder.
Im Jahre 1699 wurde mit dem Wiederaufbau des Klosters begonnen, dessen Bauten nun-
mehr von der mittelalterlichen
Anlage grundlegend abwichen.
Zusätzlich erweiterte man auch
den Klostergarten nach Süden,
in dem 1762 ein Rokoko-Pavillon
errichtet wurde, der als einziger
Teil des Klosterkomplexes aus
der Zeit vor der französischen
Revolution unzerstört erhalten

Herbstlich
gefärbtes
Weinlaub
überzieht die
Klosterruine

Rotwein von der Ahr

Mit den Römern kam die Kultur des Weinbaus an die Mosel und von dort aus an den Rhein und an die Ahr. Mit der Christianisierung im Mittelalter breitete sich das Klosterwesen als großer Förderer des Weinbaus im Ahrtal aus. Vor allem das Kloster Prüm war hier begütert. Über Jahrhunderte spielte der Weinbau eine wichtige wirtschaftliche Rolle an der Ahr, doch Marktferne und der Reblausbefall brachten im 19. Jahrhundert einen Einbruch, von dem sich die Ahrwinzer nur langsam erholten. Ein wichtiger Schritt auf diesem Weg war unter anderem die Gründung von Winzergenossenschaften – in Mayschosss an der Ahr steht die älteste Winzergenossenschaft der Welt! Die Ahr ist das einzige größere deutsche Rotweingebiet. Traditionell wird hier die Spätburgunderrebe kultiviert, daneben auch die Portugieserrebe. Eine wahre Ahrspezialität ist der Frühburgunder, der vor allem im östlichen Teil des Ahrweingebietes kultiviert wird. Doch wachsen auch an einigen Steillagen mit Schieferverwitterungsböden qualitätsvolle Riesling-Weine.

Winzergenossenschaft Mayschoss: Mayschosser Weinkellerei, Ahrrotweinstraße 42, 53508 Mayschoss, Tel.: (02643) 93 60-0,

Fax: (02643) 93 60 93 www.winzergenossenschaft-mayschoss.de
Öffnungszeiten: Kellerei: Mai–Okt. täglich 9–18 Uhr, Nov.–Apr. Mo–Fr 8–18 Uhr, Sa/So/Fei 10–18 Uhr. Die Mayschosser Weinkellerei bietet verschiedene Räumlichkeiten für Feste und Veranstaltungen aller Art.

Weinberge in Marienthal an der Ahr

geblieben ist. 1792 flüchteten die Nonnen vor den einmarschierenden französischen Truppen, die Einrichtungsgegenstände des Klosters gingen an Pfarrkirchen in der Umgebung. 1811 erfolgte die Aufhebung des Klosters, und die Klosterkirche wurde zum Verkauf auf Abbruch angeboten – wovon reger Gebrauch gemacht wurde, wie die wenigen noch existierenden Mauerreste der Kirche zeigen. „Der Eindruck ist wehmütig", schildert Gottfried Kinkel seine Gefühle bei der Betrachtung der Klosterruine in seinem Reisebericht über die Ahr aus dem Jahre 1849. Seither hatte der Klosterkomplex verschiedene Besitzer. Ab 1925 diente der Rokoko-Pavillon als Sitz der rheinland-pfälzischen Weinbaudomäne Marienthal. Die Qualität der Do-

Rokoko-Abteigebäude des Klosters Marienthal an der Ahr

mänen-Weine zeigte sich an den vielen Auszeichnungen, die sie national wie auch international erzielen konnten. Inzwischen ist die Domäne an ein Konsortium von Ahr-Winzern unter Führung des Star-Winzers Meyer-Näkel verkauft worden. Dieses richtete in den Wirtschaftsgebäuden eine Weinschänke ein – im Sommer kann man gemütlich in den Ruinen des Kreuzgangs sitzen.

Kloster Info

Weingut Kloster Marienthal: Klosterstraße 3-5, 53507 Dernau-Marienthal, Tel.: (02641) 9 80 60, Fax: (02641) 98 06 20
www.weingut-kloster-marienthal.de. *Öffnungszeiten:* täglich ab 10 Uhr

Marienthaler Lichterabende: Schlemmerabende mit Buffet und Musik, die jeweils viermal im Sommer in der Weinschänke des Klosterweinguts stattfinden.

Großlittgen
41 Zisterzienserabtei Himmerod

Anfahrt

PKW: A1 bis zum Kreuz Wittlich, dort auf die A60 Richtung Prüm bis Abfahrt Spangdahlem, dann die Landstraße nach Schwarzenborn und weiter in Richtung Eisenschmitt, vor dem Ort Abzweig ins Salmtal, über das Gut Eichelhütte nach Himmerod. Parkplätze sind vorhanden.

ÖPNV: Von Köln mit der Bahn nach Koblenz, dort mit der Regionalbahn nach Wittlich, dann mit den Buslinien 301 und 303 bis zur Haltestelle „Himmerod Kloster" www.bahn.de www.vrminfo.de www.vrt-info.de

*Die Kloster-
kirche
Himmerod
mit dem
typischen
Dachreiter*

Stille und Abgeschiedenheit suchten die Zisterzienser bei der Gründung ihrer Klöster, um dort nach der von ihnen wieder streng ausgelegten benedikinischen Ordensregel „bete und arbeite" zu leben. Um ihren Lebensunterhalt mit der eigenen Hände Arbeit zu bewerkstelligen, machten sie Land urbar, indem sie Wälder rodeten und Sümpfe austrockneten. Der Trierer Erzbischof Albero von Montreuil, ein Freund von Bernhard von Clairvaux, dem Begründer des Zisterzienserordens, bot im Jahr 1134 einen solchen geeigneten Klosterplatz im Kylltal in der südlichen Eifel an. Nachdem Bernhard selbst den Platz in Augenschein genommen hatte und feststellte, dass dieser für das auf Eigenbetrieb eingestellte Kloster nicht genügend Ausdehnungsmöglichkeit bot, siedelte er den Gründungskonvent unter Abt Randulf, der bis 1168 Vorsteher des Klosters blieb, in die tiefe Einsamkeit der ausgedehnten Wälder im Salmtal um. Abt Randulf wohnte mit seinen zwölf Mönchen zunächst auf dem kleinen Gut Haymenrode, einer Rodung des erzstifterischen Bauern Haimo in der Nähe des heutigen Altenhofes. Am neuen Standort zwischen den heutigen Dörfern Eisenschmitt und Großlittgen konnte 1138 das erste Holzkloster von Erzbischof Albero geweiht werden. Albero stellte dann auch die Mittel für den Bau einer großartigen steinernen Klosteranlage bereit. Bernhard entsandte dafür den zisterziensischen Baumeister Archard (= Eckhard), der hier eine dreischiffige romanische Pfeilerbasilika nach dem Vorbild des Mutterklosters in Clairvaux errichtete. Dieser Bau wurde 1178 durch den Trierer Erzbischof Arnold geweiht.

Die Portalfront der Klosterkirche Himmerod

Die wirtschaftliche Grundlage des Klosters Himmerod bildeten neben der Landwirtschaft auch die Fischerei, der Obst-, Gemüse- und vor allem der Weinbau. Betrieben wurde dieser Eigenerwerb durch die Mönche und durch Laienbrüder. Neben der körperlichen hatte auch die geistige Arbeit große Bedeutung im Kloster. In der Schreibstube entstanden wertvolle Handschriften, die aber großenteils nach der Säkularisation verloren gingen. Im Laufe des Mittelalters kehrte man aber zunehmend von der Eigenversorgung ab, was unter anderem zum Niedergang des Klosters führte. Kriege mit Truppeneinlagerungen und Plünderungen taten ein Übriges. Doch nach dem Dreißigjährigen Krieg trat ein neuer Aufschwung des Klosterlebens ein. Unter Abt Robert Bootz wurden bis 1688 die Klostergebäude erneuert. Im 18. Jahrhundert erfolgte dann der Neubau der Klosterkirche mit hochragender, durch Pilaster gegliederter Fassade und monumentaler Westfassade sowie mit dem für zisterziensische Kirchenbauten typischen Dachreiter.

Nach dem Einrücken französischer Revolutionstruppen in das Eifelgebiet floh der Ordenskonvent 1794 in das Tochterkloster Heisterbach bei Bonn. Die Mönche kehrten zwar zurück, konnten aber den Verkauf des Gebäudekomplexes auf Abbruch

Blick in das Kirchenschiff der Klosterkirche Himmerod, dessen Akustik hoch geschätzt wird

nicht verhindern. Die Käufer schlachteten die kulturgeschichtlich so wertvolle Klosteranlage weitgehend aus. Erst 1919 konnte der Zisterzienserorden die ruinierte Abtei zurück erwerben. Der Wiederaufbau dauerte Jahrzehnte; in den 20er Jahren des vorigen Jahrhunderts entstand das Klostergeviert mit dem Kreuzgang auf den Fundamenten des 17. Jahrhunderts neu, die Kirche wurde nach dem Zweiten Weltkrieg originalgetreu wieder errichtet. Das älteste erhaltene Klostergebäude, die Alte Mühle, wurde 1998 zum Museum und zur internationalen Begegnungsstätte umgewandelt. Die Dokumentation zur Geschichte des Zisterzienserordens, das Museum für Emailkunst, die Mühleneinrichtung, die Buchhandlung, die Gastronomie und die Fischzucht runden das breit gefächerte Angebot der Abtei für Besucher ab.

Im Zuge der Wiederbelebung des Klosterlebens in Himmerod fand auch die Wallfahrtbewegung einen neuen Anfang. Ziel war früher ein Gnadenbild, das in der Gnadenkapelle, die als Anbau an die alte romanische Abteikirche erst 1692 geweiht und nach dem Zweiten Weltkrieg wiedererrichtet wurde, seinen Platz hatte. 1934 schuf Hans Scheble nach dem Maria-Hilf-Motiv von Lucas Cranach ein neues Gnadenbild als Plastik, das nunmehr gleichfalls in der Gnadenkapelle steht.

Übrigens tagten vom 5. Oktober bis zum 9. Oktober 1950 in Himmerod ehemalige Wehrmachtsoffiziere, um im Auftrag der Bundesregierung unter Bundeskanzler Konrad Adenauer angesichts des Korea-Krieges die deutsche Wiederbewaffnung vorzubereiten. Das Ergebnis der Tagung war die „Himmeroder Denkschrift" mit der Empfehlung zur Aufstellung eines deutschen Kontingents im Rahmen einer internationalen Streitmacht zur Verteidigung Westeuropas und zu den Konzepten der „Inneren Führung" und des „Staatsbürgers in Uniform". Dieses Dokument war maßgeblich für die spätere Gründung der Bundeswehr.

Abtei Info

Abtei Himmerod: 54534 Großlittgen, Tel.: (06575) 95 13-0, Fax: (06575) 95 13-48 www.kloster-himmerod.de

Gottesdienste: Vigilien Mo–Sa 4.30 Uhr, Laudes 7 Uhr, Konventamt und Terz 7.30 Uhr, Angelus und Sext 12 Uhr, Non 13.15 Uhr, Vesper 17.45 Uhr, Komplet 19.30 Uhr, So/Fei beginnt das Offizium 15 Minuten früher (3 Nokturnen), das Konventamt um 10 Uhr, die Vesper um 17 Uhr, ebenso Sa.

Öffnungszeiten: Di–Sa 14–17.30 Uhr, So 11–17 Uhr, Mo geschlossen, Nov.–Feb. Sonderöffnungszeiten, *Eintritt:* Erwachsene 2,- Euro, Kinder/Jugendliche 1,- Euro, *Führungen:* nach Vereinbarung 25,- Euro

Orgelkonzerte: Programm unter: www.abteiorgel.de

Buch- und Kunsthandlung: Tel.: (06575) 95 13 28, Fax: (06575) 95 13 39 www.buchhandlung.himmerod.de. *Öffnungszeiten:* März–Okt. Mo–Sa 10–12 Uhr, 13.30–18 Uhr, So ab 11 Uhr, Nov.–Feb. Mo–Sa 10–12.30 Uhr, 13–17 Uhr, So ab 11 Uhr. Das Geschäft bietet neben Büchern und Kunst im angeschlossenen Klosterladen den selbst gebrannten Klosterlikör, eigenes Bier, Brot aus der Mühle, Honig etc. Über die Buchhandlung werden darüber hinaus auch Meditationswochenenden, „Kloster auf Zeit" und Meditationsnächte angeboten.

Gästehaus: Tel.: (06572) 95 13-21, Fax: (06572) 95 13-39

Begegnungsstätte Alte Mühle: Tel.: 95 13 55. Die Korn-, Speicher- und Sägemühle ist das älteste noch vollständig erhaltene Bauwerk in Himmerod aus dem 17. Jahrhundert und dient heute als Veranstaltungsort für Kunst, Bildung, Seminare und Ausstellungen. Darüber hinaus gibt es die original eingerichtete Backstube, in der verschiedene Brotsorten hergestellt werden und im Obergeschoss eine Ausstellung über den Zisterzienserorden.

Öffnungszeiten: Apr.–Okt. Di–Sa 14–17, So 11–17 Uhr, Sonderöffnungszeiten im Winter, Führungen nach Vereinbarung, Tel.: (06572) 93 26 65 oder 95 13-55

Klostergaststätte Himmerod: Tel.: (06572) 95 13-44, Fax: (06572) 95 13-47

Öffnungszeiten: Di–Fr 10–18 Uhr, Sa/So 10–19 Uhr, Mo Ruhetag

Geboten wird klösterliches Gaststätten-Ambiente mit Ausblick auf das Gelände und die Abteikirche. Besonders beliebt sind Fischgerichte aus eigener Zucht sowie der klösterliche Eintopf und das Sonntags-Brunch-Buffet.

Fischerei Himmerod: Tel.: (06575) 90 32 42

Kloster Himmerod verfügt über großzügige Teichanlagen in der näheren Umgebung der Abtei u. a. mit Hechten, Schleien und Karpfen. In der Fischerei werden tagesfrische Räucherforellen, Lachsforellen, Wels, Aal, Barsch und Karpfen (auf Vorbestellung) angeboten. *Öffnungszeiten:* Apr.–Okt. Di–Sa 14–17 Uhr, So 11–17 Uhr, Sonderöffnungszeiten im Winter

Heimbach
42 Abtei Mariawald

Anfahrt

PKW: A1 bis zur Abfahrt Euskirchen, dann die B 56a Richtung Zülpich, bis diese auf die B 265 stößt, dort links Richtung Schleiden bis Vlatten und rechts nach Heimbach (Abtei Mariawald ist ausgeschildert). Parkplätze sind vorhanden.

ÖPNV: Von Köln mit dem Regionalexpress nach Düren, dort mit der Rurtalbahn nach Heimbach, dann mit der RVE-Buslinie 231 bis Haltestelle „Kloster Mariawald" www.bahn.de www.rurtalbahn.de www.rve.eurocit.com

Nationalpark Eifel und „Ordensburg" Vogelsang: Nationalparkshuttle SB 82 ode 63 bis Haltestelle „Adlerhof" www.rvk.de

Die Kirche der Abtei Mariawald in der Eifel bei Heimbach

Mitten im Kermeter, einem der schönsten Waldgebiete der Eifel, erhebt sich die Abtei Mariawald. Der Kermeter ist altes Kulturgebiet. Im Römischen Reich führte die Straße von Köln nach Reims über den Kermeter. Karl der Große nutzte die Wälder in der Eifel als königliches Jagdrevier. Hier im Wald, auf 471 Metern Höhe, stellte im Jahre 1475 Heinrich Fluitter, ein Strohdachdecker aus Heimbach, ein Vesperbild der Schmerzhaften Muttergottes auf. Das Gnadenbild wurde zum Ziel von Wallfahrten, sodass Fluitter zunächst eine hölzerne Kapelle an einer Wegkreuzung zimmerte und die Pietà dort aufstellte. Später baute sich Fluitter eine Zelle an die Kapelle an und betreute von dort aus bis zu seinem Tod die Pilgerstätte. 1480 errichteten dann Zisterzienser aus Bottenbroich bei Bergheim an dieser Stelle ein Kloster. Ab 1494 begannen die Mönche, die hölzerne Kirche durch einen Steinbau zu ersetzen. 1520 konnte die Pietà in einen Schnitzaltar, der verschiedene Szenen aus dem Leben Jesu von Verkündigung bis Tod und Auferstehung zeigt, eingearbeitet werden, und 1539 wurde die neue steinerne Kirche geweiht. In den folgenden Jahrhunderten konnte sich die Abtei durch alle Wirren der Zeit aufrechterhalten, doch mit dem Einmarsch französischer Truppen wurde sie 1795 geschlossen, das Klostergut und das Inventar kamen unter den Hammer. Den wertvollen Antwerpener Schnitzaltar mit dem Gnadenbild konnten die Mönche in die Pfarrkirche von Heimbach retten.

Klostergebäude und Portal der Abteikirche Mariawald

Im 19. Jahrhundert begannen die Klostergebäude zu verfallen. 1860 kaufte dann Ephrem van der Meulen, der Abt des Trappistenklosters Ölenberg im Elsass, das Klostergut. Mit zwei Mönchen aus Ölenberg reaktivierte er das Klosterleben in Mariawald. Der Wiederaufbau der Abtei zog sich aber bis 1891 hin. Nach der weitgehenden Zerstörung der Klostergebäude während der Ardennenoffensive im Zweiten Weltkrieg – man hatte hier ein Feldlazarett eingerichtet – kamen die Mönche im April 1945 wieder zurück und begannen mit dem erneuten Wiederaufbau.

Die auf den alten Fundamenten wieder errichtete Klosterkirche von Mariawald hat ihren spätgotischen Charakter beibehalten. Der einschiffige Bau ist mit Kreuzrippengewölben versehen. Der lang gestreckte Chor weist einen Fünf-Achtel-Abschluss auf. Das Dach trägt im Osten einen Reiter. In der ausgeprägten Westfront ist das spätgotische Maßfenster noch ursprünglich. An der Nordseite befindet sich die ebenfalls noch spätgotische Sakristei. Die heutige schlichte Innengestalt der Abteikirche ganz im Sinne zisterziensischer Bauweise stammt aus den Jahren 1962 bis 1964. Die sich an der Nordseite der Kirche anschließenden Klostergebäude sind noch Ende des 15. Jahrhunderts entstanden, erhielten aber ihre heutige Aus-

Die Glasfenster von Mariawald

Die Geschichte der Glasfenster von Mariawald liest sich wie ein Kriminal-roman. Kirche und Kreuzgang von Mariawald trugen bis zur Säkularisa-tion wertvoll bemalte Glasfenster aus der Zeit um 1500, die vermutlich Kölner Werkstätten entstammen. Sie stellen Szenen aus dem Leben Jesu dar, zeigen aber auch alttestamentarische Motive. Es sind harmonische Kompositionen in gesättigten, leuchtenden Farben, besonders hervor-stechend sind Rot, Grün und Blau. Wie sie aus dem Kloster abhanden kamen, ist unbekannt. Jedenfalls gelangten sie zu Beginn des 19. Jahr-hunderts über einen Kölner Antiquitätenhändler – zusammen u. a. auch mit Glasfenstern aus dem Kloster Steinfeld – nach England, wo reges Interesse an solchen Stücken bestand. Einige der Kirchenfenster befin-den sich heute in der Stephanskirche von Norwich in England. Einen Großteil der Fenster identifizierte man 1930 im Victoria-Albert-Museum in London, wo sie heute noch betrachtet werden können.

gestaltung im 18. Jahrhundert. Der nördliche und westliche Kreuzgangflügel stammen aus dem 19. Jahrhundert. In der Mitte des Kreuzgangs steht ein Brunnen als Quelle des Lebens. Heu-te tragen die spitzen Kreuzgangfenster einfache Gläser – einst waren es wertvolle Glaskunstwerke. Der Bibliothekssaal im Erdgeschoss des Nordflügels und der Speiseraum im Erdge-

Blick in das Innere der Abteikirche Mariawald

Nationalpark Eifel und „Ordensburg" Vogelsang

Die Abtei Mariawald liegt inmitten des Nationalparks Eifel, der im Jahre 2003 als erster Nationalpark Nordrhein-Westfalens geschaffen wurde. Auf einer Fläche von 10.700 Hektar breiten sich hier majestätische Buchenwälder, knorrige Eichenwälder, Schluchten und wilde Bäche aus und bieten die Aussicht auf den Urft- und Rurssee. Im Nationalparkgebiet verzichtet der Mensch auf wirtschaftliche Nutzung, die Natur kann sich frei entfalten – über 230 gefährdete Pflanzen- und Tierarten finden hier ihre lebensnotwendigen Rückzugsgebiete. Die Fläche des bis 2005 von den Belgiern genutzten Truppenübungsplatzes Vogelsang im Nationalparkgebiet ist seit 2006 zum Teil öffentlich zugänglich.

Die Nationalparkverwaltung bietet ein breites Spektrum an Veranstaltungen und Führungen durch speziell ausgebildete Nationalpark-Ranger an, um die von Wald, Wasser und Wildnis geprägte Landschaft zu erläutern. Inmitten des Nationalpark-Geländes liegt die monumentale „Ordensburg" Vogelsang, eine Schulungsstätte aus der Nazizeit. Die Bauarbeiten an der „Ordensburg" wurden im Zweiten Weltkrieg eingestellt. Teile der Anlage wurden für den Truppenübungsplatz genutzt.

Auf dem Gelände des ehemaligen Truppenübungsplatzes lag auch einst das Dorf Wollseifen mit Blick auf die Urfttalsperre, dessen Ursprung bis ins 12. Jahrhundert zurückreicht. Nach dem Ende des Zweiten Weltkrieges wurde der Ort auf Befehl der britischen Besatzungsmacht für den Truppenübungsplatz geräumt. Die meisten Häuser fielen der Übungsschießerei zum Opfer – die Ortskirche steht noch als „totes" Monument.

Information: Nationalparkforstamt Eifel, Urftseestraße 34, 53937 Schleiden-Gemünd, Tel.: (02444) 95 10 0, Fax: (02444) 95 10 85

www.nationalpark-eifel.de   www.lernort-vogelsang.de

schoss des Westflügels tragen noch ursprüngliche Kölner Balkendecken. Der lang gestreckte spätgotische Kapitelsaal blieb erhalten, wohl weil er den frühen Käufern des Klostergutes als Wohnstatt diente. Die sich nach Norden anschließenden Wirtschaftsgebäude sind neueren Datums. Das Tor durch die südliche Klausurmauer trägt noch das Datum 1538. Unter der Zahl befindet sich eine Frauenfigur, die das Wappen von Mariawald trägt.

Abtei Mariawald
Heimbach

Die Abtei Mariawald ist heute das einzige männliche Trappistenkloster in Deutschland, dem derzeit knapp 20 Mönche angehören. Ihr Tagesablauf ist streng geregelt und geprägt von Stundengebet, Lesung und Arbeit, wozu die Unterhaltung der Klosteranlagen, die eigene Likör- und Pralinenenfabrikation sowie die Führung der Buchhandlung und der angeschlossenen Gaststätte gehören – hier gibt es die beste Erbsensuppe der ganzen Eifel! Dem Kloster ist ein Gästehaus angegliedert, in dem Gäste, die am Leben der Mönche teilhaben möchten, einige Tage untergebracht werden können.

Das Areal der Abtei Mariawald

Abtei Info

Abtei Mariawald: Zisterzienser von der strengeren Observanz, Mariawalder Straße, 52396 Heimbach, Tel.: (02446) 9 50 60, Fax: (02446) 9506-30
www.kloster-mariawald.de

Gottesdienste: Vigilien 4 Uhr, Laudes 7.15 Uhr, Terz 9.45 Uhr, Sext 12 Uhr, Non 14 Uhr, Vesper 17 Uhr, Komplet 19.30 Uhr

Klosterladen: *Öffnungszeiten:* März–Okt. Mo–Fr 10–18 Uhr, Sa/So 9–18 Uhr, Nov.–Feb. täglich 10–17 Uhr

Der Laden bietet u. a. Mariawalder Klosterlikör, Trappisten-Abteitropfen, Gebäck, Brot, Pralinen und Schokoladen, Wild aus umliegenden Wäldern je nach Saison, Rindfleisch aus artgerechter Tierhaltung, Naturkosmetika oder Produkte anderer Trappistenklöster.

Klosterbuchhandlung: *Öffnungszeiten:* März–Okt. täglich 11–18 Uhr, Nov.–Feb. täglich 11–17 Uhr

Bietet religiöse Literatur, Kunstartikel, Grußkarten, Bücher und Karten über die Eifel, Kerzen, Honig, Musik-CDs und Kassetten.

Gästehaus: Tagessatz mit Verpflegung 27,- Euro, Anmeldung erforderlich. Der Besuchertrakt weist 14 kleine Zimmer für Gäste zur Teilnahme am Mönchsleben aus.

Klostergaststätte: *Öffnungszeiten:* März–Okt. täglich 11–18 Uhr, Nov.–Feb. täglich 11–17 Uhr. Die Klostergaststätte bietet – neben der besten Erbsensuppe der ganzen Eifel – Trappistenkäse (aus einer anderen Abtei), Trappistenbier, Mariawalder Kuchen, Mariawalder Klosterlikör und Trappisten-Abteitropfen im Ausschank an.

Kall-Steinfeld
43 *Kloster Steinfeld*

Anfahrt

PKW: A1 bis zur Abfahrt Nettersheim, dort Richtung Kall bis zum Abzweig Urft/Steinfeld, am Ortsende von Urft rechts nach Steinfeld. Parkplätze sind vorhanden.

ÖPNV: Von Köln mit dem Regionalexpress RE 12 bis Kall, dort mit dem TaxiBus 835 zum Kloster Steinfeld (Fahrtwunsch bitte 30 Min. vor Abfahrt unter Tel.: (01804) 15 15 15 anmelden, Preis: Erwachsene 1,- Euro, Kinder 0,50 Euro www.vrsinfo.de

Die mächtige Klosterkirche in Steinfeld

Oberhalb von Kall-Sötenich steht in Steinfeld auf 520 Metern Höhe eine der bedeutendsten und auch weitgehend erhaltenen Klosteranlagen der gesamten Eifel. Der Ursprung von Kloster Steinfeld mit seiner charakteristischen dreitürmigen Kirche führt in die Zeit Kaiser Heinrichs I. zurück. Hier stand eine Kirche, die die Gebeine des heiligen Potentinus enthielt. Die Grafen von Are gründeten im 11. Jahrhundert zur Kirche ein Kloster, das dann vom Kölner Erzbischof Friedrich I. erworben und mit Mönchen aus Springiersbach besetzt wurde, die kurz darauf die Prämonstratenserregel annahmen. Mit dem heutigen Kirchenbau wurde 1142 begonnen, 1184 wurde Steinfeld zur Abtei erhoben. Inzwischen zählte Steinfeld zu den bedeutendsten Klöstern im Deutschen Reich; Tochtergründungen erfolgten in Irland, Holland, auch in Deutschland (Abtei Ham-

born), aber vor allem im Osten, worunter das 1140 gegründete Stift Strahov bei Prag von besonderer Bedeutung ist. Hier wirkte der heilige Hermann Josef, der 1241 starb und dem Kloster vor allem durch seine Marienminne zu großem Ansehen verhalf. Über die Jahrhunderte florierte das Kloster mit wenigen Unterbrechungen kriegerischer Zeiten. Bis zur Säkularisation regierten 44 Äbte in ununterbrochener Reihenfolge im Kloster, das zu diesem Zeitpunkt mit 100 Mönchen belebt und schuldenfrei war. Die Klosterkirche erhielt die Funktion der Pfarrkirche, die Fenster des einst kunstvoll verglasten Kreuzgangs verschwanden, die sich um drei Höfe gruppierenden Klostergebäude dienten seither weltlichen Zwecken, so auch lange Zeit als preußische Fürsorgeerziehungsanstalt, bis das Kloster 1923 von der Ordensgemeinschaft der Salvatorianer erworben und neu belebt wurde. Die Salvatorianer übernahmen mit der ehemaligen Klosterkirche auch die Seelsorge in der Pfarrei, gründeten ein Gymnasium und ein Jungeninternat, betreuen eine Verlagsbuchhandlung und leiten eine Bildungsstätte mit Gästehaus.

Die ehemalige Abteikirche St. Maria und St. Potentinus wurde bis 1160 als eine lang gestreckte romanische Pfeilerbasilika im gebundenen System auf kreuzförmig-basilikalem Grundriss errichtet. Das dreischiffige Langhaus gliedert sich in vier Joche, denen jeweils zwei Joche des südlichen und nördlichen

Seitenschiffes zugeordnet sind. Nach Osten schließt sich das Vierungsjoch mit Querhaus, Hochchor und Apsis sowie vier ostseitigen Querhauskapellen an. An das nördliche Querhaus ist die Sakristei, an das südliche sind die Stephanus- und Ursulakapelle angebaut. Das festungsartige Westwerk wurde im 16. Jahrhundert rekonstruiert, mit zwei seitlichen Rundtürmen versehen, der Querbau erhöht und mit Satteldach eingedeckt. Auch der achteckige Vierungsturm erhielt in dieser Zeit sein heutiges Aussehen mit der Schieferpyramide.

Im Inneren sind die Gewölbe mit vorzüglich erhaltenen und restaurierten spätgotischen Rankenmalereien sowie figürlichen Darstellungen verziert. Kunsthistorisch besonders interessant sind die romanischen Fresken in der Ursulakapelle – die vermutlich sogar älter sind als die Kirche selbst – mit der Darstellung Christi in der Mandorla und weiteren Darstellungen an den Vierungspfeilern. Sehenswert ist das geschnitzte Chorgestühl aus dem Ende des 15. Jahrhunderts, das später barock umgestaltet wurde. Überhaupt dominiert die prachtvolle Barockausstattung das Innenbild der Kirche, so der Hauptaltar, die Seitenaltäre, die Wandvertäfelung der Seitenschiffe, die üppig geschnitzte Kanzel, verschiedene figürliche Arbeiten und vor allem die Orgel über dem ehemaligen spätgotischen Lettner – die weltberühmte „König-Orgel". Die ältesten Teile dieser dem flämisch-niederrheinischen Kulturkreis entstammenden Orgel datieren aus der Zeit um 1600, Erweiterungen folgten 1680 und 1725. Zu der bemerkenswerten Innenausstattung der Kirche zählen auch noch die spätgotischen Holzplastiken des Meisters Tilmann aus Koblenz von St. Potentinus und St. Hermann-Josef an den Pfeilern des Mittelschiffes. In der Mitte des Langhauses steht im Übrigen das barocke Grabmal dieses Heiligen, der so bedeutend für das Steinfelder Kloster ist. Die Kreuzigungsgruppe in der Vorhalle, eine meisterhafte spätgotische Arbeit, stammt wie die Holzplastiken aus der Zeit Ende des 15. Jahrhunderts.

Barockstatue in der Klosterkirche Steinfels

Das raue Eifeler Höhenklima, gekennzeichnet durch lange, schneereiche Winter und nur kurze, kühle Sommer, ließ es sinnvoll erscheinen, den gotischen Kreuzgang durch Fenster zu schützen. So erhielt dieser zwischen 1495 und 1587 errichtete Kreuzgang, der den romanischen Vorgängerbau ersetzte, künstlerisch wertvolle, bemalte Glasfenster. Von diesen Glasfenstern im Kreuzgang ist in Steinfeld durch späteren Rückkauf nur eine bildliche Darstellung erhalten geblieben. Die anderen Glasmalereien wurden schon vor dem Einmarsch französischer Truppen 1785 zur Trockenlegung des feuchten Kreuzgangs ausgebaut und gelangten – wohl mit Fenstern aus Mariawald – in der Franzosenzeit über Kunsthändler nach England. 36 von diesen Fenstern werden im Victoria-Albert-Museum gezeigt (s. S. 212). Dazu entdeckte man im 20. Jahrhundert weitere Glasfenster aus Steinfeld in englischen Dorfkirchen. Am Westflügel im Innenhof des Kreuzgangs steht ein sterngewölbtes Brunnenhaus mit einem Becken aus dem 13. Jahrhundert. Östlich des Kreuzgangs ist noch der ehemalige zweigeschossige, in der zweiten Hälfte des 15. Jahrhunderts errichtete Krankenbau mit der Bibliothek im ersten Stock erhalten, der heute als Hauskapelle der Mönche dient.

Der barocke Abtsbau des Klosters Steinfeld

Fresko in der Ursulakapelle der Kloster-kirche Steinfeld

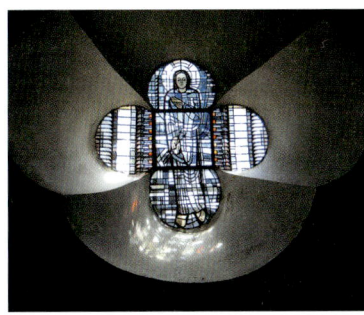

Links: Blick auf die Türme des Westwerks der Kloster-kirche

Rechts: Modernes Kirchen-fenster der Klosterkirche

Das gesamte Klosterareal wird von einer 1,7 Kilometer langen Mauer umgeben. Die romanischen und gotischen Klosterge-bäude wurden im 17. Jahrhundert abgerissen und durch neue Bauten ersetzt. Man gelangt durch das Haupteingangstor in den sogenannten Kastanienhof mit den modernen Schulge-bäuden des Herman-Josef-Kollegs. Durch einen Torbogen mit der Statue des heiligen Herman-Josef geht es weiter in den Klosterinnenhof, wo rechts der Neubau des Krankenhauses aus dem Jahr 1661 steht. Daran schließt sich zurück versetzt das Abteigebäude als Mitteltrakt mit seiner repräsentativen Fassade und Salvatorstatue über dem Eingangstor an – dieser Bau erhielt sein heutiges Aussehen bis 1734. Links an das Ab-teigebäude ist die Prälatur aus dem Jahr 1770 angebaut, so-dass sich ein schlossartiges Ensemble aus diesen drei Bau-teilen ergibt. Gegenüber liegend stehen schlichtere ehemali-ge Wohn- und Wirtschaftsgebäude. Westlich an den Innenhof schließt sich der ehemalige Wirtschaftshof an. Durch einen Torbogen neben der Prälatur gelangt man in den Werkstätten-hof, der auch als Brauhof bezeichnet wird.

Kloster Info

Salvatorianerkloster Steinfeld: Hermann-Josef-Str. 4, 53925 Kall-Steinfeld, Tel.: (02441) 88 90, Fax: (02441) 88 91 28 www.kloster-steinfeld.de

Gottesdienste: Vorabendmesse Sa 18 Uhr, Heilige Messe So 8 Uhr, 10 Uhr, 11.30 Uhr, 18 Uhr, Mo–Fr 19 Uhr in der Klosterkapelle

Öffnungszeiten: Basilika täglich 7–18 Uhr, Kloster täglich 8.30–13 Uhr, 14.30–19.30 Uhr, Führungen nach Anmeldung in der Klosterpforte

Orgelkonzerte: Programm unter: www.kloster-steinfeld.de

Herrmann-Josef Kolleg: Tel.: (02441) 88 91 41, Fax: (02441) 18 33 gymnasium@hermann-josef-kolleg.de

Das Kolleg beinhaltet ein katholisches privates Gymnasium für Jungen und Mädchen sowie ein Jungeninternat.

Franziskus-Jordan-Haus: Tel.: (02441) 88 91 31, Fax: (02441) 88 92 96 gaeste@kloster-steinfeld.de

Gästehaus im Kloster Steinfeld für Einkehrtage und Exerzitien etc.

Akademie und Malakademie Steinfeld im Kloster Steinfeld:
Tel.: (02486) 80 07 34, Fax: (02486) 80 07 35 www.akademie-steinfeld.de

Die Akademie bietet erholsame Tage in klösterlicher Umgebung und Entspannung, Malkurse, Wanderexerzitien etc. an.

Gastronomie

Klosterschänke Steinfeld:
Hermann-Josef-Straße 31,
Tel.: (02441) 77 06 25,
Fax: (02441) 77 06 29
Öffnungszeiten: täglich 10–18 Uhr
Die Klosterschänke bietet ein schönes Mittagbüffet und Außengastronomie.

Zur Alten Abtei:
Hermann-Josef-Straße 33,
53925 Kall-Steinfeld,
Tel.: (02441) 77 79 88,
Fax: (02441) 7 79 99 58.
Öffnungszeiten: Do–Di ab 18 Uhr,
Mi Ruhetag

Blick über die alten Gräber des Klosterfriedhofs auf die Klosterkirche Steinfeld

Klausen

44 Wallfahrtskirche Maria Heimsuchung

Anfahrt

PKW: A1 bis zur Abfahrt Klausen, dort Ausschilderung in den Ort folgen (Kirche liegt im Ortszentrum). Parkplätze sind vorhanden.

ÖPNV: Von Köln mit der Bahn nach Koblenz, dort mit der Regionalbahn nach Wittlich, dort im ZOB mit der Buslinie 304 nach Klausen bis zur Haltestelle „Kirche" www.bahn.de www.vrt-info.de

Nur wenige Kilometer nördlich von Piesport an der Mosel erhebt sich weithin sichtbar am Südrand der Eifel in Klausen die Wallfahrtskirche Maria Heimsuchung, eine zweischiffige spätgotische Hallenkirche mit Seitenschiff und Chor, kunstvoll eingewölbt mit einem filigranen Netzgewölbe. Diese Wallfahrtskirche kann auf eine weit über 500-jährige Geschichte zurückblicken. Ein gläubiger Winzer, Bauer und Tagelöhner namens Eberhard stellte um das Jahr 1440 am Ort der heutigen Wallfahrtskirche eine Figur der Schmerzhaften Muttergottes auf. Die Pietà wurde schon bald Ziel von Pilgern, die auch Opfergaben vor dem Marienbild ablegten. Nun errichtete Eberhard mit Unterstützung des Trierer Erzbischofs Jakob von Sierk für das Marienbild eine Kapelle mit einer Klause, in der er als Einsiedler lebte. Nach Eberhards Tod kamen 1459 Augustinerchorherren nach Klausen, die hier ab 1474 durch den Antwerpener Baumeister Cluys eine Wallfahrtskirche erbauten, die 1502 geweiht wurde. Im Laufe der Zeit wurde dann aus der alten Ortsbezeichnung Eberhardsklausen einfach „Klausen".

Die Wallfahrtskirche Maria Heimsuchung in Klausen in der Südeifel

Mächtig erhebt sich der viereckige, in das Hauptschiff einbe-
zogene Turm über den hell verputzten Kirchenbau mit sand-
steinrot abgesetzten Eckquadern. Dem Hauptschiff ist rechts
vom Chor ein Seitenschiff beigegeben worden, an das nördlich etwas später die zweistöckige sterngewölbte Sakristei angebaut wurde. Im oberen Geschoss, dessen vier Kreuzgewöl-
bejoche auf einer Säule in der Mitte des Raumes ruhen, befindet sich die Klosterbibliothek. Die Wände zieren Fresken mit
Heiligenfiguren, die Gewölbespitzen sind floral ausgemalt. Der
Nordflügel des ehemaligen Kreuzgangs wurde im 19. Jahrhundert als linkes Seitenschiff in die Kirche einbezogen. Zwischen
zwei Strebepfeilern dieses Seitenschiffes springt dreiseitig
die Michaelskapelle wie eine Seitenapside hervor. Einen Strebepfeiler weiter ist die sogenannte rechteckige Eberhards-
kapelle als Nachahmung der ehemaligen Klause angebaut. In
der Verlängerung nach Westen befindet sich die Gnadenkapelle.

Das Prunkstück der Wallfahrtskirche ist der dreiteilige Antwerpener Hochaltar im Chor, das 1480 fertiggestellte Lebens-
werk des Meisters Johann Eltusch. Die Flügelgemälde des Altars stammen von dem Maler Hans Memmling. Die zusätzlich-
en äußeren Flügel sind leider seit der Säkularisation ver-

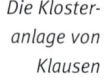

*Die Kloster-
anlage von
Klausen*

Blick in das Innere auf den Chor und den Altar der Klosterkirche Maria Heim- suchung

schwunden. Unterhalb des Kreuzes findet man die sogenann- te Beweinungsgruppe, ein Schnitzwerk mit 92 Figuren aus ei- nem Eichenstamm gefertigt. Das Chorgestühl ist eine Schnitz- arbeit aus der Entstehungszeit der Kirche. Drei weitere Altäre der Kirche sind von Bedeutung, so der St.-Anna-Altar aus dem 18. Jahrhundert am letzten Pfeiler vor der Empore, der St.-Ka- tharinen-Altar aus dem Jahr 1588 am folgenden Pfeiler und der dem heiligen August gewidmete Rokoko-Altar im linken Sei- tenschiff. Die Kanzel, die von einem Beichtstuhl unterbaut ist, stammt ebenfalls aus der Rokokozeit um 1770. Früher besaß die Kirche insgesamt zwölf dieser reich mit Schnitzarbeiten verzierten Beichtstühle zu Ehren der zwölf Apostel, von denen aber nur noch sieben vorhanden sind.

Unter dem Figurenschmuck der Kirche findet sich rechts der Kanzel das Bildnis der heiligen Anna Selbdritt, das möglicher- weise sogar von Tilmann Riemenschneider, dem bedeutenden

Bildschnizter und -hauer, stammt. Links der Kanzel steht ein Bildnis der Maria als Mutter Königin aus dem Jahr 1700 und links im Mittelschiff am Aufgang zum Chorgestühl ein Bildnis des heiligen Augustinus aus dem 17. Jahrhundert.

In der Gnadenkapelle am Westende des nördlichen Seitenschiffes befindet sich der Gnadenaltar mit seinen zwei Gnadenbildern. Es ist ein Nachbau des ursprünglichen Gnadenaltars, für den Teile des Lettners, der früher das Mittelschiff vom Chor trennte, Verwendung fanden. Das Mittelteil ist neu und wurde 1900 mit den Seitenteilen zusammengefasst. In der Mitte des Altars sind die beiden Gnadenbilder aufgestellt, die das eigentliche Ziel der Wallfahrten bilden. Über der Predella steht das farbig gefasste Bildnis, eine Sandsteinsteinmetzarbeit aus dem 17. Jahrhundert mit den Figuren des Johannes und der Maria mit dem toten Christus auf ihrem Schoß. Das ältere, viel kleinere Gnadenbild mit dem schmerzverzerrten Antlitz der Maria ist oberhalb aufgestellt und stammt etwa aus dem Jahr 1440 – ist aber auch nicht das ursprüngliche Bildnis. In der Turmhalle findet man noch das Grabstandbild des Ritters Philipp von Ottenesch in prägnanter Darstellung. Heiratswillige Frauen rieben in den Falten der Pluderhose der Figur und kribbelten an seinen Zehen, um ihre Heiratsabsichten zu äußern und nach dem Wittlicher Volksmund mit dem Vers um Erfolg zu bitten:

Heilige Kudoo hol mich, geb mer n gude Mann,
der mich nit schlägt, der mich nit tritt, der nit in t Wirtshaus gieht.

Von den ursprünglichen Klostergebäuden stehen noch das ehemalige Brauhaus, das bis 1952 als Pfarrhaus diente und heute Wohnungen beinhaltet, und die vor der Säkularisation als Wirtschaftsgebäude genutzten Bauten. Der alte Pferdestall aus dem Jahr 1692 besitzt ein Stichkappengewölbe, die anschließende Remise weist Rundbogenöffnungen auf. Dazu gibt es noch die alte Fremdenherberge, die heute das Hotel-Restaurant Klausenhof beherbergt.

Von den alten Klostergebäuden existieren noch die gewölbte Bibliothek aus dem 16. Jahrhundert sowie Remise, Brauhaus und Herberge, die heute als Gasthöfe genutzt werden.

Kirchen Info

Pfarramt Klausen: Augustiner Platz, 54524 Klausen, Tel.: (06578) 2 18, Fax: (06578) 14 46 www.pfarramt.klausen.de

Gottesdienste: Mai–Okt. Rosenkranzgebet Fr 18.30 Uhr in der Gnadenkapelle, Abendmesse 19 Uhr, Vorabendmesse Sa 18 Uhr, Messe So 8 Uhr, Pfarrhochamt 10 Uhr, Wallfahrtsandacht 15 Uhr, Abendmesse 18 Uhr, Nov.–Apr. Rosenkranzgebet Fr 18.30 Uhr in der Gnadenkapelle, Abendmesse 19 Uhr, Vorabendmesse Sa 18 Uhr, Pfarrhochamt So 10 Uhr.

Öffnungszeiten: tagsüber außerhalb der Gottesdienstzeiten

Führungen: Gerhard Schruff, Marienstraße 56, 54524 Klausen, Tel.: (06578) 71 77. Preis pro Person 2,- Euro, mindestens 10 Personen Der Freundeskreis der alten Klosterbibliothek bietet kulturhistorische Führungen durch die Wallfahrtskirche von Klausen an, die etwa 50 Min. dauern. *Wallfahrt:* Anfang Mai–Ende Okt.

Gastronomie

Hotel-Restaurant-Klausenhof: Eberhardstraße 6, 54524 Klausen, Tel.: (06578) 2 75 Fax: (06578) 15 64 www.hotel-klausenhof.de

Preise: DZ 55,- Euro, EZ 34,- Euro

Öffnungszeiten: Mi–Mo 11.30–14.00 Uhr, 17.30–21.00 Uhr, Di Ruhetag Der Klausenhof ist in einem historischen Gebäude untergebracht – über die mehr als 450 Jahre alte Eichentreppe im Haupthaus sollen schon Napoleon und der Schinderhannes gegangen – und bietet eine reichhaltige Küche mit Außengastronomie.

Wassenach
45 Abtei Maria Laach

Anfahrt

PKW: A61 bis zur Abfahrt Mayen, dort dem Hinweisschild nach Marie Laach folgen. Parkplätze sind vorhanden.

ÖPNV: Von Köln mit dem Regionalexpress RE5 bis Andernach, dort mit der Buslinie 335 nach Mendig, dann mit der Buslinie 312 bis zur Haltestelle „Maria Laach Parkplatz" www.vrminfo.de

Die ehrwürdige Klosterkirche Maria Laach am gleichnamigen See in der Eifel

In den Ostausläufern der Eifel breitet sich der Laacher See aus, ein mit Wasser gefüllter Doppelkrater aus der Endzeit der letzten Eifel-Vulkanperiode vor etwa 12.000 Jahren. Hier hatte sich in der Tiefe des Gesteins eine Magmakammer gebildet, die sich mit leicht flüchtigen Gasen anreicherte. Als das Magma in direkten Kontakt mit dem Grundwasser geriet, öffnete sich unter dem Druck gewaltiger Wasserdampfexplosionen ein trichterförmiger Schlot. Von der Schubkraft der sich ausdehnenden Gase getrieben, stieg in dem vermutlich nur wenige Tage dauernden Ausbruch eine Eruptionssäule aus Bims und Ascheteilchen wohl zeitweise bis über 30 Kilometer in den Himmel empor und bescherte weiten Teilen Mitteleuropas anhaltenden Ascheregen. Bis heute ist es unter dem Laacher See heißer als an jedem anderen Ort in Mitteleuropa, und aus der langsam abkühlenden Magmakammer im Untergrund entweicht ständig Kohlendioxid, das in feinen Spalten und Rissen aufsteigt. Dort, wo das Gas im Laacher See austritt, ist es durch aufsteigende Gasblasen sichtbar.

Am Rande des Laacher Sees erhebt sich das Kloster Maria Laach als eine der bedeutendsten Klosteranlagen des gesamten Rheinlandes. Pfalzgraf Heinrich II. hatte am Ostufer des von bewaldeten Basaltkuppen umgebenen Sees eine Burg errichten lassen, deren Spuren heute

Blick auf die Chorpartie und das Westwerk der Klosterkirche Maria Laach

noch erkennbar sind. Gemeinsam mit seiner Frau Adelheid von Meißen-Orlamünde berief er im Jahr 1093 Benediktinermönche zur Gründung eines Klosters am gegenüber liegenden Ufer des Sees – seine Abbatia Santa Mariae ad Lacum hatte er als Begräbnisstätte der Pfalzgrafen ausersehen. Das Stifterehepaar ließ den Bau des Klosters, das den Vorbildern der Dome von Speyer, Mainz und Worms nacheiferte, zügig vorantreiben. Als Heinrich II. 1095 starb, setzte Adelheid das großartige Werk fort. Als dann auch Adelheid 1100 auf einer Pilgerreise nach Rom starb, war die Grundsubstanz der Klosterkirche bereits errichtet, das Mauerwerk des Langhauses doppelt mannshoch, das Mittelschiff bis zu den Scheidebögen hochgezogen und das Querschiff fast in voller Höhe fertiggestellt – wohl, um schon behelfsmäßig als Kirche zu dienen. Nach Adelheids Tod trat zunächst eine Baupause ein, bis Pfalzgraf Siegfried die Stiftung erneuerte und somit die Mittel für den Weiterbau bereitstellte.

Die Weihe der Kirche erfolgte durch den Trierer Erzbischof Hillin gemeinsam mit dem zweiten Klosterabt Fulbert. Unter seiner Regie wuchs in der dritten Bauphase der Chor zum heutigen Erscheinungsbild empor. Die Nachfolger Fulberts vollendeten dann die Türme der Klosterkirche. Den Abschluss der Bauarbeiten bildete der zwischen 1220 und 1230 erfolgte Vorbau des Paradieses an der Westfront der Kirche. Die Einwölbung der Klosterkirche wurde erst später im 13. Jahrhundert vorgenommen. Zur Erweiterung der Landwirtschaftsflächen

Wanderung um den Laacher See

Ausgangspunkt der Wanderung ist der Bootsanleger am Parkplatz der Abtei Maria Laach. Die Wegstrecke führt unmittelbar am Uferbereich entlang und hat kaum Höhenunterschiede. Merkpunkte sind die Ruinenreste der pfalzgräflichen Burg sowie der Campingplatz mit Schwimmbad. Die wunderschöne Strecke mit immer wieder neuen Ausblicken auf den See und die Abtei ist 8 Kilometer lang.

ließ schon Abt Fulbert den Spiegel des abflusslosen Laacher Sees, der neben unterseeischen Quellen als Zufluss nur das Beller Wiesenbächlein hat, absenken. Dazu wurde ein 750 Meter langer Stollen durch die Randkuppe des Sees gegraben – eine weitere Absenkung wurde übrigens zwischen 1842 und 1844 vorgenommen.

Die Klosterkirche Maria Laach verkörpert das karolingisch-ottonische Konstruktionsideal von Sakralbauten. Äußerlich wird die Kirche von ihren zwei Turmgruppen im Westen und im Osten beherrscht, die beide mit eigener Choranlage versehen sind. Durch dieses Konstruktionsprinzip kam der im Laufe des Mittelalters zunehmende Gegensatz zwischen weltlicher Macht und kirchlichem Anspruch im Heiligen Römischen Reich Deutscher Nation zum Ausdruck. Traditionell fungierte das Westwerk als „Fürstenkirche" und das Ostwerk als „Priesterkirche",

Blick durch das Langhaus auf den Chor der Klosterkirche Maria Laach

wobei das verbindende Langhaus die Klostergemeinde aufnahm. Dass hier in Maria Laach das Westwerk geradezu festungshaft ausgebaut wurde, lässt demonstrative Opposition gegen die zunehmenden weltlichen Ansprüche der Päpste erkennen.

Das durch schwere Pfeiler mit vorgelagerten Halbsäulen gegliederte Langhaus ist durch seine von skulptierten Kapitellen getragenen Gewölbe im ungebundenen System architektonisch besonders bemerkenswert. Damit war die Abteikirche Maria Laach konstruktiv ihrer Zeit weit voraus, denn das bis dahin gültige hochromanische Bauprinzip der Kreuzgratgewölbe erforderte die gleiche Scheitelhöhe der Gewölbebögen, sodass von ihm nur quadratische Räume überspannt werden konnten. Allein die Vierung ist noch durch dieses quadratische Prinzip bestimmt, die vier Joche des Langhauses werden dagegen von querrechteckigen Gewölben mit gedrückten Gurtbögen überspannt und sind genauso lang wie die drei Joche im Osten des Kirchenkörpers. So wird der Blick des durch das Westwerk eintretenden Besuchers durch das auf diese Weise optisch verdichtete Langhaus unmittelbar auf den Hochaltar im Ostchor gelenkt – eine imposante gotische Arbeit aus dem 13. Jahrhundert.

Im Westchor der Abteikirche Maria Laach steht das Hochgrab des Stifters Pfalzgraf Heinrich II., um 1280 im frühgotischen Stil geschaffen, ein prächtiger Steinsarkophag, mit Maßwerkblenden und Fresken versehen. Der Baldachin des Hochaltars aus Tuff in Form einer durchbrochenen Kuppel wird von sechs kapitellgeschmückten Säulen getragen – ein auch als Ziborium bezeichnetes „Himmelsgewölbe". Ansonsten ist durch die Säkularisation im Jahr 1803 außer einigen großfigurigen Freskenresten an den Mittelpfeilern aus dem frühen 16. Jahrhundert fast nichts mehr von der Innenausstattung aus der Frühzeit der Kirche erhalten. Verblieben ist aber unter anderem eine sehr kunstvolle Pietà, ein spätgotisches Vesperbild aus

Der sechseckige Baldachin mit seiner offenen Rippenkuppel über dem Hochaltar im Westchor der Klosterkirche Maria Laach

Biofleisch von Klosterwiesen

Das seit dem Mittelalter gewachsene Klostergut der Abtei Maria Laach mit 180 Hektar landwirtschaftlicher Nutzfläche – davon 60 Hektar Ackerland, 110 Hektar Weide und 10 Hektar Brache – wird schon lange nur noch extensiv im kontrolliert-ökologischen Anbau bewirtschaftet. Hauptbetriebszweig des Klosterguts ist die Rindermast; der Pächter des Klosterguts verfügt über eine Herde von 300 Stück Rindvieh der Rasse Limousin. Der Hofladen bietet neben Bio-Rindfleisch aus eigener Zucht ein breites Angebot an Waren aus Kloster und Hofgut wie Getreide, Obst und deren Verarbeitungserzeugnisse, Gemüse, Weine, Säfte, kunsthandwerkliche Produkte und Geschenkartikel.

Klostergut und Hofladen: 56653 Maria Laach (am Hauptparkplatz), Tel.: (02652) 52 86 90, Fax: (02652) 93 65 44 www.klostergut-maria-laach.de
Öffnungszeiten: Mo–Sa 9–18 Uhr, So 10–18 Uhr

der zweiten Hälfte des 15. Jahrhunderts, das in der ersten rechten Seitenkapelle aufgestellt ist. Die Mosaiken in den drei Ostapsiden wurden nach Entwürfen Beuroner und Laacher Künstler erst 1911 geschaffen.

Links:
In der Krypta der Klosterkirche

Der Zutritt zur dreischiffigen Hallenkrypta erfolgt vom Querschiff seitlich des Chores. Hier wird das Vorbild des Speyerer Doms an den hohen Basen und glatten Schäften der Säulen mit ihren Würfelkapitellen besonders deutlich. In der Mitte der Krypta liegt die Grabplatte des ersten Abtes Gilbert – es ist eine Kopie, das Original ist im Rheinischen Landesmuseum Bonn zu sehen.

Rechts:
Kapitell in der Klosterkirche

Steinmetzarbeiten am linken Kapitellfries des Mittelportals des Paradieses der Klosterkirche Maria Laach – außen wird der Teufel dargestellt, der die Sünden notiert

Das letzte Bauteil der Abteikirche Maria Laach ist das vorgesetzte Paradies. Diese Vorhalle, die ab 2007 aufwändig saniert wird, ist ein Spätwerk deutscher Romanik, ein letzter künstlerischer Höhepunkt dieser Stilepoche, denn in Frankreich begann man zu dieser Zeit bereits gotische Kathedralen zu errichten. Es handelt sich um einen rechteckigen Wandelgang, der immer wieder wechselnde Durchblicke durch seine von Doppelsäulen getragenen Arkaden in den Innenhof frei gibt, in dem heute eine moderne, von vier Löwen getragene Brunnenschale steht. Einzigartig sind die skulptierten Kapitelle mit ihren feingliedrigen, figürlichen, pflanzlichen und tierischen Motiven. Besondere Beachtung verdienen die Kapitellfriese am Portal des Paradieses. Hier sieht man die sogenannten „Haarraufer", Figuren, die sich streitend in den Haaren liegen. Und man erkennt den Teufel, der die peccata populi, die Sünden des Volkes, notiert, damit der Kirchgänger schuldbeladen die innerliche Reinigung seiner Seele vor Betreten der Kirche vornimmt.

Im Zuge der Säkularisation wurde die Abtei im Jahre 1802 aufgehoben. 1820 erwarb die Familie Delius das Kloster als Gutshof. Ein Brand zerstörte 1855 die Abteigebäude weitgehend. So sind die barocken Klostergebäude der Abtei Maria Laach bis auf einen 1775 errichteten Flügel und ein Gartenhaus aus dem 19. Jahrhundert nicht mehr vorhanden. Die heutigen Gebäude stammen aus dem 20. Jahrhundert. 1892 erfolgte dann die Wiederbesiedlung durch Benediktinermönche aus der Erzabtei Beuron. Heute leben und arbeiten 60 Mönche nach der Klosterregel des heiligen Benedikt im Kloster Maria Laach – die Abtei ist gleichzeitig Kloster und Wirtschaftsbetrieb, getreu der Regel „bete und arbeite!".

Spätmittel- alterliche Pietà in der Kerzenkapelle der Kloster- kirche

Bei ihrer Arbeit werden die Mönche von auswärtigen Mitarbeitern unterstützt. Das Kloster bietet jungen Menschen auch Ausbildungsplätze. Neben der Landwirtschaft mit Hofladen wird eine Gärtnerei betrieben, es bestehen eine Buch- und Kunsthandlung mit einem Kunstverlag, eine Kunstschmiede und Bildhauerei sowie eine Schreinerei. Besonders attraktiv ist das Seehotel mit seinem eleganten Restaurant. Außerdem steht den Besuchern ein Naturkundemuseum offen.

Von großer Bedeutung für das klösterliche Leben in der Abtei Maria Laach ist die wissenschaftliche Arbeit, die hier mit dem Schwerpunkt auf der liturgischen Forschung betrieben wird. Hierfür steht eine große Bibliothek zur Verfügung, die auch von den Mönchen genutzt wird. Besuchern, die am klösterlichen Leben interessiert sind, zur stillen Besinnung oder in Gruppen zu Einkehrtagen und Exerzitien kommen wollen, steht die Abtei offen – es gibt ein großes Gästehaus.

Das eigentliche Klosterleben spielt sich innerhalb der sogenannten Klausurmauer ab. Den Mittelpunkt des Klosterlebens bildet die Kirche. Südlich befindet sich der Speisesaal der Mönche, das Refektorium, in dem mit Tischlesung die gemeinsamen Mahlzeiten schweigend eingenommen werden. Die Gebäude des Klosters sind im Viereck südlich der Kirche um den kleinen Kreuzgarten angelegt. Die Mönche wohnen in einfachen Räumen, den sogenannten Zellen. Zudem befindet sich auf dem Klostergelände noch die Nikolauskirche mit dem Mönchsfriedhof, auf dem alle Mönche seit 1892 bestattet sind. Am 27. August 2006 konnte die Abtei Maria Laach ihr 850-jähriges Weihejubiläum feiern. Der Festakt fand unter starker Beachtung der Öffentlichkeit statt – wo sonst konnte sich auch eine mönchische Lebensgemeinschaft mit einer so herausragenden Kirche und so bedeutungsvoller Geschichte über Jahrhunderte erhalten?

Abtei Info

Abtei Maria Laach: 56653 Wassenach – Maria Laach, Tel.: (02652) 59-0,
Fax: (02652) 59-359 www.maria-laach.de

Gottesdienste: Morgenhore Mo–Fr 5.30 Uhr, Konventamt 7.30 Uhr, Tageshore
11.45 Uhr, Vesper 17.30 Uhr, Komplet 19.45 Uhr, Vorabendmesse Sa 18.15 Uhr,
Morgenhore So 5.30 Uhr, Messe 7.15 Uhr, Konventamt 9 Uhr, Messe 11 Uhr,
Tageshore 11.30 Uhr, Vesper 17.30 Uhr, Komplet 19.45 Uhr

Öffnungszeiten Informationshalle: (mit 20-minütigem Kurzfilm), Ostern–
Allerheiligen Mo–Sa 9.30–11 Uhr, 13–16.30 Uhr, So 13–16.30 Uhr, Allerheiligen
bis Ostern So 13–15.30 Uhr, Mo–Sa 10–11 Uhr, 14.30–16 Uhr, *Führungen:* nach
Vereinbarung. *Öffnungszeiten Abteikirche:* tagsüber

Gastflügel St. Gilbert: Benediktinerabtei Gastpatres, 56653 Maria Laach,
Gastmeisterei Tel.: (02652) 59-3 13 oder 59-3 17 (Mo–Do 9.30–11 Uhr,
15–16.30 Uhr, Fr 9.30–11 Uhr), Fax: (02652) 59-2 82 guests@maria-laach.de

Buch- und Kunsthandlung Maria Laach: Tel.: (02652) 59-3 65, Fax: (02652)
59-3 89. *Öffnungszeiten:* Mo–Sa 9–18 Uhr. Das Geschäft bietet ein breites,
speziell ausgewähltes Buch- und Kunstsortiment aus vielen Bereichen des
Lebens mit dem Schwerpunkt auf religiösen Themen.

Ars liturgica e. K.: Buch- und Kunstverlag Maria Laach, Tel.: (02652) 59-3 60,
Fax: (02652) 59-3 83 www.ars-liturgica.de

Klostergärtnerei Maria Laach: Tel.: (02652) 59-4 20
Öffnungszeiten: Mo–Sa 9–18 Uhr, So 10–18 Uhr. Die Gärtnerei bietet u. a. ein
großes Pflanzensortiment, Keramik, Dinkelprodukte nach Rezepten der heiligen Hildegard von Bingen oder Obstbrände.

Naturkundemuseum St. Winfrid: 56653 Wassenach – Marai Laach,
Tel./Fax: (02652) 47 85. *Öffnungszeiten:* täglich 9.30–18 Uhr (Nov.–Jan.
17 Uhr), 16. Jan.–28. Feb. geschlossen, *Eintritt:* Erwachsene 3,- Euro, Kinder
von 5 bis 16 Jahren 2,- Euro, darunter frei. Das Museum liegt oberhalb der
Abtei und bietet auf über 1000 Quadratmetern Ausstellungsfläche
Säugetiere, Vögel, Schmetterlinge und Insekten aus aller Welt, eine Stein-
und Mineraliensammlung sowie Dioramen der Eifelnatur.

Gastronomie

Seehotel Maria Laach: 56653 Wassenach – Maria Laach, Tel.: (02652) 58 40,
www.seehotel-maria-laach.de *Preise:* DZ ab 135,- Euro, EZ ab 88,- Euro
Öffnungszeiten: Mo–Sa ab 19 Uhr (Im Eichenkamp). Modernes Hotel in einem
Bau aus dem 19. Jahrhundert mit Hallenbad, Bier- und Weinstube „Im Eichenkamp" und Sommerterrasse. Der Kuchen stammt aus der eigenen Konditorei.

Glossar

Abtei: Kloster, dem ein Abt oder eine Äbtissin vorsteht

Altar: im Christentum Bezeichnung des Altars in Anlehnung an den Tisch des Abendmahles, das Christus am Abend vor seiner Gefangennahme und Kreuzigung einnahm, auch mensa Domini (= Tisch des Herrn)

Apsis: meist halbrunder Anbau an einen Kirchenchor oder Kirchenraum, der oft den Altar beinhaltet, als Chorschluss Hauptapsis oder an den Armen des Querhauses als Nebenapsis

Annunziaten: Katholischer Frauenorden, der sich der Verkündigung Mariens weiht, gegründet 1501 (in Belgien und Frankreich) und 1604 (in Italien und Frankreich). Der Orden hatte im 17. und 18. Jahrhundert auch Klöster im Rheinland und in Westfalen.

Basilika: vom Christentum übernommener antiker Begriff (= Königshalle) für die nach diesem Bauplan meist in romanischer Zeit erstellten Kirchengebäude

Benediktiner: Der kontemplativ ausgerichtete Benediktinerorden (lat. = ordo sancti benedicti) geht auf Benedikt von Nursia (480–547) zurück, der 529 im Kloster Montecassino die nach ihm benannte Regula Benedicti (= Benediktsregel) verfasste, die im Wesentlichen auf Gehorsam, Schweigsamkeit, Beständigkeit und Demut der Mönche basiert. Der Tagesablauf ist dem Gebet, der Meditation, geistiger Lektüre und der Arbeit, von der sie leben, gewidmet.

Biforie: Doppelarkade mit Mittelsäule

Brevier: Gebetbuch des katholischen Klerikers mit den Stundengebeten

Chor: der den Geistlichen vorbehaltene Platz vor dem Altar

Confessio: Vorraum eines Märtyrergrabes

Dienstbündel: Gesamtheit der Dienste an einem Bündelpfeiler oder einer Kirchen-Hochschiffwand

Dormitorium: Schlafsaal im Kloster

Epitaph: Wanddenkmal für einen Verstorbenen

Exerzitien: religiöse Übungen

Franziskaner: Im 13. Jahrhundert von Franz von Assisi (1182–1226) gegründeter Orden der Minderen Brüder (lat. = ordo fratrum minorum). Mit den Kapuzinern und den Minoriten bilden sie einen der drei Zweige des ersten Ordens des heiligen Franz von Assisi. Die Franziskaner leben, wie alle Bettelorden, in Armut und verdienen ihren Lebensunterhalt durch Arbeiten handwerklicher, sozialer, pastoraler und pädagogischer Art.

Gebundenes System: Maßeinheit der romanischen Gewölbebasilika – einem im Grundriss quadratischen Joch des Mittelschiffes entsprechen beiderseits zwei quadratische Joche in den Seitenschiffen

Gewölbe: Gekrümmte Decke zum Auffangen ihres Druckes: Tonnengewölbe mit halbkreisförmigem Querschnitt; Keuzgratgewölbe aus zwei sich im rechten Winkel durchdringenden Tonnengewölben (Grat = Schnittstelle); beim Rippengewölbe sind die Grate durch Rippen verstärkt, beim Sternengewölbe sind die Rippen sternenförmig angeordnet.

Gurtbogen: Verstärkungsbogen, optisches Gliederungselement zur Unterteilung von Gebäuden in einzelne Joche

Immunität: Befreiung kirchlicher Personen und Güter von weltlichen Diensten und Abgaben und/oder die Zugriffsbeschränkung weltlichen Rechts auf kirchliche Besitztümer oder Orte

Inkorporation: Angliederung einer Pfarrei z. B. an ein Kloster

Investitur: Einweisung in ein Kirchenamt

Jesuiten: Die „Gesellschaft Jesu" (Societas Jesu, SJ) wurde am 15. August 1534 von einem Freundeskreis um Ignatius von Loyola (1491–1556) gegründet. Der Orden erfuhr große Ausbreitung in der Gegenreformation und war eine wichtige Unterstützung des Papstes in der Inquisition. 1773 wurde der Orden verboten, 1815 wieder zugelassen. Die Aufnahme in den Jesuitenorden dauert wesentlich länger als bei anderen Orden und schließt ein abgeschlossenes Studium der Theologie und mindestens eines weiteren Faches ein. Grundsätze sind Leben und Predigt in Armut und besonderer Gehorsam gegenüber dem Papst.

Joch: Grundeinheit des architektonisch durch Pfeiler, Säulen oder Gurte gegliederten Raumes – besonders gut erkennbar ist die Joch-Einteilung am Gewölbe einer Kirche.

Kalvarienberg: Kreuzigungsgruppe

Kanoniker: Chorherr, Mitglied eines Domkapitels oder Kollegiatsstifts (Kanonikat = Amt und Würde eines Kanonikers)

Kanzel: erhöhter Ort in der Kirche, von dem die Predigt gehalten wird

Kapitel: Körperschaft der Geistlichen einer Dom- oder Stiftskirche

Kapitell: Kopf einer Säule, eines Pfeilers oder eines Pilasters

Klausur: Bereich eines Klosters, der den Mönchen vorbehalten ist

Kleriker: katholischer Geistlicher

Kloster: Gebäudekomplex, in dem Mönche oder Nonnen in einer auf die Ausübung ihrer Religion konzentrierten Lebensweise zusammenleben

Klostereintritt: Wer in ein Kloster eintreten will, verbringt zunächst einige Tage im Gästehaus. Darauf folgen mindestens zwei Monate

Postulat, zwei Jahre Noviziat, drei Jahre einfache Profess und schließlich nach insgesamt fünf Jahren die endgültige Bindung an die Gemeinschaft durch die feierliche Profess. Da die Profess das Gelübde der Stabilität einschließt, kann man im Orden nicht von einem ins andere Kloster versetzt werden.

Kongegration: Vereinigung von Klöstern

Komplet: Abendgebet als Schluss der katholischen kirchlichen Tageszeiten

Konche: halbkreisförmiger, von einer Halbkuppel überwölbter Bauteil

Kontemplation: Versenkung in Werk und Wort Gottes, beschauliches Nachdenken und betrachtendes Erkennen

Konvent: Versammlung der Mitglieder eines Klosters

Kreuzbrüder: nennen sich auch Kreuzherren; 1211 in Lüttich gegründeter Orden vom Heiligen Kreuz (ordo sanctae crucis – OSC).

Kreuzgang: an einer Seite an die Kirche anschließender Umgang um den Klosterhof innerhalb der Klausur

Kruzifix: Darstellung des gekreuzigten Christus, aus dem Kreuz und dem Körper Christi bestehend (lat. cruci fixus = an das Kreuz geheftet)

Krypta: tief liegender gewölbter Raum unter der Kirche, meist unter dem Chor; Grabstelle bedeutender geistlicher oder weltlicher Machthaber wie etwa Stifter

Langhaus: im Kirchenbau der Gebäudeteil zwischen Westbau und Vierung bzw. Chor

Laudes: (= Lobgesänge) Morgengebet der Mönche

Lettner: Schranke zwischen Chor und Langhaus, die in Klosterkirchen die Mönchskirche von der Laienkirche trennt

Lisenen: architektonisches Zierelement, flach ausgebildete Mauerverstärkung zur Gliederung der Fassade, oft mit Bogenfries oder Blendbogen versehen

Maßwerk: Filigrane gotische Steinmetzarbeiten als flächige, in Steinprofil umgesetzte Dekoration von Fenstern, Balustraden und geöffneten Wänden – dabei kamen zunächst geometrische, im 14./15. Jahrhundert zunehmend ornamentale Gliederungen der Fensterbögen etc. zum Einsatz.

Mittagshore: mittägliche Gebetszeit, eine der acht Gebetsseiten des Stundengebets (Brevier)

Non: Gebet zur neunten Stunde des Tages

Obergaden: Fensterzone des Mittelschiffes einer Basilika

Oktav: Zeitraum von acht Tagen in der katholischen Liturgie

Paradies: umfriedeter Bezirk vor der Kirche, als Vorhalle oder Atrium ausgebaut

Parlatorium: Gesprächsraum des Klosters, in dem die Mönche von der Schweigepflicht entbunden sind

Patrozinium: Unterstellung einer Kirche unter den Schutz eines Patrons oder einer Patronin

Pietà: in der bildenden Kunst die Darstellung Marias mit dem Leichnam Christi

Pilaster: flacher Wandpfeiler

Predella: Sockel oder eine Stufe, auf der ein Altar steht

Profess: Ablegung der Ordensgelübde

Prälatur: Sitz eines geistlichen Würdenträgers

Propstei: von einem Mutterkloster gegründetes Tochterkloster

Querhaus: quer zum Langhaus verlaufender Kirchenbaukörper

Querschiff: Hauptschiff des Querhauses

Refektorium: Speisesaal im Kloster

Reliquie: Überrest eines Heiligen, seiner Kleidung, seiner Gebrauchsgegenstände oder Marterwerkzeuge als Gegenstände religiöser Verehrung

Retabel: Altaraufsatz

Risalit: Ein in seiner ganzen Höhe vorspringender Gebäudeteil zur Aufgliederung der Fassade, wie es vor allem im Barock üblich war – man unterscheidet Mittel-, Eck- und Seitenrisalit.

Säkularisation: Überführung kirchlicher Besitztümer in weltliche Hände

Schaftring: wulstförmiger Ring am Schaft, vorwiegend bei spätromanischer Säulen

Schildbogen: Bogen, der bei der Verschneidung von Gewölbe- und Wandfläche entsteht, begrenzt das Joch seitlich

Serviten: 1233 durch sieben Kaufleute in Florenz gegründeter „ordo servorum mariae". Die erste Klostergründung erfolgte 1241, seit 1299 gab es auch in Deutschland eine Ordensprovinz, die durch die Säkularisation seine Klöster verliert. 1954 wird mit dem Kloster in Gelsenkirchen-Buer wieder ein Servitenkloster in Deutschland gegründet.

Sext: Gebet zur sechsten Stunde des Tages

Spiritaner: Vor über 300 Jahren gegründete „Kongregation vom Heiligen Geist", die sich vor allem für die Erziehung junger Menschen einsetzt und sich der Armen und der vernachlässigten Völker annimmt –

Hauptsitz in Deutschland ist Kloster Knechtsteden.

Stationenweg: auch Kreuzweg (Weg des Kreuzes) genannt, bezeichnet ursprünglich die Nachahmung der Via Dolorosa (Schmerzhafte Straße) in Jerusalem als Stationenweg an Wallfahrtskirchen

Staurothek: Behältnis für eine Reliquie des heiligen Kreuzes

Stift: mit Vermächtnissen und/oder Rechten ausgestatte Gründung einer geistlichen Korporation

Stuck: (ital. stucco = Stück, eigentlich Rinde oder Überzug) eine gut formbare, schnell erhärtende Masse aus Gips, Kalksteinmehl, Sand, Leim und Wasser für Auftragarbeiten an Wänden und Decken, wurde seit der Gotik angewendet und hatte ihren Höhepunkt im Barock mit überschwänglichen Dekorationselementen zur Innenraumgestaltung

Terz: Gebet des Breviers um die dritte Tagesstunde

Trappisten: Ein im 17. Jahrhundert entstandener Reformzweig innerhalb des Zisterzienserordens. Seit 1903 nennt sich der Orden offiziell „Orden der Zisterzienser von der strengeren Observanz" (lat. = ordo cisterciensis strictioris observantiae – OCSO).

Ursulinen: (Abk. OSU ordo sanctae ursulae = Gesellschaft der heiligen Ursula), katholischer Frauenorden, von Angela Merici (1474–1540) 1535 in Brescia mit dem Ziel der Erziehung und Bildung junger Mädchen gegründet. Ursprünglich lebten die Ursulinen in offener, aber abgeschiedener Gemeinschaft, wandelten sich dann jedoch im 16. Jahrhundert in eine geschlossenen Klostergemeinschaft um.

Vesper: abendliche Gebetsstunde des Breviers

Vesperbild: Andachtsbild, auf dem Maria ihren toten Sohn im Schoß hält oder Jesus zu ihren Füßen lagert und von Maria gestützt wird – die Darstellung wird auch als Marienklage und als Pietà bezeichnet.

Vierung: Raumteil der Kirche, in dem sich die Hauptschiffe des Langhauses mit dem des Querhauses treffen

Vigil: Gottesdienst am Vorabend hoher katholischer Feste

Westwerk: monumental ausgebauter Westteil karolingischer und romanischer Kirchen

Zehnt: Auch „Zehnter" oder „Der Zehnte" – ist eine traditionelle 10-prozentige Steuer an religiöse (z. B. Kloster) oder weltliche (z. B. König bzw. Grundherr) Institutionen. Eine solche Abgabe war bereits im Altertum in verschiedenen Kulturen nicht nur des Orients bekannt und war über das Mittelalter bis in die frühe Neuzeit üblich.

Ziborium: (lat. ciborium = Trinkbecher) Im ursprünglichen Sinn des Wortes eine zeltförmige Überdachung eines Altars, einer Statue oder eines

Sarkophags, später Bezeichnung des Deckels eines Hostienbehälters – der Begriff wurde dann im Laufe der Zeit auf das ganze kelchförmige und mit einem von einem Stoffmäntelchen umgebenen festen Deckel versehene Gefäß zur Aufbewahrung konsekrierter Hostien übertragen.

Zisterzienser: Durch Reformen aus dem Benediktinerorden entstandener Orden. Zu den Zisterziensern in weiterer Sinne zählen auch die Zisterzienser von der strengeren Observanz (= Trappisten). Mutterkloster der Zisterzienser ist das 1098 von dem Benediktiner Robert von Molesme (1028–1111) und 20 weiteren Mönchen der Abtei Molesme gegründete Kloster Cîteaux.

Zölibat: Ehelosigkeit der Geistlichen in der katholischen Kirche (seit dem 4. Jahrhundert)

Verkehrsverbünde

AVV Aachener Verkehrsverbund GmbH, Tel.: (01803) 50 40 30 (0,9 Euro/Min.) www.avv.de

DB Deutsche Bahn, Tel.: (0800) 1 50 70 90 (kostenlos) www.bahn.de

KVB Kölner Verkehrs-Betriebe AG, Tel.: (01803) 50 40 30 (0,9 Euro/Min.) www.kvb-koeln.de

Rheinbahn AG Düsseldorf, Tel.: (0221) 58 20 1 www.rheinbahn.de

RMV Rhein-Mosel-Verkehrsverbund GmbH, Tel.: (01805) 7 68 46 36 (0,14 Euro/Min.) www.rmv.de

RTB Rurtalbahn GmbH, Tel.: (02421) 39 01 42 www.rurtalbahn.de

RVE Regionalverkehr Euregio Maas-Rhein GmbH, Tel.: (0241) 91 28 90 www.rve.eurocit.com

RVK Regionalverkehr Köln GmbH, Tel.: (01804) 13 13 13 (0,14 Euro/Min.) www.rvk.de

VRM Verkehrsverbund Rhein-Mosel GmbH, Tel.: (01805) 98 69 86 (0,14 Euro/Min.) www.vrminfo.de

VRR Verkehrsverbund Rhein-Ruhr GmbH, Tel.: (01803) 50 40 34 (0,9 Euro/Min.) www.vrr.de

VRS Verkehrsverbund Rhein Sieg GmbH, Tel.: (01803) 50 40 30 (0,9 Euro/Min.) www.vrsinfo.de

VRT Verkehrsverbund Region Trier GmbH, Tel.: (01805) 13 16 19 (0,14 Euro/Min.) www.vrt-info.de

TaxiBus, Tel.: (01804) 15 15 15 (0,14 Euro/Min.)

Wupsi Kraftverkehr Wupper-Sieg AG, Tel.: (01803) 50 40 30 (0,9 Euro/Min.) www.wupsi.de

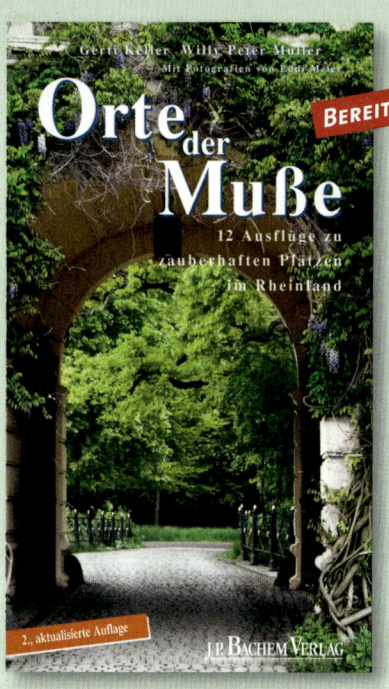